皇室与大国丛书

英国皇室

白金帝国

YingGuoHuangShi

BAIJINDIGUO

韩炯 姜静/著

中国青年出版社

（京）新登字083号

图书在版编目（CIP）数据

白金帝国：英国皇室/韩炯，姜静著. —北京；中国青年出版社，2012.1
（皇室与大国）

ISBN 978-7-5153-0472-4

Ⅰ.①白... Ⅱ.①韩...②姜... Ⅲ.①皇室-史料-英国 Ⅳ.①K561.06

中国版本图书馆CIP数据核字（2011）第263617号

出版发行：中国青年出版社
社　　址：北京东四十二条21号
邮政编码：100708
网　　址：www.cyp.com.cn
策　　划：韩亚君
执　　行：林　栋
编辑电话：(010) 57350519
责任编辑：李晓丽　lxlcyp@163.com
营　　销：北京中青人出版物发行有限公司
电　　话：(010) 57350517 57350522 57350524
印　　刷：三河市国新印装有限公司
经　　销：新华书店

开　　本：700×1000 1/16
印　　张：17.75
插　　页：2
字　　数：240千字
版　　次：2014年7月第2次印刷
定　　价：36.00元

本图书如有印装质量问题,请与出版部联系调换

联系电话：(010)57350526

总　序

皇室家族的兴衰,既是相关国家历史发展的缩影,也是世界历史的重要组成部分。皇族人物,特别是君王、重臣的起伏生死,构成了国别史、地区史,乃至世界历史整个剧情中丰富多彩的场景片段。因此,皇室家族既是历史的产物,又是历史的重要组成部分。随着人类社会的发展和历史的变迁,皇室的地位和作用也在发生着重大变化。纵观世界主要国家,法国皇室早已退出历史舞台,俄国沙皇政权被推翻,英国等国的皇室大多由掌管国家命运的一国之君变为国家的象征,"统而不治",君主通常在担任礼仪性的国家元首外,还承担一些慈善性的社会工作。有的君主皇亲更是由上流社会的贵族渐趋平民化。当然,有的君主在国内出现政治危机和社会动荡时,也能在精神上起到缓冲剂和润滑剂的作用。

目前世界上仍保有皇室的国家有25个。其中亚洲11个:东亚的日本;东南亚的泰国、文莱、不丹、马来西亚、柬埔寨;中东的沙特阿拉伯、科威特、约旦、阿曼、卡塔尔。欧洲10个:英国、荷兰、比利时、瑞典、挪威、西班牙、摩纳哥、卢森堡、丹麦、列支敦士登。非洲3个:莱索托、斯威士兰、摩洛哥。大洋洲1个:汤加。现存的这些国家的皇室,加上如今已不存在,但曾经存在且起到过重大历史作用的皇室家族如俄罗斯皇室、法国皇室、葡萄牙皇室、德国皇室等,无论是姻亲交织、血脉相连,还是兵戎相见、朝贡并吞,都是历史作品中经久不衰的题材。即使在今天,君主和皇储的大婚依然是举世关注的焦点,这从一个侧面彰显了皇室的社会影响力。

本丛书选择欧洲和亚洲具有典型性的几个皇室家族作为主要故事,以历史文献资料为素材,并通过对相关资料的系统挖掘、整理,以家族历史为主要剧情,以皇族重要人物为主角,由历史学家担当编剧和导演,来表演几出皇族历史剧。主旨是在全面、有重点地揭示不同国度、不同政体的皇室人物和家族历史的同时,完整、生动地叙述和展现相关的历史、政治、宗教、军事、制度、宫闱、文化、教育、社会、生活等历史事件的全貌。创作动机即是以严谨的学术态度、社会化和大众化的解读,探索并展示皇室家族在人类社会发展和变革中所起的作用和发挥的影响。此外,作为主要面向中国读者的读物,与此前相关题材的作品相比,本丛书与中国有关的历史内容适当增加了一些分量,当今中国百姓比较感兴趣的内容也有选择地增加了笔墨。

为了保证"正史"的水平和地位,丛书首先以学术研究为基础,作者均为中国社会科学院世界历史研究所和国内高等院校的专家学者,均在相关学术领域具有一定的研究成果,具备皇家史学研究水准。在历史文献资料的取用上,丛书秉持广而精的选材原则。选材范围包括档案文献资料、学术研究成果、口述史料、人物传记等文本资料;此外,每种书还配图百幅左右,图片内容涵盖重要历史人物、重大历史事件、事件场景、重要文献典章书影、重要绘画和图片等,可释放出丰富多彩的历史信息,使正文所述场景更加生动、丰满。作者本着科学严谨、忠于历史的态度和原则,从浩繁的历史资料中选取"精材实料"——包括人们熟悉的内容,以及鲜引起注意或未被使用的素材,既有皇室秘闻的"以正视听",又有大国交锋的跌宕起伏和矛盾与冲突。

作为一种以写人为主的社会化历史读物,丛书在谋篇布局和写作方法上既遵循历史规范,又十分注意可读性。研究分析须言之有据、论述清晰,场景描述严禁演绎揣测,资料来源一定要可靠,更不能妄下结论。每种书都高度重视框架结构和叙事的完整性,确保家族渊源、历史脉络清晰,人物发展、事件因果完整。

在写作方法上,丛书着力充分体现文献资料的灵活运用,以基础史料为支撑,用文学性的笔法来描写家族史;以历史为时间线索,以历史话题为切入点、重点和亮点,以客观展现历史进程、故事式的叙述为具体写作方法,紧紧围绕重要人物、重大历史事件来做文章;材料组织上突出重要事件,特别是重大历史事件中的亮点;系统、有机地整合皇族史中的点、线、面。目的是既要引领读者走进历史,鉴赏历史,品读历史,又要启迪读者走出历史,思考历史,对诸多现实问题从历史中寻找答案。

作为中国学者撰写的世界史文化产品,丛书的突出特点一是有鲜明的中国眼光、中国视角,并适当增加了与中国有关的历史内容的分量;二是兼顾了原创性、学术性和知识性。既是一套科学严谨、带有社会学研究特点的学术性读物,同时又是一套以学术研究为基础、可读性强、符合市场和社会需求的社会性通俗读物。

《皇室与大国》丛书首批推出的《白金帝国:英国皇室》、《华丽高卢:法国皇室》、《铁血王朝:德国皇室》、《沙皇霸业:俄国皇室》、《百代家国:日本皇室》5种,均叙述流畅,故事情节引人入胜,各具特色,适宜各类读者轻松阅读。

孟庆龙

2011年11月11日

前 言

英国王室的历史是英国史和欧洲史的一部分，也是世界历史的一部分。

从中古时期的第一个封建王朝诺曼王朝算起，英国王室先后经历了金雀花王朝、兰开斯特王朝、约克王朝和都铎王朝以及近代以来至今的斯图亚特王朝、汉诺威王朝和温莎王朝。各个王朝的国王在位时间有长有短，长则数十年，如维多利亚女王(64年)，短则只有3个月，如爱德华五世。而且各个王朝国王的历史影响也迥异，有的声名显赫，有的默默无闻。在这条历史长河中，一些令世人瞩目的大事件，如1066年4月24日的威廉征服、1215年6月15日的《大宪章》的签署、1649年1月21日的查理一世受刑、1688年11月1日的"光荣革命"等，注定将永久烙印在世人的记忆中！

一个基本的事实是，在将近1000年的历史变迁中，英国王室经历了工业革命、政治革命、战争危机、立宪危机、形象危机等一系列的挑战，依然能够延续至今，不能不说是一个奇迹。

一部英国王室兴衰史就是一部英国宪政制度形成、确立、发展和不断壮大的历史，也是一部英国王权同教权、民权斗争与妥协相互交织的历史，更是一部英国民族国家逐渐形成、称霸和衰落的历史。从其主体意义上而论，英国王室兴衰史就是世代的君王及王室成员依靠自己的物质和精神活动推动英国的经济、社会、文化、军事等各个领域发展的历史，也是他们应对英国(民族国家、英帝国和英联邦)经济、社会发展变化和世界发展变化带来的冲击和挑战并进行或成功或失败的应战史。诚然，英国王权的扩大也曾构成了对于世界其他国家和民族的挑战。

自16世纪以来,欧洲各国的君主专制政体分崩离析,部分国家完全废除君主制,建立了共和国,部分没有建立资产阶级完全掌权的国家开创了君主立宪制,将君主权力限定在狭小的范围。第一和第二次世界大战之后,德国、奥匈帝国、俄国、意大利、希腊等国相继废除君主制,只有英国、荷兰、比利时、西班牙和北欧三国形式上仍然保留君主。但从宪法上看,君主已经不再拥有实权,而是沦为政治上的咨询者、精神上的指南针和国家的象征。而英国王室无疑是其中最为耀眼的一支。因为依靠他们17世纪后半期创造的国内政治和平,才奠定了后来大英帝国称霸世界的基础。

同时我们也看到,在第一个让国王喋血的所谓资产阶级革命发源地的英格兰,封建君主制在经过一番改造之后被保留下来,而且一直继续至今。在中国这个崇尚"协和万邦"的东方国度,100年前(1911年10月10日),在武昌,新军义旗首举,全国响应,数月后,统治了将近300年的大清帝国王冠落地,《中华民国临时约法》的颁布从法律上终结了中国延续了长达2000多年的封建王朝。封建君主制由此被坚持共和主张的革命派永远地画上了句号,而且传统思想中与封建君主相关的诸多内容也数度作为没落的、腐朽的遗毒屡屡被彻底清算。

貌似相悖的历史选择其实却遵从一个共通的历史逻辑:任何一个国家、民族和社会的发展都内在地表现为一个从蒙昧走向文明、从落后走向先进、从封闭走向开放、从专制走向民主的由低级向高级迈进的过程。贯穿现代化理论基本预设的正是这一观念。人类社会现代化的进程的本质,不是表现为政治制度上是否维持君主制度,而是在于人的本身的现代化,人从对于家庭、氏族、地方共同体的依附性状态迈向一种冲破地域狭隘性、具有较大能动和自主的独立性。按照马克思的三形态理论,现代社会中人的独立性仍然不可避免地建立在物(商品、货币或资本)的依赖的基础上,而且,这个阶段在未来的发展中随着人的自身能力的提升而注定要为新的更高阶段所超越。因此,从本质上说,现代化进程与是否保留君主政治体制没有必然联系。

事实上,从17世纪英国君主立宪制确立以来,关于英国王室存废的争议就一直未曾中断过。反对王室制度的英国民间组织认为，王室的存在显示了特权、自负与精英主义，与倡导平等、共和的时代精神背道而驰。20世纪90年代，中国学界的"告别革命"派设想，如果中国没有推翻大清王朝统治形成的历史断裂，中国的现代化历程的推进可能会更顺畅，取得的成就可能更大。

是选择革命，还是选择改良，是立宪还是共和，说到底，是保留君主制还是废除君主制，相对于各国而言，没有统一的政治模式，只有最适合本国的模式。中、英两国发展的时间错位、面对的国内外环境的不同、各自国家内部政治阶层力量强弱的不同，决定了政治较量的形式和结果的差异。我们无法苛求统一的发展模式和统一的路径。对于近代中国而言，非新民主主义革命道路不足以实现国家的独立和民族的自由。非中国特色社会主义道路不足以实现中华民族繁荣富强和伟大复兴。因此，对于"告别革命"的观点，我们实在不能苟同。今天，中国的发展成就足以证明，毫无根据的设想于现实徒劳无益。从本国国情出发，凝聚本国人民的政治智慧，坚定不移地走自己的道路，或许，这是在世界各国发展面临普遍政治、经济困境的国际背景下，反思英国王室兴盛与危机的真正意义。当然，这并不意味着中国要自外于世界历史发展的普遍潮流，相反，中国人更应充分发挥文化自觉，把握世界历史进程，以更大的自信心推动中华民族更好、更快地发展。毕竟，如今，无论是在东方，还是在西方，人们越来越意识到世界各国政治和经济上的相互依存和我们当代问题的全球性本质。

3年前，全国人民以饱满的热情鼎力筹办奥运会之际，一个宁静的初夏的下午，中国青年出版社林栋先生约请数名学者集聚在王府井大街东厂胡同1号中国社会科学院世界历史所，商讨如何从当今世界民族发展道路的统一性与多样性、世界现代化大潮中社会宽容与民族凝聚力的养成的角度来重新书写一部世界各国王族史纲。蒙林先生的信任，本人得以有机会参与此项计划之中。从提纲拟定到成稿后反复修改，3年已经悄然过去，我的工作单位也从北京转移到上海，在学妹姜静的协同之下书稿才得以完成。

关于英国王室的著作可谓并不少见。本书特色在于,从世界现代化大潮和社会发展模式多元化以及社会宽容度的角度,重新审视英国王室上一些重要君主的重大事件和历史现象,通过对它们的局部的显微聚焦,一方面借助于有趣故事的讲述,让读者了解英国王室中的标志性人物和事件,粗线条地把握英国王室的发展脉络,洞悉英国王室在英国乃至欧洲和世界历史的政治、经济、文化和军事方面的重大影响;另一方面,引领读者站在当今的时代精神和时代进步的高度上,深入思考重大事件背后的作用因素,揭示出英国王室变迁与整体英国历史和世界历史发展进程的互渗性和内在逻辑勾连,进而从更深层次上认识和把握历史发展规律和社会进步规律。

本书写作分工如下:韩炯负责全书提纲的拟定,并负责前言、第1章、第12章、13章、14章的撰写;姜静负责第2—11章的撰写。全书由韩炯统稿审定。感谢中国社会科学院世界历史所吴英副研究员的推荐,让我参与本套丛书的撰写。感谢世界历史所的孟庆龙研究员提供的指导和热忱帮助。同时感谢中国青年出版社的林栋主任、李晓丽编辑为本书出版付出的辛劳。

囿于个人学力,加之时间仓促,本书错讹疏漏不足之处,在所难免,敬请读者批评指正。

韩炯

2011年11月24日于沪上同新楼

目　录

第一章
缔造英格兰

一、诺曼征服

1066年4月24日，夜晚，在英吉利海峡两岸的上空，一颗明亮的彗星拖着长长的彗尾掠过天际……

这颗百年难得一见的哈雷彗星的出现，在海峡两岸唤起了截然相反的两种情感：海峡西侧，英国朝野上下一片恐慌，人们普遍预感这是不祥之兆，英国不久就会灾难临头；而在另一侧的诺曼底公国，将士们秣马厉兵，造船修舰，认为这是上帝将鼓励他们去进行新的征服，争取新的成功的信号。他们个个精神亢奋，踌躇满志。

不到半年，这两种猜测在同一件事情上得到应验。法国诺曼公爵威廉率兵渡海，用武力征服英国，就任英王，这就是中世纪著名的诺曼征服。诺曼公爵和他的勇士们是最后一批登上不列颠岛的外来征服者，诺曼征服开辟了英国历史上的诺曼王朝时代，同时也缔结了异族在英格兰的成功统治的开端。

加冕之后的威廉称"威廉一世"，此后，英国进入一个崭新的历史发展阶段。

威廉登陆英国

这个当时在东方文明眼中仍然停留在蒙昧阶段的岛国的人民，从此之后，在他们的血脉里，似乎永久回荡着昔日威廉征服的勇气和霸气，在经过大约七八个世纪的辗转发展、折冲樽俎之后，不仅成功地超越了东方，而且成为全球现代文明的源头。而"征服者威廉"本人，也彪炳在那个曾经有着"日不落帝国"美誉的辉煌史册上。

威廉征服,是历史的宿命吗? 不,这是历史的必然!

1.王位之争

1066年1月,奄奄一息的英国国王"忏悔者"爱德华自知大限将至,用含糊不清的嗓音指定了新的王位继承人、他最后一位妻子的弟弟哈罗德为英国国王。

消息传到法国,人们普遍反应平淡,唯独诺曼底公爵威廉愤愤不平,他认为唯有自己才是英格兰王国的理想继承人。更让他蒙羞的是,英国的"贤人会议"竟然拒绝了他当英国国王的要求。作为一个法国公爵,威廉怎敢大言不惭地提出继承英国王位呢? 故事还要从他与爱德华王室之间纠缠不清的关系说起。

从血缘上讲,威廉的姑姑埃玛是新去世的英王的母后,也就是说,威廉是爱德华的表兄弟,而哈罗德只是爱德华的远支亲属。显然,姑表兄弟比之内弟更近王位。所以,自恃为王室"内亲"的威廉,较之于"外戚"哈罗德,更有资格继承王位。

当然,单此一点,威廉也不敢生此痴心妄想。重要的是,他曾经为稳固爱德华的基业立下功劳,并且得到老国王传位的承诺。15年前,时任英王的爱德华,政权受到岳父戈德文的威胁。戈德文一家垄断着英国2/3的耕地, 在当时,土地是王室收入的最主要来源,这无疑断了爱德华的财路。更有甚者,戈德文子侄当中有3人受封为伯

"征服者"威廉的诞生地——法国的法莱斯城堡

爵,对王位虎视眈眈,篡位之事随时可能发生。为了免于沦为傀儡皇帝,更是为了防患于未然,爱德华密邀威廉公爵访问英国,共商对策。威廉制定出一套精密方案,承诺由他"搞定"戈德文,而作为酬谢,爱德华承诺去世后将王位交由威廉继承。后来,爱德华成功地将戈德文驱逐出境,并将当时的王妃流放边疆,彻底除去心头之患。此后,威廉就满怀期冀,等待有朝一日能够继任英国王位。那样,他不仅贵为英国国君,而且也因其同时领有法国富庶的公国,能够掌握与法兰克王国国王叫板的权力。当威廉得知自己无缘王冠,美梦成空之后,其气急败坏的心情可想而知。

再者,从道义上讲,威廉曾有恩于哈罗德。1064年,哈罗德在一次海边巡视中被西风刮到法国海岸,落入该地区的主人蓬蒂厄伯爵手中。蓬蒂厄是个无耻之徒,他趁机扣留哈罗德,并且索要大笔人质赎金。鉴于与英国王室有血亲关系,威廉出面积极斡旋干预。蓬蒂厄深知自己不是他的对手,只好咽下这口气,最终答应放弃赎金要求,将哈罗德引渡到诺曼底宫廷。如此说来,威廉对哈罗德有救命之恩。当然,威廉在诺曼底宫廷盛情款待哈罗德,也有自己的意图。威廉公爵明言要求哈罗德帮助自己取得英王王位,而作为交换条件,威廉允诺将爱女许配给哈罗德,并将英格兰的整个西塞克斯作为封地,赏赐与他。哈罗德深知,如果拒绝,这些条件很难捞到手不说,单是自己回国就难上加难。为此考虑,他立下誓言,慨然允诺。等到1066年初,哈罗德王冠在顶,意味着他成为"立假誓者"。按照基督教的习俗和骑士界当时盛行的观念,"立假誓"是最为人所不齿的行为,所以哈罗德就任为王,也是非议一片。

那么,既然威廉占据如此天时人和,为什么他写信给"贤人会议",要求继承英国王位,仍然被拒绝呢?这里还有必要交代一下威廉的身世。

威廉的父亲罗伯特是诺曼底公国第四任公爵,此人道德品行极为恶劣。由于公爵夫人未能生下一男半女,公爵后来强抢贫穷皮匠的女儿阿列特,在1028年非婚生下小威廉。所以威廉就是"私生子",按照当时的习俗,私生子既无财产继承权,也无爵位继承权。但鉴于罗伯特公爵别无子嗣,加上他恩威并施,终于说服诺曼底贵族,承认威廉为合法继承人。威廉8岁时,父亲死于朝圣归途中,他获准继承公爵爵位。但是,危险、阴谋、暗杀无时不环绕在他周围。他的3个监护人和一位老师先后死于他的政敌的毒计之中。直到后来法国国王亨利宣布承认威廉为公国合法继承人,并充当他的保护人和监护人,情况才略微改善。血腥残酷的政治环境塑造了威廉公爵的双重性格:一方面,他坚毅勇敢,善于谋略,艰难险阻面前绝不低头;另一方面,他对待反对他的人也残忍无情,不择手段。尤其是他对于"私生子"的身份讳莫如深,不论是谁胆敢以此冒犯他,他都绝不手软。据说,威廉公爵曾经要求对阿郎松城拥有领土主权,该城居民闻知后,将皮革挂出城外,并且大呼:"这是给皮匠的皮子!"以此嘲笑他这个皮匠的外孙。征服该城后,威廉公爵下令,将城中数名显贵的四肢全部砍去,另有多名被剥皮处置。威廉公爵的报复之心由此可见一斑。

威廉公爵也算励精图治,数年之后,公国的政治经济都强于其他公国。城市经济已经出现,军队上更有自己的特色。威廉用他独创的"骑士领地制"保证了稳定的军队来源。这些都是后来威廉征服英国的巨大保障。

正是威廉的"私生子"身份,成为英国"贤人会议"拒绝同意他继任英王的理由。而这恰恰触到了威廉的痛处。对此,威廉抱着"是可忍孰不可忍"的心理,决定用武力解决王位之争,也是对那帮自命不凡的英国贤人的教训。其实,在明眼人看来,这些只不过是日渐强大的公国增加领土欲望的口实而已。

毫无疑问,要想成功穿越英军的天然屏障,渡过险象环生的英吉利海峡,必须要选择有利的天气。威廉能够抓住时机成功渡海、实现他的国王梦想吗?

2.决定胜负的黑斯廷战役

和平协商解决王位争端已经无望,诉诸战争成为唯一之路。1066年,英吉利海峡的一方厉兵秣马,另一方则严阵以待,但是,从8月中旬到9月中下旬,双方精心准备的对决并未发生。威廉的军队要渡过险象环生的英吉利海峡,必须假以天时,除非东南风兴起,他的精锐骑兵才有机会驰骋英格兰。而连续近6周的西北风阻断了威廉的渡海计划。但他并未就此放弃,而是在苦苦等待。而哈罗德一方以逸待劳,只等对方渡海之后立足未稳时给予迎头痛击。

9月中下旬,形势出现转机。英格兰北部、东部贵族叛乱。哈罗德被迫抽调兵力平叛。他虽有诺曼底军队渡海进攻的担心,但仍然心存侥幸,自认为运气在英格兰人一边。但是,等到9月25日击毙叛乱贵族托斯提格伯爵,平叛胜利,试图再返回英吉利海峡布防前线时,为时已晚。3天之后,威廉率领法军全部渡过海峡,在帕文西成功实现登陆,此后迅猛向伦敦方向挺进。10月中旬,双方在黑斯廷遭遇,一场决定双方生死之战由此展开。

黑斯廷是通往伦敦的咽喉要道。按照当时军事实力对比看,威廉这一战似乎定胜无疑。因为诺曼底的军队拥有训练有素的7000名精锐重装骑兵,而且有相当数量的弓箭手组成的步兵相配合。而英王哈罗德领导的则是一支装备极差、缺乏训练的"民军",他们的主要武器是盾牌、大斧和长矛。但是,战争过程并不像想象的那样轻而易举。

最初,威廉公爵仰仗军事优势,以步兵为先导,试图借助齐发的万箭开道再由精锐骑兵冲杀破敌。可是,英国军队用盾牌将哈斯丁山顶严密遮蔽,如同"金钟罩",整个防守固若金汤。无奈之下,威廉调整部署,改用骑兵,企图强行破阵杀敌。一时间,高唱战歌、手持长矛的铠甲勇士如同一道道"矛流"、"铁流"滚滚向前,再加上马蹄隆隆、杀声四起,英军似乎不堪一击,很快就被撕裂开一道口子。看到突入敌阵的前锋勇士挥戈跃马,威廉志在必得。可是,战机很快逆转。出现缺口的盾牌迅速由两侧的盾牌部队合拢补上,而进入盾牌阵的铁骑成了瓮中之鳖。英军大显长斧神威,第一斧砍断对方马腿,让身负沉重铁甲的骑士或者应声落地,或者寸步难移;第二斧对准勇士的脖颈,如同砍瓜切菜,斧斧致命。行动不便的铁骑成了任由对方宰割的"菜牛"。这一战,威廉伤亡惨重,败退而归。

接着,威廉公爵决心改变战术。他表面上继续施行重装骑兵突入敌阵的战术,实际上命令士兵掌握时机,诈败溃退。英军不知是计,手持盾牌、战斧穷追不舍。结果,原有的盾牌阵失去了它的防御能力。待威廉的两翼骑兵包围合拢,诱敌的骑兵后阵变前阵,杀个"回马枪",三面骑兵轻易绞杀了英国追兵。让人不可思议的是,威廉的"诱敌深入"战术二度得手。几番之后,英军方坚壁清野,严阵以待,面对丢掉头盔、扔掉长矛的诺曼军队,再也不敢冒险追击。

两个回合较量下来,双方各有损失,战局似乎就此胶着,谁胜谁负,殊难料定。威廉公爵无计可施,只有向对方阵中漫天放箭。这一招其实在开始时就已证明并非奏效之举,但充满诡异的是,偏巧一支飞箭射中了视察防务的英王哈罗德的眼睛。哈罗德虽然强忍剧痛,任由军医拔出带血箭头,但是终因流血过多伤势过重而毙命。消息传出,英军军心大乱,士气跌落。结果,诺曼公爵抓住战机,摧毁防守英军。

黑斯廷战役的胜利震慑了伦敦城内的英国贵族。但是,机智的威廉并没有急不可耐地向伦敦进军,而是采取了更加有效的威慑战术:他在哈斯丁短暂停留5天之后,才向伦敦城进军。而且他并没有采取强攻战术,而是率军溯泰晤士河而上,然后顺流而下,在离伦敦城不远处的港口登陆,从陆上外围绕行,回到伦敦城下。随后,一面切断伦敦与外部的联系和物资供应,一面命令法军盔甲鲜明、仪仗齐整地绕伦敦城巡行,其耀武扬威之意不言而喻。事实证明,这种"围而不打"的战术的确对城内的英国贵族产生了严重的动摇和分化作用,结

贝叶挂毯上的哈罗德死于黑斯廷战役

果"贤人会议"中主降派占了上风,答应威廉继承英国王位的要求。最后,"贤人会议"选出代表,开门揖敌,将象征英国统治权的伦敦城门的钥匙送交给威廉公爵。

3.圣诞加冕

已经牢牢掌握了象征英国统治权的伦敦城门钥匙的威廉公爵并没有立即进入伦敦城。他要抹去自己作为侵略者的形象,为自己在英国正式称王确立合法性和合理性,这样才可以名正言顺地进入作为英国首都的伦敦城。按照当时欧洲大陆的习俗,国王即位必不可少的一个仪式就是,由天主教教皇或者位高权重的宗教领袖为之加冕,以此象征其统治"君权神授",不可违逆。

1066年12月25日,也就是基督教徒最为盛大的节日圣诞节这一天,泰晤士河北岸的威斯敏斯特教堂内一片忙碌。

英国约克郡的大主教奥尔德雷德内心也是备受煎熬,他将完成一项重要的任务:为"征服者"威廉加冕。威廉所以选在这个特殊时期,自然有其特别意义,他要让盎格鲁-撒克逊的人们把他这个来自海峡另一岸的"私生子"、"皮匠的外孙"的身份永远忘记,而视其为具有神圣权力的国王。

事实上,在此之前,威廉与教皇关系并非完全和谐。入主英国之前,威廉已经是有妇之夫。但是,作为诺曼底公爵,他的竞争敌手来自周边法兰西、安茹和弗兰德尔3个邻国。按照中世纪惯常的政治联姻壮大实力的做法,1040年,威廉公爵向弗兰德尔伯爵的女儿马蒂尔达求婚,以图换取弗兰德尔的支持。但是,这桩婚姻遭到教皇的拒绝。而威廉公爵基于政治利益,完全置教皇的劝阻于不顾,毅然与马蒂尔达结婚。事实证明,这一决定为后来的远征英格兰解除了陆上的后顾之忧,却也令罗马教廷耿耿于怀。为了为自己的军事行为披上神圣的外衣,威廉公爵早在1066年入侵英格兰之前就已经与教皇摒弃前嫌,重归于好,并彼此达成下列协议:教皇亚历山大二世宣布威廉诉求英国王权完全合法,作为回报,威廉在获得英国事实上的王权以后将承认英国教会具有司法独立权,不受地方王权控制。这是教皇慷慨应允威廉由主教为其加冕的另一层缘由所在。

至此,盎格鲁-撒克逊贵族、法国贵族和斯堪的纳维亚人一直垂涎的英国王位在经过前后近150年的复杂王朝斗争后,终于尘埃落定。尽管如此,这场征服并不意味着围绕英国王位的争夺就此画上了句号。如今,在哈罗德昔日被射伤的地方,一块铜牌标记还赫然在目。它似乎在提醒着人们,欧洲封建史上无休止的阴谋、联姻、背叛以及绵延数十年、跨越数个王国的武力斗争,还将继续,而且对王室正统地位即合法性的竞争往往会诉诸武力的极端形式,这所有的一切也是充满了血腥味道的英国君主制历史和欧洲封建历史的真正核心所在。

威廉公爵在英国加冕称王,称"威廉一世",标志着英国诺曼王朝的正式开始,它构成英国历史上第一个正式意义的封建王朝。由于威廉身上带有不可抹去的法国贵族的印记,在他后来的统治期间乃至整个诺曼王朝时期,英国与欧洲大陆之间的经济、社会文化交流不可避免地持续加强。英国的官方语言不是英语而是法语,英国的新统治阶层中的主导力量不是英伦三岛上的本土贵族而是诺曼底公爵,这些充分表明,英国的等级君主制的政治制度正是欧洲大陆封建等级制度向欧陆之外的延伸。不过,大约800年后,英国同样以更加伟大的制度文明回馈了它的欧洲大陆同伴。

二、奠定基业

天下甫定,威廉一世殚精竭虑,采取了包括神化王权、打击土著等一系列举措巩固基业,稳定江山,而分封建国、普查家底的措施更是具有深远的历史意义。

威廉入侵前后,罗马教皇与英格兰的关系经历了一个由亲密到疏离再到亲密的变化。罗马教会的宗教影响一度渗透到英格兰地区,按照当时规定,每位英国家庭每年需要向教皇缴纳一便士的献金(贡赋),但是,北欧维京人(丹麦人)入侵英格兰之后,维京人成了事实上的地方主

威廉一世

宰，英国人就摆脱了对教皇的此项义务。当时的英格兰坎特伯雷大主教是斯蒂根德，他对大陆上的罗马教皇亚历山大二世推行的教会改革完全置若罔闻，而是积极支持教会分立。就司法审判而言，在盎格鲁－撒克逊时代的英格兰地区，一切案件，无论属于世俗案件还是宗教案件，都由地方世俗法庭审理。这让试图建立自己的宗教法庭的罗马教会甚为不满。但是，单凭罗马教皇的宗教压力还不足以让英国地方教会屈服，他还需借助其他强势力量。为此，在获悉威廉公爵意欲对英格兰动武后，教皇便放弃当初关于威廉婚事的不满，转而倾力支持，并派遣教士随军出征，为诺曼底军队获胜祈福。待到征服成功之后，罗马天主教自然重新获得了昔日的权威影响。而身披王袍的威廉一世也不惜从人事安排、教堂建设和制度规定方面，深化自己的王权，巩固地位。这是威廉一世即位后的第一招。

威廉一世先是从罗马教皇的老家意大利挑选一位杰出的教会人士兰弗兰克接替斯蒂根德，出任坎特伯雷大主教职务，继而将英国境内的主教和修道院长等高级教职出售给诺曼底人，随后还在境内大事营建教堂，扩大教会实力。据统计，征服之后的10年间，先后就有7个大教堂破土动工。更重要的是，1072年，威廉一世宣布英国教会拥有独立的教会法庭，享有司法独立，主教的司法权不受地方封建领主节制。凡是涉及宗教信仰和教会利益的刑事、民事案件，譬如教徒杀人抢劫、宗教异端宣传、通奸、诽谤，甚至围绕婚姻、遗嘱等的诉讼的都需要交由教会法庭，由地方主教依照教会法予以审判，世俗封建主无权干预。

无疑，威廉一世的上述做法在神化王权的同时也助长了教权的扩张,在客观上强化了王权与教权之间的结合。诺曼征服之后的基督教会在不列颠重新复兴,这与克吕尼改革运动后重新振作的大陆教会融为一体,两者的结合更是催生了中世纪鼎盛期的基督教宗教文化、知识和艺术的出现。

威廉一世巩固王权的第二招是,重用诺曼底人,排挤打击英国土著。1078年在英国建筑史上是一个特别值得纪念的年份,英国国王威廉一世在这一年做出了修建白塔的决定。白塔坐落在伦敦市区内,又名伦敦塔,塔高27.43米,共4层,遵循诺曼底古城堡的风格建造,四角建有塔楼。这座塔修建耗时19年,直至1097年才得以建成。以后历代国王以白塔为中心,不断扩建,直到形成现在庞大的建筑群。这座占地13英亩、举世闻名的伦敦塔构成了英国中古时期最辉煌的城市建筑遗址之一。

伦敦塔是英国的巴士底狱,是威廉一世王权扩张的见证。威廉一世修建白塔的主要目的除了充当英国王室的保险库之外,更重要的在于拘押重要的政治犯,他们多是声威卓著、或明或暗挑战国王权威的封建领主贵族,尤其是一些视诺曼底人为异族入侵者的英国旧贵族,或者王亲国戚,就连英国历史上赫赫有名的伊丽莎白一世也有过囚禁于此的不同寻常的经历。

为了稳固基业,防止英国贵族叛乱,就任伊始,威廉一世严厉剥夺原盎格鲁-撒克逊贵族封地和堡垒,解散地方封建主的武装。另一方面,将夺来的领地、堡垒、要塞甚至官职大量分封给法国诺曼底贵族和主教。威廉一世加冕后的10年之内,英格兰东部和南部大部分地区相继易主,落入法国诺曼底贵族手中。而到威廉一世去世前的那一年,在英格兰提兹河以南地区,只有阿等的森吉尔和林肯郡的考尔斯威这两位英国人,拥有较大封地。而到了1096年,全英格兰高级教职中,所有主教职位尽数落入非英国人之手。

语言是维系一个民族存在和发展的重要纽带,更是增强民族认同感和归属感的强大媒介。由于英国的统治集团多数是法国人,在英国王宫讲法语的传统一经诺曼底贵族开辟,就延续下来。征服之初的一段时间内,法语和英语最开始是泾渭分明的民族语言,但在新的社会秩序作为现实确立下来后，法语倒是被包括英国土著居民在内的许多人视为社会身份和学识的标志，其重要性甚至堪与拉丁语比肩，成为欧洲方言中最为重要的语言。直到300年后，那场著名的"百年战争"激发了英国人的强大的民族主义情感，英语才逐渐重新恢复为英国的官方语言。时至今日，我们依然能在英语和法语中找到许多"家族相似"的元素。

三、分封建国

1086年8月的一天，在英格兰南部的小镇索尔兹伯雷，迎来一场史无前例、盛况空前的集会。来自英格兰全国的大大小小将近1500名贵族封建主，云集此地，接受英国国王威廉一世的册封，向威廉宣誓效忠，同

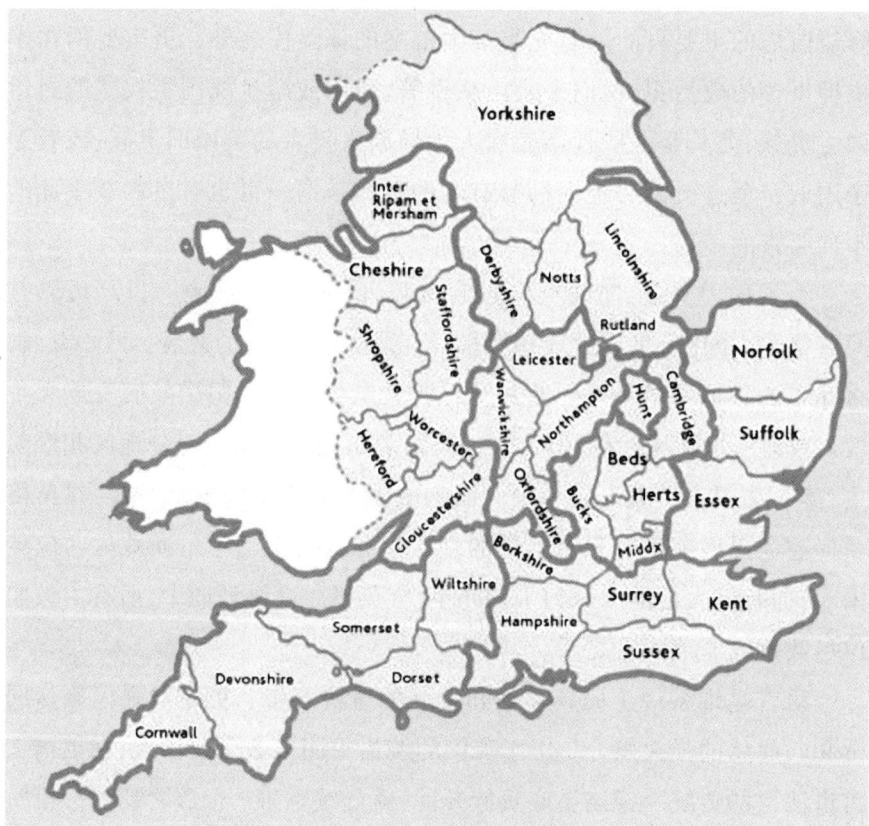

1086年普查时的英格兰诸郡

时行臣服礼。这场盛会就是英国历史上著名的"索尔兹伯雷盟誓"。他们将所得土地一部分留做自营,其余土地分封给下一级封臣。

为什么那么多的贵族封建主必须向英王宣誓效忠呢?难道他们没有其他的选择吗?故事还要从更早说起。

早在威廉来到英国之前的二三百年前,不列颠岛上7个国家相互攻伐,呈现着一幅"战国时代"的景象。战争中失去土地的自由农民为了活命被迫委身求庇于有私产的封建领主。这是领主与依附者关系的雏形。9世纪,由于与入侵的丹麦人作战,原来具有自由身份的农村公社中破产的农民已经渐渐失去了自由,他们不能在周日劳动,不能随处迁徙,他们必须听从领主的控制,形成了对领主的事实上的依附关系。当时的威塞克斯国王阿尔弗烈德出于军事上增强战斗力的考虑,想组建一支常备军。但是国王没有足够的金银物品赏赐给他们作为薪资酬劳,当时唯一可资奖励的就是收复和新征服的土地,因此,国王就授予这些被称为"塞恩"的职业军人以可以实行世袭的土地。这种制度当时称为"册地制"。但是,当时国王还不是全国土地的最高所有者,哪怕名义上也不是。要让封地生效,还必须经过"贤人会议"许可、各位重要大臣签字画押。再者,这些获得封地的"塞恩"对土地的所有权仅仅限于从土地上获得军事给养,并不拥有政治和司法特权。另外,盎格鲁-撒克逊时期,除了这种有条件的分封之外,还有许多无条件的封地,它们多半是国王向教会无偿地封赐的土地。所以这3点使得这类封地性质明显不同于当时欧洲大陆上盛行的"封土制"。

但有一点可以确定,诺曼征服进一步加速了英格兰自由农民封建化的过程,进而英国的封地性质也有了变化:英国的封地制度渐渐向法国的封土制度形式接近。战争当中,因为军功而受封的将领向威廉一世宣誓效忠并行"臣服礼",与威廉一世结成封臣封君关系。

威廉入主英格兰之后,就开始将新获得的土地大量分封给部下。原来需要经过"贤人会议"通过的程序也被略去了,英王成为当时全国最大的土地所有者,拥有至高无上的政治权力,他自己占有全国将近1/7到1/5的耕地,占有全国土地总面积达1/3的森林(王室拥有69个林区)。其余的土地被直接分封给他手下的高级贵族领主。其中10个领主占贵族封地的1/2,最大的封臣领地年收入达到1750英镑,相当于英国最大的封君威廉控制下的王室年地租收入(17650英镑)的1/10。受到英王直接分封的封臣大约有1400多人。

通过引入大陆的封土方式,威廉一世在英格兰建立了以土地为纽带的封君封臣关系,确立了对全国土地的最高所有权,成为英国贵族和诺曼底贵族的最高封君。一种新的统治管理制度由此在英国形成并建立起来。按照规定,凡是不向国王宣誓者,其领地被剥夺,爵位被革除。于是,我们在开始提到的"索尔兹伯雷盟誓"就不难理解了。

值得一提的是,虽然英国严格意义上的封君封臣制度是从大陆主要是从法国引入的,但是英国的王权却远远超过法国的王权。按照"索尔兹伯雷盟誓",全国所有的贵族领主都必须向国王宣誓效忠。在英国,国王的政治权力具有极强的传递性和渗透性,可以达至最低一级的封臣。对于最低级别的封臣来说,"我的封君的'封君'也是我的封君",这就迥然有别于法国的情形,在法国,正如"我的封君的'封君'不是我的封君"格言所间接反映的那样,国王权力只达及他的直接封臣而无法达到更低的封臣和骑士。

可见,即使是同样的政治制度,由于面对不同的制度环境,其具体的呈现形态也各异。历史研究就是要在揭示历史发展规律的同时展现出同一规律作用下的不同民族的历史差异。

分封制更加明确了封建社会时期人与人之间的依附关系,而这种关系直到16世纪以后随着现代商品经济的崛起才逐渐地有所改变。

四、普查家底

在英国历史上,有这样一部书籍,它对于研究历史上的英国人口和社会经济发展状况至关重要,以至于英国著名历史学家梅特兰曾经这样评价这部书籍的重要性:若要理解英国历史,就必须对它及其中的法律有所通晓。那么,这究竟是一本什么样的书籍呢?

这部书籍就是《末日审判书》。其实这本书虽名书却非书，只不过是形成于11世纪后期的一份土地调查册。既然如此，它与我们所说的普查家底究竟有什么样的关系呢？它的背后到底隐藏着什么样的故事呢？

前面说过，威廉一世继承王位后，一个重要举措就是在全国范围内分封土地给他的近臣和贵族。小规模的分封土地可以具有较大的随意性，但是像"索尔兹伯雷盟誓"中那样大规模的分封，如何把握分封的数量进行"理性"的分封呢？这就离不开对于全国土地和人口数量规模的了解。为此，英国王室开始在全国范围内进行人口普查和土地丈量。1085年圣诞节后，也就是在"索尔兹伯雷盟誓"的前一年年末，威廉一世下令普查全国人口和土地数量，到1087年9月止，历时2年，完成了英格兰历史上第一次大规模的人口普查。这次普查，严格而细致，从时间上看，涉及爱德华时、国王威廉封赐地产时以及普查当年的财产价值及其变动情况。从内容上看，单就人口而论，其中又具体包括多少自由人，多少茅屋农或多少农奴(维兰)。囿于当时的偏见，妇女、未成年男子以及教会僧侣未纳入人口统计范围，威尔士地区人口也未包括在内。粗略算来，当时英国人口数量大约为150万人，城市人口约为7.5万人，占包括未统计在内的英国总人口的5%，其余95%皆为农民。单就财产而言，其项目之细密令人惊叹，例如从不动产土地(包括领地、草地、牧场)、房屋到磨坊、鱼池等，到动产耕牛等大牲口，甚至鸡鸭鹅、猪羊等家禽家畜，都在调查之列，极端者如餐盘、碗也列入其中。这次调查已经远远超出一般的人口和土地调查的含义，而是一次全面而彻底的人口和财产普

《末日审判书》的部分内容

查,以至于有人认为威廉一世"知道每一块土地的主人和价值"。再者，其项目之细致，让人仿佛看到末世来临前上帝对人的预审，所以时人称这次人口普查为"末日审判"，而记录这次人口和土地调查结果的材料称为《末日审判书》。

《末日审判书》共分为两部分，一部分是"大末日审判书"，它的调查范围包括英格兰南部、中部和西部肯特郡、苏塞克斯、牛津、约克、剑桥、白金汉等30个郡；另一部分是"小末日审判书"，它只调查了埃塞克斯、诺福克和索福克3个郡，调查内容更为翔实，而且有关于当地法庭司法审判程序的大量证据。尤其是记载了盎格鲁-撒克逊时期的许多土地制度的习惯法，梅特兰正是在这个意义上将它概述为理解英国史的必读之书。

1085年到1087年的这次大清查，在英国土地所有权方面发挥了重要作用，同时，它也为中世纪英国土地制度建设做出了重要贡献，并为我们时至今日全面而透彻地理解中古时期英国人口和社会经济发展状况，提供了翔实丰富的文本来源。正因为此，《盎格鲁-撒克逊编年史》中这样评价威廉一世这位英格兰的缔造者："他知道每一块土的主人和价值。"

威廉一世开创的诺曼王朝经威廉二世至亨利一世，不足百年即告结束。但是，威廉一世奠定的基业和建立的良好秩序却是对后世影响深远。受引入的法国封建制度的影响，英国的政治、经济、文化也明显带有欧陆的政治、经济、文化等相应领域的特征。但这并不意味着英格兰原有的传统全部废除，原来的历史进程就此中止。像郡、郡守和郡法院这样的地方政府管理制度依然发挥作用，而且在履行"末日审判"的财产统计中彰显了其效率。客观而言，诺曼征服只是加速了英国历史进步的步伐。

第二章
扬威东方

一、司法改革与教俗冲突

1135年，威廉一世的幼子、英格兰诺曼王朝国王亨利一世因贪食而暴死。此时亨利一世只有一个女儿马蒂尔达，且其已经嫁给法国的安茹伯爵。亨利一世生前曾指定马蒂尔达为王位继承人，虽然英国在以后的岁月里，女王当政屡见不鲜，但在当时却史无前例，所以此后英国陷入了王位争夺战的内乱中。亨利一世猝死后，其外甥史蒂芬趁马蒂尔达远在安茹之际抢先赶到伦敦加冕为王，自此开始了安茹与英格兰长达10多年的王位争夺战。

在父亲的教养下，马蒂尔达成长为一个杰出的公主，她勇敢、严厉、高傲，为了政治可以控制种种感情，对于父亲许诺的王位自然不会轻易放手。不过，经过十几年的争夺战后，马蒂尔达最终放弃了英格兰王位，但她年轻的儿子亨利已经准备登上英格兰的土地，夺回王位。作为一位未来的著名的英国国王的母后，马蒂尔达退回了诺曼底，成为亨利卓越的幕后参谋。

亨利一世的女儿马蒂尔达

亨利一生下来就注定是一个大帝国的继承人。其祖父已将安茹、图棱和曼恩合并成法国境内独一无二的公国，他的母亲、"征服者"威廉一世的孙女则占有诺曼底领地，因此1133年亨利一出生就被公认为"多国之王"。

1153年，亨利登上了不列颠的领土，在疲于应战的英国臣民中众望所归。很快，他迫使史蒂芬国王收其为继承人。第二年,史蒂芬去世,亨利在一片欢呼声中戴上了英格兰国王的王冠,称为"亨利二世"。

亨利二世终于不孚众望,成功地把他家族的金雀花纹章载入了英格兰的史册,后世就用这个名字称呼其家族所建立的王朝,即金雀花王朝。他集中体现了这个家族的才华和智谋,作为英国金雀花王朝的创始人,他统治着地跨英国和法国西部广阔领地的"安茹帝国",对内采取许多加强王权的措施,是当时欧洲最强大的君主。

亨利二世即位后,英国历史开始了一个富有成果且具有决定意义的时代。他统治着的领土疆域相当于法兰西的7倍,英格兰只是他的其中一个行省。在政治上,亨利二世恢复了御前贵族会议,任用大批才华横溢且忠实的行政官员。在军事上则颁布《武备赦令》,向骑士征收盾牌钱以代军役,并用盾牌钱组织建立常备军;他还拆除了大批内战时期在全国各地建立的城堡,严厉镇压企图叛乱的封建主。

在外交政策上,亨利二世把3个女儿分别嫁给了德国、西班牙和西西里王室,并为两个儿子聘娶了法国的公主,大大加强了英国在欧洲的地位。在司法上,亨利二世以"誓证法"代替"神判法",并奠定了"习惯法"的基础,这后来成为英国司法制度的核心。

早在"征服者"威廉一世统治时,就开始对英格兰的教会进行改组。与此同时,威廉一世还把封建义务强加给领有英格兰土地的主教和修道院院长,并坚持认为教会封建主也是英王的封臣,有义务为英王出兵服役、祈祷祝福和充当司法顾问。

金雀花王朝的开创者亨利二世

然而,1075年,罗马教皇格里高利七世却颁布敕令,宣称教皇高于世俗的统治者,有权废除国王,并坚持认为罗马教廷有权审理一切宗教案件,各国的主教应效忠于罗马教廷而非国王等。格里高利七世甚至宣称整个英格兰都是罗马教廷的属地。但威廉一世却始终坚持不经过英格兰国王同意,教皇的命令和主教会议的任何决定在英格兰都不能生效。

到亨利二世时期,英格兰王权与教权之争再起。当时的欧洲社会,天主教渗透到社会的每一个角落,就像生活中片刻不可少的空气一样,任何人都无法回避,亨利二世自然也不例外。

纵观亨利二世的一生,他既不顾教规教义,醉心于声色犬马,热衷于阴谋诡计,又担心死后会入地狱,因而不时地忏悔;既想利用教会加强自己的统治,又怕弄巧成拙、养虎为患。因此,与教会的一次次抗争与屈服成了亨利二世一生的主题,他与大臣兼旧友、坎特伯雷大主教托马·柏克特的争执是这一时期英国政治斗争的最突出体现。

柏克特是12世纪英国政界和宗教界的重要人物,他出生于伦敦的一个富商世家,曾接受过高深的宗教教育,博学多识,才华出众,一直是亨利二世最为信任的国务大臣。他曾尽力使亨利二世得到了布塔尼公国,在政界也充分显示出了非凡的才能,因而亨利二世认为他不仅是臣属,也是忠实的朋友。

1154年,在亨利二世的鼎力推荐下,柏克特出任坎特伯雷大主教之职。但没想到后来的事态发展与亨利二世最初的愿望背道而驰,柏克特担任大主教后,行为举止与之前判若两人。此时的柏克特完全站在了教会的立场上,强调教权高于世俗的权力,因此国王无权干涉宗教事务,他还一再利用罗马教皇的权威攻击亨利二世。

柏克特敢于就宗教问题向亨利二世发难并不是偶然的。当时,罗马教会的改革运动正处于高潮,改革的主要内容是:天主教自由选举神职人员,教产神圣不可侵犯,教士可以向罗马教廷提出申诉,教会神职人员可以不受世俗法庭的审判。这些改革举措也对英国教会产生了深远的影响。

但年轻气盛的亨利二世却执意要掌握教职任命权,反对主教享有法律特权。柏克特提醒亨利此举可能会引起不良后果，亨利则针锋相对，称当时教士犯罪者甚多，原因就在于教会的刑罚不当。柏克特仍然毫不让步，坚持要严格遵守当时西欧各国的惯例，全面接受罗马教廷的法律。不过，1164年，亨利二世仍然强行颁布了旨在限制教会司法权的《克雷伦登法规》，重申英国以前制定的法规。

对此，经过了2天的激烈争吵，柏克特曾一度让步，但很快又后悔自己的懦弱行径。柏克特的反复无常激怒了亨利二世，他将柏克特召到王室法庭，定其罪行，但柏克特遂寻求教皇的保护，并逃离英国。

1169年和1170年，亨利二世两次召见柏克特，两人达成了表面上的和解。但亨利二世为贬抑柏克特，趁他不在英格兰时，在一批主教的拥护下，让约克大主教主持仪式，为王子亨利加冕，以保证他能顺利继承王位。事后，柏克特认为这严重侵犯了他的特权，十分不满。

随后，柏克特返回英格兰时，受到了天主教狂热信徒的欢呼，但他在布道时号召神职人员以身殉教，并宣称："我是来和你们同死的。"很快，柏克特就革除了那些参加亨利王子加冕活动的教士。

一些被革除了教籍的高级教士马上赶到诺曼底，觐见亨利二世，添油加醋地报告柏克特在英国宗教界煽动暴乱，企图"拽下年轻国王头上的王冠"。性情暴躁的亨利二世听到这个消息时，虽然当时身边站着很多骑士和贵族，但还是情绪激动地叫喊道："我真是养了一群蠢货和懦夫，竟然没有一个人肯为我向这个捣乱的教士报仇。"

听到亨利二世在大庭广众

描述柏克特被杀的手绘画

之下暴怒的言语,4个亲兵骑士当即赶到海边,渡过英吉利海峡,骑马直奔坎特伯雷。找到柏克特后,在激烈的争吵中,骑士们拔剑将大主教刺死。

很快,亨利二世的亲兵骑士强行闯入教堂砍杀大主教的事件震惊了西欧教、俗两界。在那个年代,杀害上帝的重要仆人就像违背了封建誓言一样,被认为是亵渎神灵的滔天大罪,因此英格兰人都为这桩血案感到恐惧,而教会神职人员则视柏克特为对抗世俗政权的殉难者。英格兰的局势也曾因此而一度动荡不安。

面对教、俗两界的巨大压力,亨利二世禁食3天,以示赎罪,并下令逮捕刺杀柏克特的骑士。他还派密使到教皇处为自己开脱,并多次到柏克特的墓地光着上身,接受教士们象征性的鞭笞,以示忏悔。

1172年,亨利二世终于在比较宽容的条件下,与教皇亚历山大三世达成和解。不过,教皇仍然对亨利二世进行了处罚:亨利必须提供2000个骑士去东方保卫耶路撒冷,并新建3座修道院。此外,亨利二世还必须废除《克雷伦登法规》,并在许多重大问题上做出让步,如不再禁止英格兰人向罗马教廷上诉、教皇可以不经英王的同意就在英格兰行令、对教士犯罪的审判权和判决权都归宗教法庭等。第二年,罗马教廷追赐柏克特为圣徒。

亨利悔罪

事实上,亨利二世对罗马教廷的让步大多只是表面性的,后来他还是逐步地实施了《克雷伦登法规》的基本条款。不过，柏克特的血也没有白流，因为由此直到16世纪英国宗教改革，英格兰教会都始终保持了独立于王权的宗教法庭系统，以及直接向罗马教廷上诉的权力。

等这场风波过去之后，人们吃惊地发现，亨利二世的庞大帝国非但没有因为这件事情动摇，反而达到了辉煌的顶峰。从本质来看，亨利二世时期与天主教会冲突的背后是英格兰国家和民族的复兴，虽然这场教俗冲突的结果直到都铎王朝的亨利八世时期才见分晓，但作为先驱者的亨利二世，其所作所为无疑是有很大的进步意义的。

柏克特死后，虽然欧洲各国都羡慕亨利二世的辉煌胜利和帝国版图，但亨利二世却不得不处理令人忧伤的家庭纷争。在他的晚年，接连遭受自己的至亲骨肉所发动的阴谋叛乱。在与亨利二世分居的埃莉诺王后的唆使下，国王的几个儿子联合各种势力，多次发动叛乱，并且每次都得到了法国国王的大力支持。

当时的一幅画生动地反映了亨利二世晚年的窘境，这幅画是根据亨利二世的命令而绘制的。画面上，4只雏鹰正在围攻一只母鹰，而且最小的那只鹰已经落在了母鹰的脖子上，且正在啄食母鹰的眼睛。据记载，亨利二世曾说："这4只小鹰就是我的4个儿子，他们不停地迫害我，想置我于死地。"而那只正在啄食母鹰眼睛的雏鹰，则代表了亨利二世曾经最为宠爱的小儿子、日后的"失地王"约翰。

1188年，亨利二世的次子联合法国国王腓力再次叛乱。当时的亨利二世已经重病在身，不久就在勒芒一战中失败了。当亨利二世在谋反者的名单上看到他极其疼爱的小儿子约翰的名字后，艰难地说了句："听天由命吧！"

次年，亨利二世这位坚强、英明、伟大但孤独的英格兰国王终于在法国的希南去世。

二、英国的传奇——"狮心王"理查

1157年，一个男婴在英国王宫的寝殿中诞生了，其哭声响亮，一生

"狮心王"理查一世

下来就看着神武不凡。也许当时人们还没有意识到，一个如同亚瑟王时期的传奇时代就此开始了。随后，这个身上流淌着"征服者"威廉血液的男孩被取名为理查。

理查是亨利二世与埃莉诺王后的第三个孩子。他的青少年时代基本上都是在母后身边度过的。虽然埃莉诺王后的宫廷以吟风弄月和绯闻韵事而闻名欧洲，但在这样的环境下长大的理查身上却并没有沾染上脂粉气。理查身材魁梧，臂力惊人，终身嗜好格斗。仗着自己天生勇武，理查常常不穿盔甲就上阵杀敌，当时的英国臣民视他为"勇猛之王"。

理查从小接受了良好的教育，他会说拉丁语，并且能够用法文和普罗旺斯语写诗。不仅如此，理查还积极参加骑士训练。作为第三子，理查将获得母亲埃莉诺王后的遗产。为了得到法国阿奎丹公国，他向法王路易七世效忠，并与法王的女儿阿莉斯订婚。

1168年，年仅11岁的理查受封为阿奎丹公爵。4年后，理查到封地就任。但金雀花王室内部由于争夺权力和封地，经常出现父子反目、兄弟阋墙的局面。理查从16岁起，就卷入了这种连绵不断的纷争。因为父母向来不和，亨利、理查和杰弗里兄弟三人均一边倒地站在母亲一方，向父王开战。法王腓力二世也趁机火上浇油、推波助澜，唯恐天下太平。

1189年夏天，理查率领的叛军在其父亨利二世的出生地勒芒大获全胜。但因大意轻敌，理查被殿后的亨利二世的忠实部下威廉·马歇尔生擒。当时，出于求生的本能，被活捉的理查屈辱地向马歇尔大喊："请饶了我这条命吧！"马歇尔顾虑到理查的特殊身份，未敢贸然下手，但刺死了理查的战马，并以藐视的口气对他说："不用我杀你，魔鬼会杀死你的。"

随后，父王亨利二世原谅了他们三兄弟，却监禁了他们的母亲。这之后，理查专心致志整治阿奎丹，在这里，动荡的政局和大量的山顶城堡成了理查历练的理想场地,让他成长为一名杰出的骑士。接着,理查的两个哥哥相继死去,理查顺理成章地成为亨利二世的继承人,并兼有诺曼底公爵领地。但是,当亨利二世要求理查将阿奎丹转让给其弟弟约翰时,父子之间冲突再起。

1189年,理查勾结法王腓力二世和安茹叛军,再次对父王亨利二世宣战,迫使其父签订屈辱的条约。亨利二世含恨而死,理查于同年7月即位,号称"理查一世",又名"狮心王理查"。他是英格兰金雀花王朝的第二位国王。

时过境迁,理查虽然当上了国王,但他不念旧恶,每当谈到曾被马歇尔生擒活捉这件令他内心不快的往事时,他就会态度庄重,不动感情。理查保留了亨利二世的忠实臣子马歇尔的一切职务和荣誉,并派马歇尔到英格兰代理政务。正因为理查有着宽宏大量的一面,英国人民才接受了他其后连续不断的征战。

作为英王的理查一世在位10年,却只到过英国2次:一次是登基后举行加冕典礼,在英国停留了4个月;另一次是在被俘虏获释后回到英国,停留了2个月。其余时间,理查王除了参加十字军东征外,平时都待在法国属地上。他把管理英国的各项事务都托付给亲信大臣,自己则倾尽全力专注于十字军东侵和欧洲大陆上的军事活动。

作为英国国王,理查一世不仅有着不可一世的权力和地位,而且有着超人的

20世纪的"狮心王"理查雕像

智谋和魄力,这使得他英名远播。在那个盛行骑士精神的年代,常常有很多有志之士追随理查王,不管是身份高贵的盎格鲁人,还是地位微贱的撒克逊人,都以能当上理查的座下骑士为荣。这些追随者形成了日后理查军团的股肱重臣,并且一个一个都和理查一样骁勇好战。

不过也正因此,英格兰人民没有从理查一世的统治中得到什么好处,反而为连年的战争付出了沉重的代价。但是数百年来,"狮心王"理查的形象一直激励着英国人,他所象征的那种英雄浪漫主义精神早就成为英吉利民族精神的一部分,直至今天。他是英国历史上最伟大的国王之一,他刚毅如铁汉般的性格和短暂如流星般的传奇经历,一直为后世广为流传,令人惊叹、惋惜。

现今,在英国议会大厦威斯敏斯特宫门口,竖立着英格兰国王理查一世的铜像,其戴盔披甲,骑着高头大马,挥剑直指青天,看上去英武不凡,被人称为英国议会大厦的保护神。然而,如果你近距离观察铜像的底座,就会吃惊地发现,即使你精通英文,也看不懂这位"保护神"的底座上所镌刻的文字。如果你向旁边的警卫请教,他们会微笑着告诉你,那上面镌刻的是法文,意思是"狮心王"。

三、理查一世与第三次十字军东征

从1096年到1291年,西欧基督教国家对地中海东岸的伊斯兰教国家发动了9次宗教性军事行动,其主要目的是从伊斯兰教手中夺回耶路撒冷,这就是著名的十字军东征。东征期间,教会授予每一个战士一个十字架,因此组成的军队称为"十字军"。

欧洲十字军东征历时近200年,虽然目的是捍卫天主教、解放圣地,但本质上是西欧国家打着冠冕堂皇的旗号,对西亚国家发动的侵略、抢劫战,参加十字军东征的各个集团都有自己的目的,因此才会发生1204年第四次十字军东征时,劫掠了天主教的兄弟国、信仰东正教的拜占庭帝国的首都君士坦丁堡。

当时,很多缺土少地、财富不足的封建主和骑士想以富庶的东方作为掠夺对象;意大利的威尼斯、热那亚、比萨等地的商人则想控制地中海东部的商业,进而获得丰厚的利润;而罗马教皇则想合并东正教,扩大天主教的势力范围。同时,许多因天灾与重税而生活困苦的农奴与流民也受到教会和封建主的号召,被引诱向东方去寻找出路与乐土。

总之,种种原因促使西欧各阶层人士都把目光转向了富庶的地中海东岸国家。正如《欧洲的诞生》中所指出的,十字军"提供了一个无可抗拒的机会去赢取名声、搜集战利品、谋取新产业或统治整个国家——或者只是以光荣的冒险去逃避平凡的生活"。

因此,当地中海东部时局动乱不堪、拜占庭帝国皇帝迫于无奈向罗马教皇乌尔班二世求援,以拯救东方帝国和基督教时,他却不知此举正中了罗马教皇的下怀。于是,贪慕东方财富已久的欧洲教、俗两界,由教会发起,以驱逐外族人——塞尔柱突厥人、收复圣地为口号,以解放耶路撒冷为幌子,开始了漫长的十字军东征运动。

不过,十字军的东征并不顺利。第二次十字军东征失败以后,穆斯林世界的势力日益增强。1171年,历史上赫赫有名的埃及大臣萨拉丁夺取了政权,统一了埃及、叙利亚和美索不达米亚,建立了强大的阿尤布王朝。十几年后,萨拉丁大王消灭法兰克人建立的耶路撒冷王国,占领了地中海东岸的大片地区。

耶路撒冷的覆灭,使教皇和欧洲各国帝王大为震惊。据传,教皇乌尔班三世闻讯后,"惊愕得心脏停止了跳动"。其继任者格利高里八世呼吁立即采取报复行动。于是,西欧各阶层进行十字军东征的热情再次被激发起来,神圣罗马帝国皇帝、有"红

罗马教皇乌尔班二世

胡子"之称的腓特烈一世,英格兰国王"狮心王"理查,法兰西国王"小狐狸"腓力二世联手发动了第三次十字军东征。

欧洲十字军东征一共进行了9次,但"狮心王"理查所领导的这第三次十字军东征是最传奇、最精彩的一次。因为这次"狮心王"的对手是阿拉伯历史上最杰出的君主、埃及阿尤布王朝苏丹萨拉丁。萨拉丁大王也同样是个充满个性和神勇的人物。

"狮心王"理查和萨拉丁大王,同为中世纪的骑士与英雄,后世人常常同时提到这两个传奇人物的名字,就好像这两个名字是不可分割的一样。的确如此,从第三次十字军东征开始,东、西方世界两个不平凡的名字就被永远地连在了一起。尽管他们之间仅有过短暂的交手,但这两个当时最伟大的军事家的对抗,在历史上永远留下了精彩的一页。

发动十字军东征,不仅是一件耗费时间和精力的冒险事,而且还极其耗费金钱,"狮心王"理查为了筹集军费,不仅向臣下征收苛捐杂税,如"萨拉丁十一税"等,还大量卖官鬻爵,出卖王室的领地和城堡。他甚至曾表示,只要价钱足够高,他愿意将整个伦敦城卖掉。

1.三路十字军进发

1190年,十字军在3位统帅的带领下,兵分三路向耶路撒冷进军。这是十字军攻克耶路撒冷最好的一次机会,各路十字军军容整齐,将领英勇,三路大军一齐向阿拉伯世界压去。3支十字军中,"红胡子"腓特烈一世率军横穿小亚细亚,走的是陆路,"狮心王"理查和法王腓力二世则经海路,向巴勒斯坦进军。

"狮心王"理查和腓力二世分别率领的两路大军进展倒是很顺利,途径西西里岛时还将其占领了。然而,走陆路的德意志兵团就没有那么幸运了,一路上遭到顽强抵抗,伤亡惨重。在横渡萨列夫河时,"红胡子"不幸跌入水中,溺水而亡,这一路东征军也随之瓦解。

紧接着,在占领阿卡港后,腓力二世称病,后带领部分十字军回到法国。这样,三路大军只剩下"狮心王"理查一路孤军奋战了。

这次十字军东征开始时,"狮心王"理查不但出发最晚,而且在到达中东之前,还忙里偷闲为自己办了一些私人事情。在西西里,他不但借口为自己的妹妹、西西里王后索取遗产,敲诈勒索了两万盎司的黄金,还趁机掠夺了西西里首府墨西拿。

虽然没有人否认"狮心王"理查是一个伟大的战士、战场上的英雄,但即使对"狮心王"理查崇敬有加的历史学家,也不否认他是个十分自私的人。他既不是个好儿子、好丈夫,也不是个好国王。

进军前,"狮心王"理查曾和腓力二世协商好将来的战利品对半分成,但吝啬的"狮心王"拒绝践行协议。再加上"狮心王"擅自单方面与腓力二世的妹妹毁婚,借口是其妹妹行为不端。为此两人各有打算。因此,理查一世久久拖延着不肯增援阿卡城围攻战,他也因此而受到了各方面的指责。其实,理查一世对于天主教信仰的热情,远远没有进行冒险来得高。

在第三次十字军东征过程中,"狮心王"理查充分发挥了自己杰出的领导才能、坚毅的意志和超人的勇气。尤其是在阿卡城一战中,"狮心王"理查和萨拉丁大王这两位英武超世的君王,攻守自如,打得天翻地覆。

2.攻占阿卡城

围攻阿卡城原是十字军反攻耶路撒冷的第一步。1189年,法王腓力二世与英国大主教巴德威分别率领的十字军,以及另外一支日耳曼十字军,已经围攻阿卡城好几个月了。十字军在阿卡城外围攻,而萨拉丁率领的强大的伊斯兰军队则在外围陆地上又包围十字军,因此十字军的后勤补给都是通过海路来提供。双方迟迟僵持不下,成犬牙交错的态势,进行大规模交战已经10多次了,仍不分胜负。

这次,阿拉伯一代雄主、埃及阿尤布王朝苏丹萨拉丁算是碰上了他这辈子第一个对手了,他惊异地发现虽然自己已经身经百战,但年纪还不到他一半的"小狐狸"法王腓力二世,竟是自己遇到的第一难缠之人。此人诡计多端,防不胜防,偏偏他本人又腾不出手来收拾这只"小狐狸"。因为萨拉丁是两线作战,这段时间里他还忙着在幼发拉底河流域

埃及阿尤布王朝的开国君主萨拉丁

打内战,平定叛乱。

这时,阿卡城内苦撑数月的穆斯林士兵依然十分刚勇,他们顽强地等着萨拉丁平叛内乱后,回来指挥他们。双方激战多次,虽打得尸横遍野,但腓力二世竟也一点儿便宜未占得,始终不能攻下阿卡城,且十字军伤亡惨重,消耗巨大,迫切地需要支援。

英国大主教巴德威无奈之下,只得三番五次地给正在路上拖延、磨蹭并开小差的"狮心王"理查发信,但却迟迟等不到国王军队的到来,不久,他便怀着遗憾和失望在一场激烈的战斗中不幸身亡。

此时的"狮心王"理查正像一匹脱缰的野马,哪里愿意听从别人的约束和羁绊。教皇让他去"圣城"耶路撒冷和法王腓力二世一起对付萨拉丁,他就是不去。

从西西里磨磨蹭蹭出来后,"狮心王"理查又瞄上了已经衰弱不堪的拜占庭帝国了。他欺侮完西西里人后,乘船从海路进军圣城耶路撒冷,但其中有几艘船在塞浦路斯触礁。拜占庭帝国此时还不知道"狮心王"理查是何许人也,因此趁火打劫,拿了东西还扣人。这激怒了理查,他正闲着没事找事做,干脆借机发兵猛攻塞浦路斯。

塞浦路斯哪里是"狮心王"理查的对手,在理查一世强兵压境的情况下,很快就沦陷了。这时理查才发现打下这么一大块地方,吃不下又带不走,无奈便以10万金币的价格卖给了耶路撒冷王国的"无家之王"德·吕西尼昂。

1191年初夏,"狮心王"理查总算带着他的英格兰十字军来到了阿卡城外，与其他十字军会师。很快，理查王便当仁不让地充当起十字军总指挥官，对"小狐狸"腓力二世等统帅也指手画脚，呼来唤去。腓力二世因为和萨拉丁打得元气大伤，锐气大挫，对理查一世也是敢怒不敢言。

果然，"狮心王"理查一到，就展现了他杰出的军事才能和超凡的战斗能力。在战场上，他就犹如战神降临，哪里的十字军处于险境，他就出现在哪里。足智多谋的"狮心王"理查还命令手下建造了几座巨大的移动攻城塔，用抛石机攻城。凭借他的勇气、蛮力和智慧，仅一个多月，十字军便拿下了阿卡城。

攻下阿卡城的那天，十字军将士皆激动万分，日耳曼人最先冲上城头，只见奥地利公爵利奥波德五世噙着热泪，把德意志的国旗插在阿卡城城头上。没想到，理查一世见状冷笑一声，认为他"狮心王"才是十字军的真正统帅，因此要升也只能升英格兰的国旗，于是令手下冲上城头，扯下德皇的旗帜，撕个粉碎。

顿时，日耳曼人目瞪口呆，这些骄傲的条顿武士怎么也没想到"狮心王"理查竟会蛮横到这步田地，如此无礼地侮辱他们。受到羞辱的利奥波德，愤怒地带领德意志十字军返回了故乡。

不久，因为受不了理查一世的傲慢，法王腓力二世也借口生病，留下部分军队后回国了。这让后来的许多欧洲人感到惋惜，认为腓力二世如果再坚持战斗下去，直到打败萨拉丁乃至收复圣城，这次十字军东征就能取得更大的成就和荣誉。但"狮心王"理查巴不得腓力二世赶快回国，这样他便是这场东征中无可匹敌的英雄。

这时，"狮心王"理查风头正盛、雄心万丈，根本没有把威震天下的阿拉伯一代英主萨拉丁放在眼里，认为要打败萨拉丁收复圣城，自己一人足矣。

腓力二世走后，"狮心王"继续发挥他的杰出才智，短短时间内，他就使留下的几万名十字军战士适应了他的军事制度，还建立了比较完善的参谋制度和后勤制度。这是在罗马军团消失后，欧洲从来没有过的。他甚至建立了专门的洗衣团，来使他的军队保持清洁。

"红胡子"的意外溺死,腓力二世的独自回国,对萨拉丁而言真可谓是求之不得!因为他的伊斯兰世界联盟并不牢固,大敌当前,可各国的哈里发、苏丹们却都在等着看萨拉丁出洋相,个个像秃鹫一样在一旁虎视眈眈。

阿卡城的失守应该说是萨拉丁主动放弃的,因为他知道理查一世的这支英国生力军一来,阿卡城铁定守不住。于是,萨拉丁大王向"狮心王"理查提出放弃阿卡城,并且他给理查一世20万金币和释放1500名基督徒,条件是理查不得屠杀城内的穆斯林。

但萨拉丁提出这个条件后,便发现自己犯了个不小的错误,因为他暂时拿不出这么多金币。历史上,萨拉丁向来以慷慨大方而闻名于世,他自己虽然生活节约、简朴,但在其他地方花钱却大手大脚,腰包里放不住钱,以至于经常出现要给下属打赏时,发现口袋里没钱的尴尬场面。

所以萨拉丁只顾一时爽快,提出了条件,但很快就发现自己竟拿不出这20万金币,只能先凑齐其中一部分。然而,"狮心王"理查却不管他什么理由,约定时间一到,萨拉丁没送够钱来,3000名穆斯林俘虏便人头落地,把萨拉丁气得半死。

3.收复圣城失败

在阿卡战役一个月之后,十字军开始向耶路撒冷进发。不过这个时候,十字军中的法国和德国部队都已经离开了。在向耶路撒冷前进的过程中,"狮心王"始终沿着海岸线前进。紧靠海岸线的是他的补给纵队,在补给纵队之外,是12个骑兵群,骑兵群外侧是步兵群。整个军队移动的时候,就像是一座移动的城堡,步兵和骑兵的配合天衣无缝。

萨拉丁擅长的战术是,利用轻骑兵弓强马快的特点,利用虚实相掩的方法来吸引敌人长途奔袭,而后在敌人来袭途中,用小股骑射部队不断地骚扰,并破坏水源和补给线,把敌方部队折磨得疲惫不堪,己方的主力则以逸待劳,最后一鼓作气将敌军歼灭。于是他并不直接去攻打理查,而是先围攻在基督教徒手中的沿海重镇雅法。正如萨拉丁所料，"狮心王"理查果然率军南行，向雅法而来，寻求与萨拉丁的决战。

"狮心王"理查的决定引起十字军其他将帅的争议，很多统帅和将士们认为应该以阿卡城为根据地，直奔圣城耶路撒冷而去，先拿下圣城再说，甚至有人提议拿下圣城后，立理查一世为耶路撒冷王国的国王。但理查一世此时对这个提议暂时没有多大兴趣，执意要向雅法进军。

这时，萨拉丁大王原来的图谋也只实现了一半，因为"狮心王"理查虽然如他所想，长途跋涉来救援雅法城，但自己派去骚扰理查一世的小股骑射部队，并没有像往常那样奏效。因为"狮心王"理查在战前已经细细研究过萨拉丁以往的战例，可以说对萨拉丁的战术颇为了解，找到了对付萨拉丁的办法。

当时，欧洲人对萨拉丁的轻骑兵印象是很深刻的。他们描述道，萨拉丁的部队因为不像十字军骑士那样装备重铠，所以速度极快，当十字军骑士们追击萨拉丁骑兵时，他们很快就逃得无影无踪。但十字军骑士一旦停下来，他们又掉回头蜂拥而至，继续用弓箭骚扰，让人十分苦恼。所以，"狮心王"理查不得不严禁骑士们擅自冲锋去追击敌人，免得做无谓的伤亡。

"狮心王"理查把十字军中的骑兵和步兵各分为不同的阵队，相互协调行动，杜绝单兵种擅自行动。在与萨拉丁率领的骑射部队交锋时，以步兵打头阵，前排的长矛兵将长矛斜插在地上，阻止对方骑兵的冲击，在长矛兵中间交叉着长弓步兵。因为英国的步弓射程极远，远远超过对方马弓的射程，对射时自然大占优势，在前排的弓箭手射出箭后，后排的弓箭手补上，其中绝无时间空隙。

此外，理查王也并不要求军队急速行军，他根本不在乎正在阿拉伯大军围攻下的雅法城军民的生死安危，下令十字军每天的行军速度不能超过12英里，这样可以维持士兵们的体力。而且他是靠海岸行军，沿途由意大利海军的运输船队给他补给。

正是"狮心王"的这种慢行军战术，致使萨拉丁大王的计谋一次次未能得逞，他派出去偷袭十字军的小分队，非但没有取得扰敌的预期效果，反而造成不小的损失，对行军不紧不慢的理查王，也达不到以逸待劳的效果。于是，萨拉丁果断放弃了骚扰战术，率领部队直接迎击理查王。

很快，战斗就开始了。萨拉丁先是用弓箭骑兵不断地骚扰理查王的步兵，但是在十字军面前，他损失惨重，也没能使理查王的队列出现混乱。接着他试图激怒理查王的骑兵，使他们脱离步兵的保护，无奈理查王发布命令禁止骑兵出击。于是萨拉丁转而攻击理查王队列最薄弱的部分——后卫，企图割裂理查王军队，使后卫和主力分离，但是这个计策也没有成功。

当十字军军队达到雅法城时，事先埋伏在附近的穆斯林骑兵向"狮心王"理查的队伍发起了突袭。不过"狮心王"理查早有防范，这次突击没有取得效果。理查王原本准备等到萨拉丁的大军全军出动以后，再让骑兵发起冲锋，一鼓作气打垮萨拉丁，但是伊斯兰军队的不断骚扰，渐渐地也使十字军丧失了耐心。

此外，萨拉丁大王还命人毁掉了十字军前进道路上所有的庄稼和草料，并且在水井里都投了毒。因此尽管"狮心王"理查率领十字军到达了耶路撒冷城下，但是他缺乏补给，无力长久围攻，双方战争一直处于胶着状态。

正在这时，"狮心王"理查的弟弟、"失地王"约翰在法王腓力二世的支持下发动了叛乱。理查王急于回国平定叛乱，萨拉丁也渴望和平，双方就在1192年9月签署了和平条约。这个条约的有效期为3年又3个月，"狮心王"理查临走前给萨拉丁写信表示，3年后一定回来一决雌雄，而萨拉丁则表示能

"狮心王"理查离开圣地

夺取耶路撒冷的绝对不会是"狮心王"理查。

然而，历史总是充满诸多遗憾，后来两个人均无法兑现自己的诺言。不管是骑士还是英雄最终都无法战胜死亡。1193年3月，萨拉丁在大马士革病逝。尽管他生前经常把整个行省当做礼物送人，但是他死后的财产只有几个第纳尔，这些钱远远不够支付他葬礼所需的费用。"狮心王"理查，则在归国途中饱经磨难。

后来，伴着两位"雄主"的相继离开，一个英雄的历史时代结束了。无论是阿尤布王朝还是英国，在失去了伟大的统帅后，都陷入了衰落之中。因此人们才更加怀念他们，经常回忆他们的功绩。随着时间的流逝，关于他们的一个又一个故事逐渐积累起来。就这样，慢慢的两个不平凡的人，都成为了永恒的传说。

4.第三次十字军东征的结果

随着"狮心王"理查的回国，第三次十字军东征结束了。十字军东征前后持续了将近200年，罗马教廷建立世界教会的企图不仅完全落空，而且由于其侵略暴行和本来的罪恶面目，使教会的威信大为下降。后世史学家评论说："在某种意义上说，比失败还更坏些。"

十字军东征，总体上来说是失败的，道义上来说是不义的。十字军将士来自社会各阶层，身份繁杂不一，武器装备上也参差不齐。十字军采用的是骑士军战术，战斗由骑士骑兵发起，一接战即单个对单个地决斗，协同动作有限。

而与十字军作战的穆斯林士兵，其主要是轻骑兵。交战时，常常他们先派骑兵一举击溃十字军的部队，然后将其包围，再采取刚猛激烈的攻击，将十字军阻隔成一个个孤立的部分加以歼灭。因此，恩格斯写道："……在十字军远征期间，当西方的'重装'骑士将战场移到东方敌人的国土上时，便开始打败仗，在大多数场合都遭到覆灭。"

不过，十字军东征在客观上也带来了不少效益，例如打开了东、西方世界贸易的大门，使欧洲发生了商业革命，并加速了市镇的发展，造成了有利于产生资本主义萌芽的条件。东征还使东、西方文化交流增多，在一定程度上刺激了西方的文艺复兴，阿拉伯数字、代数、航海罗盘、火药和棉纸，都是在十字军东征时期内传到西欧的。

首次十字军东征后，回忆录和歌曲形式的文学诗歌开始在西欧流行起来。在欧洲经历了中世纪漫长的、黑暗沉寂的年代之后，十字军史诗的发展和扩散被一些学者称为"12世纪的复兴"。很多人干脆就没有回欧洲，尤其是那些在欧洲没有继承土地机会的不是长子的人。留下来的人在圣地建立了军事、文化和商业前哨。他们在第一次东征后建立起来的要塞，常常是欧洲封建制度的移植。

随着历史的发展，与阿拉伯世界的接触为欧洲当时仍处在封闭状态中的学者们打开了一个崭新的、完全不同的世界，他们逐渐看到那些用阿拉伯语保存了若干个世纪的丰厚的古希腊典籍。

从传播知识的角度来说，十字军东征的积极作用超过了它的消极作用。对于当时普遍信仰天主教的欧洲人来说，十字军东征则是一个起点，它推动着欧洲从一个黑暗的孤立时代走向开放的现代世界。

四、王星陨落

1192年9月，"狮心王"理查与萨拉丁议和回国。虽然"狮心王"理查急于回国，但深感此行行路之难。他平素骄横贪暴，到处树敌，不但法王腓力二世必欲除之而后快，德皇亨利六世也因西西里归属问题与理查王有隙。

而曾在十字军东征中受到理查一世羞辱的奥地利公爵利奥波尔德，对其更是怀恨在心。因此，理查王的归途上危机四伏，随时有遭伏击丧命的可能。

1192年秋，"狮心王"理查化装成商人回国，但在维也纳附近被人识破，成为利奥波尔德公爵的俘虏。

第二年年初，利奥波尔德把他解送给德皇亨利六世。据传，在理查一世被关押期间，一次，亨利六世将他扔进一个有狮子的房间，想让他被狮子吃掉。然而，亨利六世没有想到，理查王抢先一步，用手从狮子喉部伸进,瞬间就将狮子的心脏取出,并且,在众人的眼皮底下将狮子心脏生吃掉。理查王此举将众人惊得目瞪口呆,"狮心王"理查也正是由此得名。

亨利六世将理查囚禁了近2年的时间, 后来经过理查王的母亲、埃莉诺王后的多方斡旋,"狮心王"理查于1194年向亨利六世宣誓称臣,并承诺缴纳15万马克的巨额赎金,亨利六世才将理查王释放。

理查王的弟弟、"失地王"约翰利用其兄被俘之机,密谋发动叛乱,夺取王位。所幸的是,理查王的辅国重臣休伯特·沃尔特依靠忠于理查王的诸侯和伦敦市民的支持,将约翰战败。1194年3月,理查王回到英国,自知不敌的约翰很快就投降了。

不过,宽大为怀的"狮心王"理查并没有处死试图篡位叛乱的弟弟,而是把其分封到父亲原来的封地——位于法国的安茹。在平定内乱的时候,"狮心王"理查还结识了另一位同样著名的人物——谢菲尔德的罗宾汉。二人一见如故,成为莫逆。

为了替"狮心王"理查筹措赎金,英国已经被榨得民穷财尽。但是理查王返回英国以后,只作了短暂停留,又重返大陆,继续同法王腓力二世角逐。理查王为防御法军对诺曼底的进攻,于1196年开始,在塞纳河上修建雄伟险峻的盖扬城堡,这是中世纪最著名的要塞。

但这笔费用及其他军事开支仍然取自英国,沉重的赋税曾激起伦敦人民的抗税暴动。总之,绵延不绝的军事行动使"狮心王"理查常为财政匮乏而头疼。

这时,一则关于宝藏的谣言激起了他的贪欲。据传,利摩赞的沙露堡发现了12个黄金铸造的骑士和一张金桌。1199年,"狮心王"理查率军包围了这座城堡,扬言要绞杀城里的全部居民。

一天,他骑马在城堡外巡行时,被堡中一支弩箭射中肩胛,本想拔除弩箭,不料箭头断入体内。理查王自知气数将尽,遂安排好后事,宣布弟弟约翰为继承人,将自己的财产分赠给朋友和慈善机构,并宽恕了那名弩箭手。有意思的是, 此前因为担心教会要求他和法王腓力二世和解,"狮心王"理查已经7年没有做过忏悔了;但在他人生将尽的时候,他

"狮心王"理查的墓穴

还是虔诚地接受了神职人员的临终祷告。

10天后，"狮心王"理查身亡，时年42岁。临终前，理查王要求将遗体分为3部分，心脏、头、身体分别埋葬，其中身体埋在其父亨利二世的脚下，以示忏悔。

那个时代，"狮心王"理查是英国人心目中理想的国王，他全神贯注于十字军东征，并竭力保卫祖先的领地。虽然他从不曾亲理英国国政事务，只是把它当做榨取军费的泉源，把英国人民辛勤创造的财富，大量地在战争中耗费掉。但他是一个伟大的战士和英明的统帅，常常在战斗中身先士卒。

英国历史上，"狮心王"理查一世向来被认为是十字军的英雄和深得民心的君主。"狮心王"之所以在英国历史上赫赫有名，除了他在第三次十字军东征时，与阿拉伯雄主萨拉丁的战争改变了地中海东岸的政治格局之外，他留下的还有骑士精神和浪漫传说。

第三章
宪政肇始

在英国历史上，议会代表着民主政治的传统，它最初的目的是制约王权膨胀，后来则演变成将王权置于议会的控制之下。1265年，西蒙议会的召开是英国现代议会的萌芽，它最初起源于古代的贤人会议，后来曾一度发展为大会议。1295年，"模范议会"的召开，被认为是英国议会产生的标志。英国议会的产生为人类社会发展的民主进程做出了贡献。

一、中古鼎盛

12—14世纪，从亨利二世继承王位开始，一直到爱德华一世统治时期，这段时间是英国历史上的鼎盛时期。此前百余年来，因英国王位继承问题引起的战乱接连不断。

1154年，亨利二世轻而易举地当上英国国王，这是长久以来英国王位第一次毫无争议地被继承下来。亨利二世是当时欧洲最强大的统治者，他统治的英国国境从英格兰边境一直延伸到比利牛斯山山脉。因此，当时的英国国王使在欧洲大陆名义上的封建主——法国国王也相形见绌，而且比德意志皇帝还富有。

12—14世纪的英国是一个典型的等级制社会，所有人都能够在金字塔形的社会中找到自己的位置。在14世纪英国爆发黑死病和农民起义之前，英国一直是封建主义性质的农业社会，庄园是其乡村经济和政治生活的基本单位。在这期间，中古的英国庄园因生产力的发展而导致了生产关系的变化，它原有的面貌渐渐地被改变了。

据历史学家的估计，1086—1300年间英国人口起码增加了一倍。其重要原因之一是英国农业经营方式的改进提高了社会生产力，改善了食品生产和供应。从11世纪开始，英国从欧洲大陆塞纳河和莱茵河流域引进了三圃制的农田耕作，逐渐取代了传统的两圃制。农业技术上，农民开始用马进行犁田，这比牛耕的效率提高了50%以上。同时，地租形式和农村生产关系也在潜移默化地改变着，到13世纪末，在英格兰多数地区，货币地租已经取代了劳役地租。在这期间，英国社会也很少出现大规模的传染病。因此,到14世纪时,英国的封建主义庄园经济已经达到了鼎盛时期。

在这期间,英国的养羊业在各地发展起来。1194年,英国出口羊毛达到5万袋,相当于600余万只羊的产毛量。养羊业又促进了商业的发展,一些大地主从小农那里收集羊毛,再大批输出国外,还出现了专门从事国际贸易的中介商。除了羊毛业外,其他商品的出口量也大大增加,英格兰生产的粮食、煤炭、铁等运往西班牙和地中海的很多口岸。

12世纪是英国城市发展的繁荣时期,旧城市扩建的同时,很多新城市相继建立,城镇人口逐渐增加。在各城镇中,伦敦是全国的工商业中心,人口遥遥领先。12世纪中叶时,伦敦城中有10多个修道院和100多个基层教区,街道纵横,商旅辐辏。

早期,英国居民的教育是由家庭、教会和学校共同承担的。除了聘请老师在家里教育子女外,中上层社会还流行一种"委托教育",即送幼年男孩子到别人家去接受教育,这不仅加强了家族间的友谊,而且还可以避免家长对孩子的过度溺爱。中古时期,英国许多封建骑士的早期教育就是采用这种方式进行的。不过,教会学校的作用最突出。

到了11世纪和12世纪之交,英国出现了城市学校,这是适应新兴市民阶层的需要而在城镇兴办的世俗学校。12世纪和13世纪之交,牛津大学和剑桥大学出现了,这标志着英格兰的高等教育萌芽了。

牛津大学是英国历史上第一所大学,其所在地牛津原是由牲口市场发展起来的一个城市。牛津大学创建于12世纪,当时英国国王亨利二世与法国国王爆发冲突,英格兰学生不得进入法国巴黎大学学习。于是,英国王室便号召本国学者归国创立牛津大学。有史册记载的第一位牛津教师来自诺曼底,其所教授的学生有

英国历史上第一所大学——牛津大学

百名左右。

剑桥大学的创建历史可以上溯到1209年。当时，牛津市的一名妇女被害，有传闻说凶手正是牛津大学的学生。于是，牛津市民突袭学生宿舍，拘捕了几名学生并将之处以绞刑。消息传来，牛津大学师生惊骇，纷纷停课以抗议市民的暴行。据说，有3000名学生和一些老师离开了牛津市，其中一部分到了剑桥并在那里开设讲座，剑桥大学的历史自此便开始了。到1318年，教皇约翰二十二世正式认可剑桥大学。

直到13世纪中叶，牛津大学和剑桥大学都还处于幼年时期，教学方法与组织管理等方面都存在着不少缺陷。不过，两所大学的生命力都很强健，沿着自己的轨道相继为社会培养了很多人才，最初大多是宗教界人物，后来渐渐也培养了大批的科学家、政治家和学者。总之，中古鼎盛时期的英国，其可贵之处是建立了牛津与剑桥这两所具有自治特权的大学，并在以后漫长的历史岁月里得以保存和发展下来，一直到今天仍为英国各界培养着大批精英人才。

二、"失地王"约翰与《大宪章》

"失地王"约翰

在金雀花王朝统治前期，英国的疆土广大，当时的政治中心在欧洲大陆的安茹，英格兰只是金雀花朝的一个行省而已。继"狮心王"理查一世之后，约翰继任英格兰国王。约翰王在位时，金雀花王朝在欧洲大陆的疆土大部分都丢失了，约翰基本上只做了英格兰国王。祖先的领土在他手里丢失，所以他被人称为"失地王"。

约翰生于牛津，是理查一世的幼弟，他是英国历史上最不得人心的国王之一。约翰曾试图在理查一世被囚禁在德国期间夺取王位，其夺位之举未遂，但后来受到理查一世的宽恕并被指定为继承人。

约翰生得五短身材，性好猜忌，心胸狭窄，性格复杂多变。但正是这位约翰，却成就了英国历史上著名的限制王权的《大宪章》。

1199年，"狮心王"理查一世英年早逝。他的死使其身后的大帝国面临分裂的危险。理查一世没有留下合法的子女，当他去世后安茹帝国的各部分都独自选择了不同的继承人：英格兰和诺曼底的贵族们支持约翰，而安茹、曼恩和图林的贵族们支持理查和约翰的侄子小亚瑟。

此时英国金雀花王朝的克星、法国国王腓力二世更是趁机挑事。他反对约翰，支持亚瑟，在封亚瑟为骑士后将自己的女儿许配给他。约翰则抢在亚瑟前面，于4月宣布自己为诺曼底公爵，复于5月加冕为英国国王。

1202年，法王腓力二世宣布，没收英王约翰在大陆的一切领地。约翰立即出兵与法军交战，不过约翰没有其兄长理查的本事，所以对法战争的形势渐渐对他不利。为确保其王位继承权，约翰发动内战，率军向侄子小亚瑟发动突然袭击，一举将小亚瑟和追随他的200多个贵族擒获。约翰虐待被俘的贵族，饿死了其中20多人。更令人发指的是，约翰在酒后杀了小亚瑟，并沉尸塞恩河。

不过，在内战中取得的胜利，不但没有让"失地王"约翰保住他的领土，相反激化了英国的分崩离析。因为约翰的倒行逆施，激怒了支持小亚瑟的安茹、曼恩和布列塔尼的贵族们，他们愤而投靠法王，全力支持法军对约翰作战。于是，法王腓力二世以优势兵力向约翰进攻，约翰四面楚歌，节节败退。

至1203年底，约翰在欧洲大陆难以立足，狼狈逃往英格兰，法王腓力二世于1204—1205年征服了除阿基坦盆地部分地区以外的全部国土。到了1206年，约翰王在欧洲最后的阿奎丹也丢失了，于是英国金雀花王朝的领土就只剩下英格兰了。总之，约翰王是一位好战却又屡战屡败的国王，在连年的对外战争中，他失去了英格兰在欧洲大陆几乎全部的领地。

与此同时，约翰王与教会的关系也日渐紧张。在"失地王"上台的最初几年里,他依靠坎特伯雷大主教、著名的国务活动家华尔特的鼎力相助而维持了英格兰的秩序。1205年,华尔特去世,由此引发的坎特伯雷大主教继任的人选问题,使英格兰又陷入了7年的内乱。约翰要求选举诺维奇为主教,而罗马教皇英诺森三世则力荐曾在巴黎受过教育的红衣主教史蒂芬·兰顿,约翰王拒绝了教皇的命令并阻止兰顿进入英格兰。

于是,1208年,英诺森三世发布了剥夺英格兰教会权利的禁令,并命令英国教会停止一切宗教活动。1209年,教皇进一步宣布开除约翰王的教籍。作为反击,约翰王下令没收那些对国王不忠心的教堂的财产。

然而,在当时的欧洲,教权至上,教皇的影响很大,被革除教门的国王很容易引发内乱和外扰。1213年,约翰王迫于法国国王入侵英格兰的威胁而不得不向教皇屈服,接受了兰顿为坎特伯雷大主教,恢复了被逐教士的职位,并赔偿了教会的损失,还承认自己是罗马教皇的臣属。

在对内政策上,约翰王加紧了对普通市民和贵族的压榨。他把贵族们的遗产继承税上涨了100倍,而兵役免除税则提高了16倍。约翰王越来越无所顾忌,他不断地开征新税和加税,这样就破坏了贵族和国王之间那个虽不成文却流传已久的惯例。

于是,越来越多的贵族们认为国王没有履行他的义务,却要求比惯例规定的更多的权力。到了1215年的春天,愤怒的贵族们集结起来,武装讨伐国王。因为约翰王长期不得人心,最终节节败退,面临绝境。

1215年6月,在泰晤士河边一块风光旖旎的草坪上,约翰王无奈之下正同25位贵族代表举行谈判。这是一场艰难的谈判,刀光剑影下,贵族代表与国王进行了整整4天的交锋和妥协,约翰王被迫赞成贵族提出的"男爵法案",而贵族则在6月19日重申对约翰王效忠。最后皇室秘书将国王与贵族间的协议正式登录,即成为最初的《大宪章》,并将副本抄送至各地,由指定的皇室官员及主教保存。

在英国历史上,一直没有成文宪法。他们的宪法是由一系列相关的文件和法案组成,其中在1215年6月,由约翰王与贵族们签订的《大宪章》最具有开创意义。这张书写在羊皮纸卷上的文件在历史上第一次对封建君主的绝对权力进行了限制,后来成为了英国君主立宪制的法律基石，后人也称其为《自由大宪章》或《1215大宪章》。

"失地王"约翰在《大宪章》上钤盖国玺

《大宪章》中影响最为深远的条文是第六十一条，即后世所称的"安全法"。根据该条文的规定，由25名贵族组成的委员会有权随时召开会议，具有否决国王命令的权力；并且可以使用武力，占据国王的城堡和财产。这种权力虽然源于中古英国的一种法律程序，但用之于国王却是史无前例。

英王约翰从开始就没有接受《大宪章》约束的诚意，他是在武力之下才被迫在文件上签字，特别是第六十一条几乎褫夺了国王所有的权力。就在贵族离开伦敦各自返回封地之后，约翰立即宣布废弃《大宪章》，随后英国即陷入内战。1216年10月，内战正酣时，约翰王病死。

接着，时年仅9岁的亨利三世继承英国王位，新王即位后，战事终结。亨利三世统治英国56年后，到他逝世时，《大宪章》已成为英国既定的法律，日后的国王亦难以像约翰一样将它完全推翻。1297年10月，亨利三世的儿子爱德华一世发布了最后一次修订的《大宪章》。

虽然"失地王"约翰在位时发布的《大宪章》签订几个星期后便被废弃，但是约翰死后，其又经过多次重新发布，最终成为永久法律，《大宪章》亦成为了日后英国宪法的基石。《大宪章》共63款，它虽是当时仓促草拟的文件，但却是集封建权利与义务之大全。它确立了一些英国平民享有的政治权利与自由，亦保障了教会不受国王的控制。同时它亦改革了法律和司法，限制了国王及皇室官员的行为。

在第一次签订的《大宪章》中，尽管很多内容是针对13世纪英国当时的政治状况和社会状况而制定的，例如限制皇室狩猎范围等，但其中的第三十九条却对后世意义重大，因为由它衍生出了人身保护的概念：除非经过由普通法官进行的法律审判，或是根据法律行事，否则任何自由的人，不应被拘留或囚禁、或被夺去财产、被放逐或被杀害。根据这个条文的规定，国王若要审判任何一个人，只能依据法律，而不能以他的私人喜好来进行。

尽管《大宪章》在约翰王时代的作用还不明显，但是作为一个成文法典，《大宪章》在亨利三世在位的半个世纪中一直被奉为法律基础，王权因而受到了限制，开始了英国迈向君主立宪的第一步。因此，可以说英国的宪政发展即肇始于此。

以今人的视角回顾英国这段历史，从某种意义上讲，《大宪章》其实并没有削弱或者限制王权。相反，《大宪章》保证了从亨利三世到如今的伊丽莎白女王二世一直血脉相连不断——正是因为"国王也必须遵守法律"，所以英国王室现在才能存在。而倡导"普天之下，莫非王土，率土之滨，莫非王臣"，"君要臣死，臣不得不死"的中国，王权在2000年的封建史上一直都是至高无上，但时代一变，帝王的后裔们也随之灰飞烟灭……

三、亨利三世与"西蒙议会"

亨利三世1216—1272年间在位，做了50多年的国王，其在位时间相当长，但在英格兰历史上却并无多少名气。不过，亨利三世在位时，最重要的事情是英国产生了议会。

亨利刚登基时，还只是个天真幼稚、不满9岁的幼童。当初，英国贵族们反对亨利的父亲约翰王，得到了法军的支持，法王腓力二世派来的军队占据了英国南部，英国国内一片混乱。新王亨利登基了，法军却仍赖着不走，英国人随即又面临着将法军赶出英国的任务。亨利当时年幼，于是由大臣威廉·马歇尔为摄政，成立了一个由马歇尔主持的御前会议，来处理国务。

1227年，已经20岁的亨利三世开始亲理朝政，正式统治英国，但遗憾的是他并无多少治国的才能。他虽然性格和善,虔信宗教,热爱艺术,为人不错,但从治理国家来说,他又容易冲动,缺乏判断力,怯懦无能却又野心勃勃,不切实际。在他统治时期,总的来说,英国仍处于停滞不前的状态。

亨利三世在位时,英国很多政府部门都长期没有公开任命的大臣,导致很多事情都没有明确的负责人。这一切都使得他的统治很麻烦,许多英格兰贵族觉得他的统治方式很古怪。而且,亨利三世亲政后,一改以前向御前会议咨询国事的习惯,抛开御前会议,越来越独断专行。这引起了贵族们的不安。此外,亨利三世在对外作战中,也是屡战屡败。

因此到了1236年,英国上下各界已是暗流涌动,怨声冲天。英国的大小贵族们,普遍担心亨利三世会拒绝履行《大宪章》中国王应承担的义务。但是政治嗅觉愚钝的亨利三世并未觉察到危机,仍于1242年不远万里,远征法国,结果以失败而告终。而且从1252年起,英国年景不好,连续3年粮食歉收,民生更加艰难。然而,已经失尽了民心的亨利三世对这些却不管不顾,他打算进行一次更大的不切实际的冒险,从而激起了一场剧变。

1254年,亨利三世与时任教皇的英诺森四世达成一项协议:教皇允诺将西西里王位授予亨利三世的次子埃德蒙,同时亨利三世则需向教皇提供西西里战争的军费。当时,埃德蒙只是一个尚在襁褓中的婴儿,而西西里则在德国皇帝的控制之下,亨利三世必须通过战争,才能得到西西里王位。

于是,统治期间一直并无多少政绩示人的亨利三世接连向贵族们征收军费,但贵族们则认为西西里距离英国太过遥远,发动战争太过冒险。不过,不识时务的亨利三

亨利三世

世仍然固执己见,他不顾英国农业连续3年遭灾歉收,仍强行摊派军费,要求贵族们缴纳他们1/3的收入作为军费。亨利三世的无理要求,最终激起了贵族们的武力反抗。

1258年,亨利三世再次召集贵族商讨远征西西里岛的军费问题,早已满腹怨言的贵族借此机会发难,亨利的妹夫西蒙·蒙特福特男爵带领7个全副武装的男爵擅自闯入宫廷,上演了一出英国版的逼宫闹剧,迫使亨利三世同意召开会议签订限制王权的《牛津条例》。

《牛津条例》规定,议会法是最高权威,一切法令都不得与其相悖,这更进一步地限制了王权。条例还规定,议会定期召开,每年3次;未经议会同意,国王不得任意没收土地及分配土地,国王亦不得擅自决定对外战争。根据牛津条例,英国国王必须把权力交给由贵族操控的15人委员会,未经该委员会的同意,国王不得做出任何决定。为了与原有的机构有所区别,该委员会引进了一个新词,这个新词就是"议会"。

1265年,西蒙在威斯敏斯特召集大评议会,这次议会的参加者除了男爵、高级教士和每郡2位骑士外,还增加各自由市每市2位市民代表。这表明,贵族与市民阶层开始联合对付国王,市民阶层开始登上英国的政治舞台。之前的议会都由国王召开,而此次议会则意味着没有国王也可以召开议会,而且讨论的都是国家各项事务。这次议会是英国举行的第一次议会,后人将它称为"西蒙议会"。"西蒙议会"被认为是英国议会制度的重要起点。英国的代议制民主能有今天,西蒙功不可没。然而,正是这位英国议会的开创者,却为此付出了生命的代价。

刚开始时,亨利三世大权旁落,成为西蒙手中的傀儡,"西蒙议会"控制了当时英国所有的国家机构和法官系统,时间长达一年之久。那时的英国各界,大都支持西蒙的改革,但是西蒙并未借此机会废黜亨利三世。当时,英国国王在一些人心目中还有很大的市场,因此西蒙纵然大权在握,也不敢轻举妄动。

但不久,西蒙革命者阵营里因为权力的腐蚀,也出现了争权夺利的现象,政权内部开始出现分裂。亨利三世的长子爱德华王子则趁机逃离了伦敦。他很快就集合起了一支军队,重返战场,和西蒙·蒙特福特的军队开战。

1265年8月，两军对决，西蒙在激烈的战斗中被杀，王军大获全胜。于是亨利三世在他英勇的儿子爱德华王子的支持下，重新夺回了权力。一些教会人士则掩埋了西蒙的尸体，掩埋处成为圣地，西蒙也作为英国议会政治改革的重要人物，长期受到英国人的尊崇。

晚年，亨利三世的身体状况每况愈下。1272年，亨利三世去世，爱德华王子即位为英王，称为"爱德华一世"。从此，英国金雀花王朝在经历了约翰王和亨利三世两朝的混乱之后，终于又有一位勇武的君主登上了王位。

四、爱德华一世与"模范议会"

爱德华一世是英国金雀花王朝时最伟大的国王，他的功绩超过了祖先亨利二世和"狮心王"理查一世。爱德华一世文治武功，震烁古今，据说他身上含有"中世纪一个伟大国王的全部传统品质"。

爱德华一世在位35年，生前发动了多年战争，最后征服了威尔士，并将其纳入英国版图。更重要的是，爱德华一世在位时召开了英国历史上著名的"模范议会"，其后来成为英国宪政史上的楷模。从此，议会制作为一种制度融入了英国历史。

1239年，爱德华出生在威斯敏斯特宫，是亨利三世的第一个儿子。他从小就喜欢骑马、打仗，成年后五官端正、气宇轩昂，虽患有口吃却

爱德华一世

长于雄辩。据记载,爱德华王子身躯高大,双臂强健有力,两条腿能夹紧马鞍,故有"长腿"之名。他不仅英勇善战,有着卓越的军事才能,还很善于吸引人才和使用人才,具有超凡的领导才能。

1270年,时为王子的爱德华率领英军,参加了法国国王发动的十字军东征。在战争中,爱德华王子被敌军用毒剑刺伤,军医为他"刮骨疗毒",悍勇的王子不出一声,其刚烈程度不亚于中国的关云长。这最后一次十字军东征,亦即第八次十字军东征,已呈强弩之末之势,东征军再次无功而返。然而,勇武善战的爱德华王子却以他在战斗中的勇猛获得了"世界长矛"的称号。

1272年,爱德华王子登基成为英王时,他已经是久经锻炼了。他曾有一条著名格言传世:"各得其所。"所以他的政策"强硬而不残酷"。他用铁腕进行统治,却又不乏灵活的谈判手段。因此,他在英格兰历史上是一位英武开明的君主,其军事才能和政治手腕都极为不凡。

爱德华一世还成功地编制了英格兰的兵种与军事制度,训练了一支装备精良的重铠骑兵,开创了长弓兵的先河。之前,西欧各国在军事上都是重骑兵轻弓兵的,而爱德华一世则充分挖掘了弓兵的潜在威力。几十年后,其嫡孙英王爱德华三世正是凭借他所缔造的英格兰军队,横扫法国,取得了"百年之战"前期的胜利。

军事上,爱德华一世的主要成就是征服了威尔士,这对现代英国版图的形成做出了杰出的贡献,被称为"威尔士征服者"。此外,他还发动了苏格兰战争,被称为"苏格兰大锤"。

爱德华一世即位不久即加强了对威尔士的干预。1277年1月,爱德华一世征集了一支近1.6万人的军队,向威尔士大举进攻,并采用步步为营的清剿战略。这年八月间,英军推进到威尔士中部,威尔士人心涣散,再也打不下去了,只好求和。1284年,英国颁布《威尔士条例》,宣布将威尔士划分为几个郡,由英国王室直接统治。为了防止威尔士人的反抗,英国人还在威尔士修建了不少城堡。

在商讨威尔士的统治问题时,当地人提出了4个条件,即他们所效忠的统治者必须是:一、出生在威尔士;二、出身贵族;三、不说英语和法语;四、道德上纯洁无瑕。威尔士贵族们的意图当然是要选一位威尔士人做他们的王。没想到爱德华一世满口答应。

接着,他派人将正在待产的王后接到威尔士。不久,他们唯一的儿子小爱德华就在威尔士的一个城堡里出生了。于是,爱德华一世召集威尔士的部落首领们,对他们说:"这是我的儿子,出生在威尔士,不会说一句英语和法语,从未冤枉过谁,道德上绝对纯洁无瑕,他就是你们的威尔士亲王。"威尔士人个个目瞪口呆,无话可说,只好接受了这个新的统治者。自此以后,威尔士并入英国,成为英国的一部分,而历任的英国王太子都被封为威尔士亲王。

爱德华一世虽然征服了威尔士,并以此彪炳史册,但最后却栽在了苏格兰问题上。13世纪时,虽然英格兰名义上是苏格兰的宗主国,苏格兰王即位时需向英王行效忠礼,但实际上,两大王国各自独立发展,苏格兰在很长时间内有与英格兰并驾齐驱之势。

1290年,苏格兰王室后继无人。于是,爱德华一世就以调停者的身份裁定巴列奥为苏格兰国王,实际上是由自己在幕后操纵。但巴列奥和苏格兰贵族不堪沦落为爱德华傀儡的地位,便暗通爱德华一世的夙敌法国人,与英格兰对抗。

爱德华国王听说此事后勃然大怒,很快发兵攻入苏格兰,迫使巴列奥退位,他则自任苏格兰国王。不过,爱德华一世这把铁锤终于在苏格兰砸出了重重火花。威廉·华莱士以"勇敢之心"发动了苏格兰人民大起义,坚持了5年多而败亡,但布鲁斯家族的罗伯特一世接过接力棒,继续与爱德华一世的军队作战。此外,爱德华一世在与苏格兰进行战争的同时还同法国对抗,内外同时作战耗尽了他的精力,使他疲于应付。

1307年,爱德华一世在征讨苏格兰人的途中,患痢疾而亡。一代豪杰,最终倒在了苏格兰,终年68岁。他唯一存活下来的儿子小爱德华,就是那位威尔士亲王,继承了他的英国王位,是为"爱德华二世"。

说起爱德华一世的功业,还不能不提他的王后埃莉诺,爱德华一世同王后埃莉诺的婚姻堪称是金雀花王朝的爱情典范。埃莉诺来自西班牙,1254年两人结婚,婚后的生活一直和睦、幸福,她对他的性格有很大影响。

另一位对爱德华一世产生重要影响的人物是大臣伯内尔。他也信任伯内尔，并能听从伯内尔的意见，因此在1294年以前能取得辉煌的政绩。后来，埃莉诺王后和伯内尔相继去世，在失去了家庭的温暖和得力的辅佐后，爱德华一世性情大变，逐渐变得独断专行。据说，爱德华一世的一生从无风流韵事，在私生活和感情方面都堪称世人的楷模。1290年埃莉诺王后去世时，爱德华一世写道：

> 我的竖琴奏出哀伤的歌，
>
> 她活着，
>
> 我热烈地爱她；
>
> 她死了，
>
> 我也不能不爱她。

爱德华一世对亡妻流露出如此沉痛的忧伤情绪，这在以往英格兰的国王当中是绝无仅有的。在运送埃莉诺王后的遗体去威斯敏斯特教堂时，爱德华一世在每一个途经的市镇停留，并竖起了十字架来纪念亡妻。这些十字架是爱德华一世忠贞爱情的证明，其中有3个十字架保留了下来，今天仍然受到英国民众的瞻仰。

在英国历史上，爱德华国王还是自亨利二世以来最重要的立法者。他重新修订、补充了大量未成文且条目混乱的普通法，在1275—1290年颁布了一系列法令，主要有《格洛斯特条例》，以及限制贵族特权的《权力令状》和加强警察制度、维护公共秩序的《温彻斯特条例》等。

《大宪章》也是在爱德华一世时得到了最终确定。《大宪章》在约翰王签订时只是一个妥协的象征性的文件，到了爱德华一世时才得到了法律化。可以说爱德华一世开创了英国法律的新时代，因而他又被称为"英国的查士丁尼"。

爱德华是在与"议会派"的斗争中成长起来的，但他的伟大之处，正在于他没有因此视议会为"洪水猛兽"，反而充分认识到议会作为民意的橱窗的重要性，并进一步完善议会制。

1295年冬天，英王爱德华一世专门召开新的议会，以讨论税款征收问题。有400多人参加这次会议，这些人中有2位大主教、19位主教、48位大修道院院长、7位伯爵、41位男爵，他们由国王特诏赴会；每个主教管区有2名教士代表，由主教决定；每个郡有2名骑士代表、每个市有2名市民代表、每个自治市有2名市民代表，他们由各郡、市选举产生。在当时的英国社会，这些人代表了两大阶层：第一阶层是贵族及教士，第二阶层是包括骑士在内的平民。这次议会参加者众多，且代表了不同阶层的立场，因此史学家们将这届议会称为"模范议会"。

"模范议会"的重要影响在于，由选举产生的骑士和市民代表第一次参加议会，这就使议会具有了代议性质。据此，人们称1295年的"模范议会"为第一个代议性议会，模范议会也因此而标志着真正意义上的英国议会的产生。回顾英国历史可以发现：议会真正成为英国政治生活的一部分，是在爱德华一世时代开始的。

后世以来，人们对爱德华一世的征战毁誉参半，但他使"联合王国"在联合之路上前进了一大步，却是无人否认的。而其一系列的立法和"模范议会"也是英国千年宪政之路上的坚实一步，其向世界传播了议会制度和法治精神，可见爱德华一世无疑是影响了世界的重要帝王之一。

纵观整个13世纪，正当东方中国的宋朝在蒙古人的凶猛攻势面前节节败退、终至亡国之时，西方边远地区的岛国英国却完成了英国宪政史的两大基础——《大宪章》和议会。《大宪章》和议会政治，是13世纪英国历史上的光辉成就，其将法律置于国王之上，是英国宪政历史的开始。自此英国人在观念上，不经意间已走在了世界的前列，这也是英国后来率先进入现代化社会的重要原因之一。

第四章
战争与危机

一、百年战争

百年战争是指英国和法国于1337—1453年间进行的战争，是世界上历时最长的战争，断断续续进行了长达116年。这次战争的导火线主要是法国王位继承问题。1328年，法王查理四世去世，法国卡佩王朝绝嗣，其支裔瓦卢瓦王朝的腓力六世即位，英王爱德华三世以法王查理四世外甥的资格，与腓力六世争夺王位，由此触发战争。

早在12世纪中期，英王亨利二世在位时，即埋下了百年战争的种子。1154年，法国势力最强大的贵族——安茹伯爵亨利因其母亲的血缘关系，得以继承英格兰王位，从而开创了英国金雀花王朝时代。从一开始，亨利二世就扮演着一个十分矛盾的角色：一方面他是英格兰的国王，尊贵无上的英国君主；另一方面，作为法兰西的安茹伯爵及诺曼底公爵和阿基坦公爵等，亨利二世还是法国国王无可非议的臣子。

亨利二世作为英国国王，他是英格兰的君王，但作为法国的公爵和伯爵，他又是法国国王的臣民，因此除非他自愿放弃在法国的一切权利，否则他作为一个法国臣民理所当然必须服从法兰西国王的命令。

而且，英国金雀花王朝的君主大多还与法国王室通婚，成为姻亲之家，因此一旦法国王位出现空缺，如老国王没有儿子，或因为种种原因没有合法的王位继承人等，法国各个贵族为争夺王位而明争暗斗时，英王也必然要来趟这个浑水，因为英王还是法国势力最强大的封建主，当然也拥有参与争夺王位继承人的资格。英、法之间这种君不君、臣不臣，利害关系纠缠不清的混乱局面，从此就在双方的后代之间一直延续下去，直到百年战争的来临。

法国国王卡佩王朝的最后一位君主查理四世去世后，英王爱德华三世就趁法国卡佩王朝绝嗣之机，以查理四世近亲的身份正式提出要求，欲以继承法国王位，但结果，法国王位最终由腓力六世所获得，因此爱德华三世对法国宣战，想夺回法国王位。

此外，英、法两国还在弗兰德尔（即今天的荷兰和比利时）问题上存在着矛盾。弗兰德尔地区是当时欧洲著名的经济、贸易发达地区，特别是羊毛纺织业的技术非常先进，全欧洲国王的衣料都产自这里，所以这里也是整个欧洲最富有的地方。弗兰德尔表面上隶属法国管辖，但实际上却独自行政，并经常与英国进行羊毛贸易。对于法国来说，弗兰德尔是利税大户，当然不能放弃。而英国因为没有纺织技术，只能饲养羊，出口羊毛，因此弗兰德尔也是英国最重要的出口地。所以，英、法两国在弗兰德尔有着严重的利益冲突，在弗兰德尔激烈的势力争夺，这使两国之间本就存在的矛盾加深了。最终，导致了百年战争的爆发。

英、法百年战争，虽然重要起因是英国人受了弗兰德尔商人的挑拨，但更主要是因为英国对法国长期积累的怨恨所致。从诺曼底公爵威廉征服英格兰之后，英国的大部分官员都是由法国贵族担任，这导致英国本土的盎格鲁–撒克逊人越来越怨怼法国人，认为英国的领土不应该由法国人来统治。此后很长一段时间内，英国的宫廷贵族等上流社会的人士交流、书写等只使用法语，英语则成了农夫或商人使用的语言。法国语言和文化对英国的逐渐渗透很自然地受到了英国平民百姓的厌恶，并且对于瞧不起英国人、事事干预英国并且总是高高在上的法国人，不仅是英国百姓，连已转变为英国人的贵族们也感到很愤恨。因此，英国早就打算痛下决心，要摆脱与法国的君臣关系，平等地与法国对话，这也是百年战争爆发的一个很大原因。

1.拉开百年战争序幕的爱德华三世

英格兰国王爱德华三世1327—1377年在位。他虽然在晚年变得昏庸，但总的来说是一位英明的君主。爱德华三世生于伯克郡温莎，父亲爱德华二世是个昏君，还是个被自己的妻子谋杀的同性恋者。其母是来自法兰西的伊莎贝尔，她与情夫、第一代马奇伯爵罗杰·莫蒂默合谋废黜爱德华二世后成为英格兰的实际统治者。然而，爱德华三世很快聚集起实力惩罚杀死他父亲的人。1330年，爱德华三世亲政，立刻下令处死罗杰·莫蒂默，并没收其财产。

爱德华三世亲理朝政后，采取宽容治国的策略，以温和、怀柔手段

爱德华三世

解决国内贵族们的纷争。很快,英格兰人心归附,纷纷团结在爱德华三世周围,英国沦丧已久的君主权威重新树立起来。在对外方面,爱德华三世则逐步恢复其祖父爱德华一世时的对外扩张政策。

自诺曼王朝以来的历代英国国王,因为身兼法国大陆上的公爵与伯爵,有着在法国大陆上的贵族身份,所以不得不向法王表示效忠。爱德华三世的母亲即来自法国的伊莎贝尔,她是法王查理四世的姐姐,所以爱德华三世也是查理四世的外甥。爱德华三世即位一年后,法王查理四世逝世,他没有留下子嗣。此时,查理四世的堂弟腓力,被法国贵族议会以继承人只应限于男性为由,加冕为法兰西国王,就是腓力六世。

这引起了爱德华三世的母亲伊莎贝尔的不满,因为她是法王查理四世的姐姐,因此认为自己的儿子更应该继承法国王位,他和查理四世的血缘更近。法国贵族们硬是想出了"非男性后裔不能继承王位"的理由,剥夺了伊莎贝尔一系的继承权。腓力六世继承法国王位后不久就威胁说,如果爱德华不向法王宣誓效忠,那么英王在欧洲大陆的领地将被没收。这个威胁使爱德华三世不得不就范,因为这时他还没有能力用武力保卫他的公国。1329年6月,爱德华三世如约入朝,在亚眠大教堂宣誓效忠法王腓力六世。这些都是发生在爱德华三世亲政以前的事。

爱德华三世主政以后,下定决心要恢复英国外交上的强大攻势。此时的爱德华三世早已不是当年母后专权时忍气吞声、被迫向法王行效忠礼的那个小孩子了,英、法两国的冲突,势在难免。爱德华因为受到誓约束缚而不能反对腓力六世,于是,他想出一招来解脱对法王誓约的束缚:他宣布腓力是篡位者,这样他就可以无所顾忌地反对腓力六世。于是,爱德华三世再次提起他的继承权这个话题。

事实上,当时的英国要想征服法兰西,几乎是不可能的事情。因为14世纪的法兰西王国是一个巨大而繁荣的国家,有2000万左右的人口。相比之下,英国的规模要小一些,人口只有数百万。但是,英国虽然比法国小一些,却是一个强国。法国仍然保持着封建骑士的战争观念,法军以精选人员为基础,而不是依赖庞大的人力。虽然法国的骑士在数量上也多于英国,但纪律却较差,而且他们很注重所谓的"骑士风度",不会不择手段地获取胜利,他们认为那样是有辱尊严的。法国人的封建战术仍然是设法将敌人挑下马来,加以生擒以便勒索赎金,而爱德华三世的英军却比较注重"杀伤"。

百年战争爆发的原因除了法国王位继承问题、法国对苏格兰的支持以及争夺弗兰德尔外,还因为对英王在法国的残余领地的争夺。自英国相继失去诺曼底和安茹之后,英国在大陆仅存的一些领地,就成为英、法双方争夺的焦点。

总之,有着宏大抱负的爱德华三世亲政后,一直在等待着与法国开战的合适机会,以便一举解决英、法间的上述种种问题。1337年5月,法王宣布没收英王在欧洲大陆的领地吉约拿。同年10月,爱德华三世正式宣布他是法国国王,百年战争由此爆发。此后,一直到1801年,历代英王都自称身兼法王。

不久,爱德华三世就与神圣罗马帝国的皇帝路易四世联手,组成一支反法力量。作为报复,1338年,法王腓力六世宣布没收爱德华三世在法国的一切领地,这次爱德华三世彻底震怒了。1339年,他开始从法国北部发起进攻。第二年,英国舰队在斯勒伊斯海战中大获全胜,但军费开支过于巨大,这使爱德华三世无力持续作战。1346年,爱德华三世携长子"黑太子"爱德华卷土重来,在克雷西战役中再次大败法军。这次战斗是杰出将领"黑太子"爱德华初次亮相,也是在此战中,欧洲人第一次使用了火器。到1347年,爱德华三世已攻占法国重镇加来,并准备进军巴黎加冕。

没想到的是,第二年,欧洲爆发了可怕的黑死病,到处都是死伤的

爱德华国王和其长子"黑太子"爱德华

黑死病患者,因此两国不得不停战10年。1356年,英格兰再度进攻,夺取法国西南部的基思和加斯科涅,随即在普瓦捷战役再次获胜,并俘获了法国国王约翰二世。随后,英军在法国横征暴敛,法国国内也爆发了平民起义,致使国家经济崩溃,法国王室陷入了困境。无奈之下,1360年,法国只得与英国签订了极不平等的《布勒丁尼和约》,割让出卢瓦尔河以南至比利牛斯山脉的全部领土。

然而,法王查理五世正式即位后,拒绝承认《布勒丁尼和约》,作为对抗,爱德华又开始使用法国国王的称号。不过,法王查理五世是一个很难缠的对手,他采取了不少强有力的改革措施,同时,还有迪·盖克兰这样优秀将领的辅佐,从此,爱德华三世的战争计划就开始失利。

2.再次挑起百年战争事端的亨利五世

英格兰国王亨利五世1413—1422年在位。虽然其统治时间还不到10年,却取得了英国中世纪任何一位国王都未取得过的军事辉煌。在登基之前他就显示出雄才大略,在政治事务上也担当起了重任。

1413年春,亨利五世刚刚登基成为英国国王,就再次挑起百年战争的事端,而且还取得了比爱德华三世在位时更大的胜利。当时法国内部矛盾重重:国王查理六世长期患精神病,两大贵族集团奥尔良派与勃艮第派不断发生流血冲突。亨利五世利用这些矛盾,曾使勃艮第公爵背叛自己的国家转而支持英国。

2年后，亨利五世开始正式侵略法国。他本人善于指挥英格兰长弓手发动进攻，他首先攻下埃夫勒，继而向沿海重镇加来进军。同年发生的阿让库尔战役几乎摧毁法国人的斗志。阿金库尔战役发生于1415年，是英、法百年战争中著名的以少胜多的战役。英军在亨利五世的率领下以1:3的人数劣势击溃法军，并且随后在1419年征服了整个诺曼底。

亨利五世

在该战役中，英王亨利五世以6000人对法军2万至3万人，不过法王查理六世未在场指挥。战前一个月前，英国刚刚经过哈福娄围攻战，伤亡达4000人。亨利五世不得不率领剩下的5000名长弓手和900名骑兵撤退。法军起先避免与英军接触，但当英军吃光了随军带的只有一个星期的干粮，而不得不靠劫掠和野果来充饥时，法国人大概认为时机已经到了。

战争开始了。两军从早上开始，整整对峙了差不多4个小时，这是因为法国人认为英国人粮食匮乏，所以打算让英国人先发动进攻，而自己则可以趁英国人发动进攻时队形不整，乘机捡个便宜，或者就让英国人站着饿死。亨利五世不得不命令英军整齐地缓缓推进到距法军200多米的距离上停下，每个长弓手都将准备好的两头削尖的木桩插入脚下的泥沼地中，让另一尖端斜向着法军方向。

很快，亨利五世一声令下，英军一排排的长弓手瞬间整齐地将两头削尖的木桩向天射去，天空立即被一支支的箭镞所覆盖，法国人受到了遮天蔽日的箭雨的袭击。这时，如梦初醒的法军第一线才开始向英军冲击。战争结束时，尽管法军第一波冲击使英军少许后退，但英军很快就重新拉直了队伍与法军搏斗。无数法国贵族就此倒下或被俘。法军一二线间的弓弩手和火炮由于两军交错而无法射击，很多人实际上整场战役一箭未发。英军脚下的法军尸体堆积如山，很多第二、三线的法军见此情景都被吓得逃出了战场，以至当法军第三线骑兵开始冲锋时仅剩下了600人。仅仅半小时英军就取得了决定性的胜利。

这次战役之后，英军一路凯歌，很快就征服了诺曼底，紧接着法国北部第一重镇鲁昂投降。1420年，法王查理六世在亨利五世的胁迫下，签订了《特鲁瓦条约》。这份条约对英格兰来说是个了不起的巨大胜利，因为条约规定：亨利五世与查理六世的女儿凯瑟琳结婚，并且在查理六世死后，其法国王位由亨利五世继承。这剥夺了法国王太子夏尔的继承权，而英王亨利五世则实际成为法国的摄政。

这时，亨利五世可谓志得意满，然而他所创造的政治与军事辉煌只是昙花一现。当他在军事上正处于鼎盛之时，没想到死神正在慢慢走向他。1422年，在万塞讷附近的一次战斗中，年轻的亨利五世不小心患上了斑疹伤寒，没想到很快竟因此丧命。

亨利五世是个狂热分子，一生唯一的目的就是征服法兰西，没有时间享受安逸的家庭生活，他在年富力强的时候死去，使人颇为遗憾。

亨利五世不仅是一位勇猛的战士，同时还是一位一流的政治家。只要是与法国作战的一切事宜，无论巨细，他一律亲为，还经常在法国战场上亲自处理从国内议会送来的各种公文议案。亨利五世一生恪守天主教信条，他身边聚集着一群杰出的文臣武将，最著名的是博福特兄弟、其弟弟托马斯（克拉伦斯公爵）和约翰（贝德福德公爵）。他在临终前，任命贝德福德公爵约翰为法兰西摄政。

3.百年战争的终结者亨利六世

亨利六世是英王亨利五世和其来自法国的王后、瓦卢瓦的凯瑟琳所生的唯一的儿子，生于伯克郡温莎。亨利六世出生后很少见到母亲，其母与一个叫欧文·都铎的威尔士老爷私通。8岁左右，他被置于沃里克伯爵理查德·比彻姆的监护之下接受各种教育。

约翰·布莱克曼是亨利六世的传记作家,他曾担任过亨利六世的忏悔神父,他记录过很多关于亨利六世的轶事。据记载,亨利六世高雅脱俗,笃信基督,慷慨大度,其勤俭美德不亚于一个托钵僧。他曾为伊顿公学和剑桥大学国王学院建立了两个伟大的基金会。他总是穿一双圆头鞋或者圆头靴,像个农民;穿一件长袍,包一块头巾,像个小市民。他平时所穿的上衣很长,鞋、袜、靴一律黑色,总是拒绝所有新奇的衣着。

在个人道德上,亨利六世基本上是完美无瑕,但在治理国家上,亨利六世则显得平庸无能,他缺少识人之智,不能选贤任能。亨利六世出生9个月后即位,法国国王查理六世是其外祖父且没有其他子嗣,因此查理六世去世后,亨利成为英、法两国国王。因为亨利六世即位时尚且年幼,所以由两位叔父分别在英国和法国摄政:格洛斯特公爵汉弗莱在英国;贝德福德公爵约翰在法国。前者死于1435年,后者一直任摄政至1437年。

随后,英国人依据亨利六世的父亲亨利五世生前与法国国王签订的《特鲁瓦条约》,单方面宣布亨利六世继承法国王位。然而绝大多数法国人都不承认《特鲁瓦条约》中有关两国王位继承的条款。《特鲁瓦条约》被当时的人们誉为"最后的和平",因为条约试图把英、法两家王权合并,统一治理这两个独立主权的国家,以此来结束两国之间的长期纷争。但实际上,《特鲁瓦条约》使法国陷入了分裂。对于一部分人来说,无论是因为他们赞同英国几代国王依据法律和历史对法国王位提出的要求,还是因为法国处于动荡不稳的时期,英国"占

亨利六世

领军"的出现为他们带来政治上的相对稳定,这样一个王权继承者是可以接受的。而对另一部分人,尤其是那些住在卢瓦尔河以南的人来说,这个条约否决了法王查理六世的长子杜芬查理的王位继承权。因而,"最后和平"事实上并非是最后的和平,它使法国分裂成两个国家,各自忠于自己的王朝。所以,年幼的英王亨利六世虽然曾在英国和法国2次加冕,立为2个国家之王,但加冕和王权的象征却难以掩盖英、法联盟的脆弱本质。

年幼的亨利六世刚一登基,就要处理英国与法国这种交缠不清的问题:除了国王旁边重臣的不体面争吵外,还有对法兰西统治的恶化。1428年,英军和勃艮地派包围了奥尔良,形势对法军严重不利。此时,法国出现一位传颂后世的圣女贞德,指挥法军于1429年5月击败英格兰,奥尔良解围,赢得重大胜利,扭转了整个战局。此时的法国人民也不堪英军压迫,各方纷纷反抗,游击队经常捉拿英格兰的征税者,牵制英军部队,对法军帮助很大。然而,19岁的圣女贞德不久便被英军捉住,以女巫罪处死。

圣女贞德

1431年,英王亨利六世在法国巴黎加冕为法国国王。然而,意想不到的是4年后,亨利六世的叔父、法兰西摄政贝德福德公爵去世,这让国王失去了左膀右臂。而圣女贞德的被处死也激起了法国的民族义愤,助使法军作出大反攻。1437年,法军光复首都巴黎。1441年,收复香槟地区。1453年10月,波尔多的英军投降,法国收复了加莱除外的全部领土。1558年,法军攻陷加莱,英格兰失去了在欧洲大陆最后一个城市,百年战争结束。

4.百年战争的影响

1337—1453年间,英、法两国爆发的百年战争,在英国历史上有着重要的意义,是英国中世纪结束的标志之一。战争过程中,双方的武器装备、战争体制、战术思想都有缓慢而深刻的改变。

百年战争刚爆发时,英、法两国实行的还是贵族兵源制,主要由各领主募集军队。这种贵族兵源制对于需要跨越英吉利海峡,远征法国大陆的英国来说很不利,于是英国开始招募雇佣兵,这些雇佣兵主要来自下层人民。法国则迫于初期战局失利,必须扩张王室统合权力以抵挡外敌。因此在战争结束时,双方都已走上中央集权的道路。

英国在百年战争中的多次胜利,向传统西欧贵族骑兵的军事垄断地位提出了挑战,虽然战争结束后的法国仍然保留着重骑兵的传统,但步兵日益受到重视,而骑兵则最终退出了历史的舞台。

在战争中,法国涌现出了平民出身的圣女贞德这样的传奇人物。她是百年战争中的一位重要人物,她的出现极大鼓舞了法国人的士气,她领导着法国人民扭败为胜。而战争前期以骑士贵族为主的法军在战场上屡遭失败,意味着西欧贵族骑士阶层的衰退和民族战争特性的兴起。

英、法两国的武器装备在战争中也有了很大的进步,因为拥有怎样的攻城武器和守城武器对战场上的胜负起着至关重要的作用。在百年战争的后期,法军领先英格兰以大规模的火药及火炮取得了多项胜利,战争形态由此翻新。锁子甲在欧洲已超过千年历史,战争初期,它仍是最好的护身装备。但中后期的贵族骑士已普遍使用新创的板甲,防护力大为增进。1513年的一场战役,板甲已让称雄300年的英格兰长弓失去了效用。

百年战争对英、法两国的人民来说都是一场巨大的灾难,而且当时英国和欧洲大陆又爆发了可怕的黑死病。黑死病在当时几乎是绝症,传染性又极高,致使人口锐减。在战争和疫病的双重打击下,英、法两国的经济大受创伤,民不聊生。曾有一位西方历史学家指出:"百年战争是一场持续百年的屠杀游戏。当英、法两国的皇族及贵族为了自己所夺得的利益而庆祝的时候，那些痛失家园及亲人的无辜平民却只能在无声地痛哭。战争打了100年，人民也哭了100年。"这种说法可谓一针见血，一语道破了这场战争的残酷。

不过这场战争也代表着英、法两国发展的分水岭。因为战争是在法国本土进行的，所以法国损失更为惨重，国内一片疮痍，很多人失去了家园。但百年战争唤醒了法国人的民族感情，法国最后也因为这场战争完成了民族的统一大业，为其日后在欧洲大陆的扩张打下基础。而英国因为在百年战争中一无所获，还丧失了几乎所有在法国的领地，结果迫使其放弃称霸欧洲大陆的企图，转而向海上发展，从而走上了发展海上强国的道路。所以说百年战争的结果即把英国人赶出法国对两个国家都是幸事，因为若英国人继续留在法国，那么法国人在领土和财富上所占的优势必然会阻碍英国民族的发展；而法国民族被外国势力占领了众多的领土，发展更是长期受阻。

二、泰勒起义

1381年5月，在经济发达但贫富分化极其严重的英国东南部地区——埃塞克斯和肯特两郡，发生了由瓦特·泰勒和约翰·鲍尔率领的英国农民反封建起义。当时的社会背景是，首先，货币地租开始在英国盛行，农奴制逐渐衰落，然而英国东南部有着较多农奴的大领主仍然坚持劳役制，严重阻碍了经济的发展。最终当地农民因为抗纳人头税，杀死税吏，由此爆发了泰勒起义。其次，1348年，早已在欧洲大陆肆虐的鼠疫——黑死病也开始在英国蔓延。这导致英国国内的劳动力锐减，大量田地荒芜，商品短缺，物价飞涨，封建领主需要应对劳动力缺乏和雇工不提高工资则拒绝受雇的威胁。然而，以英国国王为首的统治阶级，从保护封建领主的利益出发，先后颁布了一系列劳工条例与法规，规定劳动群众必须接受黑死病流行以前的工资标准，如有违反者，一律监禁，英王的这种倒行逆施激起了下层人民特别是农民的极大不满。再次，14

世纪六七十年代，英、法百年战争再燃战火，这次法国取得了主要的胜利，英国则多次在战场上失利。英国在对外军事上的屡次失败和多如牛毛的繁重赋税，使国内局势进一步恶化。为了满足英、法战争的需要，英王

泰勒起义

理查二世连续3次征收新的人头税，而且一次比一次重，1380年的税额比最初的人头税额提高了3倍。封建地租的增加、劳工立法的迫害、苛重的战争负担，使英国农民挣扎在死亡线上，最后被逼上梁山，不得不揭竿而起。

此外，在这次起义爆发前，英国出现了教会改革运动，也促成了泰勒起义的爆发。以约翰·鲍尔牧师为代表的罗拉德派在传教过程中尖锐地抨击了封建制度的不平等，要求取消徭役、地租、捐税和财产差别，实行社会各阶层的平等。约翰·鲍尔等人的宣传鼓动活动，为农民起义做了思想上和组织上的准备，英国城乡革命形势日益成熟。

终于，在1381年5月底，埃塞克斯郡的人民为反对英王征收第三次人头税而爆发了起义。广大生活在社会最底层的穷苦农民听到埃塞克斯郡爆发起义的消息后，纷纷举行起义，起义浪潮很快就席卷了英国大部地区。6月初，一股股分散的起义者们迅速集结起来，汇成一股洪流，向伦敦挺进。起义军首先攻取了肯特郡的美德斯东。在此期间，遭教会政治迫害的约翰·鲍尔从监狱中被救出。泥瓦匠出身、参加过对法战争、懂得军事且勇敢善战的瓦特·泰勒被起义军推为军事首领。而泰勒起义爆发时，正是英王理查二世在位期间。

1377年，英国中世纪在位时间最长的一位国王爱德华三世驾崩。当

天，王位的第一继承人、爱德华三世年仅10岁的嫡孙理查登基称王，史称"理查二世"。其在位时期是英格兰中世纪历史上的一个重要时期。理查于1367年在波尔多出生，是威尔士亲王"黑太子"爱德华的儿子。

理查二世登基之时，英国正处在内外交困之中，曾经给英国人带来胜利和财富的英、法百年战争，这时已经变成了英国人的噩梦，而在英国内部，国王与贵族、农民与封建统治者之间也是矛盾重重。所以，当1381年泰勒起义爆发后，起义之火很快就燃遍全国，英国40个郡中的25个郡都发生了武装斗争。

在泰勒和鲍尔的率领下，起义军在占领美德斯东以后继续进军，很快就攻占了肯特郡的首府坎特伯雷。接着，起义者直接向伦敦进逼，沿途大批农民参加到起义队伍中来，声势越来越大。起义军锐不可当，胜利挺进，这使整个英国都大为吃惊。在到达离伦敦没多远的布莱克希思时，起义者们准备和英王理查二世会见，幻想英王能解除他们的疾苦。

这时的理查二世尚在温莎城堡，他得到消息后，便急匆匆赶回伦敦，然而却受到以首相为首的宫廷会议的阻止，结果没有会见起义者的代表。

当天黄昏时分，起义军占领了伦敦的一所监狱，释放了关在狱中的遭受劳工法迫害的农民和平民。部分农民起义军还冲进首相的官邸，毁坏财物，烧毁文件。在伦敦城外，起义军则摧毁了财政大臣的庄园邸宅。

1381年6月13日，在伦敦市民的支持下，起义者们顺利占领了伦敦。国王理查二世、首相、财政大臣以及伦敦市长等人惊恐万状，因当时城内已无兵力保护，不得不急忙逃到伦敦塔楼内躲避，期待着能够躲过即将来临的灾难。

这时，起义者们来到位于伦敦城东的伦敦塔附近。当日晚上，起义军在塔楼对面设营，要求国王处死作恶多端的首相和财政大臣，颁发自由特许状。国王为了缓和与稳定局势，并争取时间，约定第二天在迈尔恩德会见起义军。会见结束后，泰勒和鲍尔即率领几百人冲进伦敦塔楼，捕获了首相及财政大臣等人，并当场处死。

因为英王理查二世答应了起义者的要求，所以一些农民满心欢喜地离开伦敦回家了。但泰勒和鲍尔以及其他农民则仍然留在伦敦,再次要求会见国王。

于是,由泰勒主导,领导者们又草拟了一个较为激进的纲领,准备于6月15日在伦敦城外北部与理查二世再次进行谈判时,由泰勒呈交给理查二世。这个纲领向国王提出了更加彻底的要求,意在反对整个封建制度。起义者要求把从农民手中收去的公田归还给农民,废除劳工条例,取消贵族特权,各阶层一律平等,实行教会和寺院土地世俗化并分给农民。这个纲领,反映了绝大多数农奴和平民的愿望。

然而,起义者们没有想到,早在他们进入伦敦并包围塔楼的时候,理查二世和大臣们就策划着如何将起义镇压下去,最终决定采用分化瓦解的方法,使起义者军心动摇分散回家,然后一举消灭起义军。于是,他们答应于15日在史密斯菲尔德广场会见起义者。

谈判这天,泰勒远离起义队伍,独自骑着一匹马前往谈判。谈判过程中,泰勒对王室的阴谋毫未觉察,他重申了起义者的要求,指出只有在这些要求得到准许之后,人们才会离开伦敦。然而,就在泰勒与理查二世谈判的时候,伦敦市长突然袭击,就地刺杀了泰勒。紧接着,理查二世早已暗中调动好的士兵把起义军团团围住。这时,起义军既受到了包围,又失去了自己的领袖,被劝降后,纷纷离开伦敦分散回家。

英王的阴谋得逞后,便背信弃义,开始了残酷的镇压。鲍尔和其他首领,以及很多起

泰勒农民起义军面见理查二世

义者,都被极其残酷地处死,轰轰烈烈的英国农民起义最终没有逃脱失败的命运。

泰勒起义的失败主要是由历史条件的限制和农民本身的阶级局限性所决定的。这次起义由于没有先进阶级的领导,从而不能取得反封建的彻底胜利。然而,泰勒起义作为14世纪英国乃至西欧爆发的最大的一次农民反封建起义,它给予英国封建统治阶级以沉重的打击,推动了英国社会的发展,加速了农奴制的解体,在英国革命史上写下了光辉的篇章。

而镇压泰勒起义的理查二世,实际上当时只有14岁,他平定了这次农民暴动,并凭此达到了个人功业的顶峰。此后,这位青年国王为了重振君权而与贵族进行了长年累月的斗争,最终导致了自己的垮台。1399年,理查二世逊位,标志着自亨利二世以来统治英格兰的金雀花王朝正统世系的断绝,还为50年后那场被维多利亚时代的历史学家们命名为"玫瑰战争"的封建内战埋下了种子。

三、黑死病横扫英伦

1348年,在英王爱德华三世统治时期,英国爆发了一场中世纪最大的灾难之一——黑死病流行。在短短的两年时间里,它几乎蔓延了整个英国,造成了巨大的破坏,使英国人口从400万人锐减至200万人。

黑死病,英文名称为Black Death,在医学上被称为流行性淋巴腺鼠疫,它是人类历史上最严重的瘟疫之一。这场当时让人们闻之变色的灾难,其症状最早在1348年由一位名叫博卡奇奥的佛罗伦萨人记录下来:最初是患者的腹股沟或腋下出现淋巴肿块,然后是胳膊上和大腿上以及身体其他部分出现许多青黑色的疱疹或黑斑,因此这种特殊瘟疫被人们叫做"黑死病"。几乎所有的黑死病患者都会在3天内死去,极少有人幸免,而且通常无发热症状。

据当时的记载,14世纪中期,黑死病是从中东地区随着意大利的商船传入欧洲大陆的,引起这次大瘟疫的病菌是由藏在老鼠皮毛内的跳蚤携带来的。在14世纪,欧洲的老鼠数量很多,所以一旦该病发生,便会迅速扩散。另外据考证,黑死病的大爆发也与中世纪欧洲大量屠杀猫有关,因为当时的欧洲人普遍信仰基督教,因此虔诚的欧洲人认为其他一切超自然的东西皆属迷信或巫术,而当时的欧洲人又认为猫是女巫的宠物和助手,所以猫被大量地消灭,以至于在当时相当长的一段时间内猫在欧洲绝迹。因此,黑死病重要的传播媒介——老鼠则在这条断裂的生物链中以几倍数量增长,这为黑死病的爆发提供了最好的温床。

1348年夏天,由于英国与欧洲大陆货业贸易的关系,黑死病从几个港口城市传入英国。此后,黑死病在英国迅速蔓延。到第二年夏天,这场瘟疫已经到达了英国北部,由此全英国都笼罩在黑死病的阴霾下。

黑死病对英国社会发展造成的后果相当严重,不仅给英国带来了人口锐减、农业衰退、社会混乱等严重的后果,而且在政治、经济、宗教信仰等方面也引发了一系列的危机,同样也使英国的社会文明发生巨大而全面的变迁:商品货币的发展、新贵族的兴起、资产阶级地位的提高、封建农奴制的瓦解等。

黑死病蔓延

四、玫瑰战争

玫瑰战争，又称蔷薇战争，虽然名字听起来动听且温情，但实际上却是一场极其残酷、剧烈的战争。战争双方一方是兰开斯特家族，他们以红玫瑰为族徽；另一方是约克家族，他们以白玫瑰为族徽。两个家族都是金雀花王朝皇族的分支，是英王爱德华三世的后裔。玫瑰战争不是当时所用的名字，是后世人对这场惨烈而重要的战争的称呼，它来源于两个皇族所选的家徽——兰开斯特的红玫瑰和约克的白玫瑰。

玫瑰战争的起源是，英国金雀花王朝的第七任国王爱德华三世，其膝下共有4个儿子。1377年，当爱德华三世去世时，战功卓著的太子爱德华王子已经去世，于是王子的独子、10岁的理查二世即位。由于理查二世即位时尚且年幼，于是当时的朝政由其叔父、爱德华三世的第四个儿子兰开斯特公爵把持。理查二世亲政后，驱逐了兰开斯特公爵的长子亨利，并没收了亨利的领地。1399年，亨利在贵族的支持下拘捕了正在远征爱尔兰的理查二世，并成为英格兰国王，称"亨利四世"。次年，被废黜的理查二世被秘密处死于伦敦塔中，身后无嗣。

亨利四世的即位结束了金雀花王朝将近两个半世纪的统治，开创了兰开斯特王朝，但也同时触发了亨利四世王位合法性之争。根据继承法，英国的王位无论如何也轮不到亨利四世身上，尤其是约克公爵家族认定亨利四世是篡位者。

玫瑰战争中两个家族的族徽

1422年，35岁的亨利五世去世，年仅10个月的长子即位，称"亨利六世"。尚在襁褓中的亨利六世登基后，早就觊觎王位的约克公爵理查,发布自己为摄政。兰开斯特家族当然不肯善罢甘休。此后,兰开斯特家族中的英王亨利六世被心怀不轨的摄政王和一批权谋之士所包围,最有名的是埃德蒙·蒲福和威廉·德拉波罗,有人指责他们管理政府无能,但还继续担任着英、法百年战争的指挥者。

在亨利六世统治时期,百年战争中英国几乎所有在法国领土中的据点,包括亨利五世时所赢得的据点,都一一丧失,于是亨利六世逐渐地被国民们认为是一个昏聩无能的国王。此外,亨利国王还患有间歇性精神病,他统治期间,英国王室宫廷的腐败也极其严重。到1450年前后,很多人开始认为亨利六世已经不适合再担任国王的角色,这使兰开斯特家族国王的短暂统治被怀疑其王位的合法性。与此同时,约克家族则相信他们对王位有更优先的继承权。于是,随着不断增加的民众不满,再加上英国很多封建贵族都拥有私人武装,这均使得英国内战的政治氛围已经成熟。

1453年,当国王亨利六世的精神病再次发作时,英国成立了摄政理事会,由强大和受欢迎的约克家族的首领——约克公爵理查·金雀花任摄政王。理查很快便大胆地开始加强了他对王位的要求,他囚禁了蒲福。1455年,亨利六世痊愈,他挫败了理查的野心,理查很快被王后玛格丽特赶出朝廷。因为国王亨利六世是个无用的领袖,强力和上进的玛格丽特皇后则成了兰开斯特派系的实际领袖。玛格丽特王后建立了针对约克公爵理查的一个同盟,并和其他贵族密谋削弱他的影响力。遭受到更多挫败的理查最终付诸武力,在1455年首次挑起争端。

1455年,在圣奥尔本,双方第一次进行了激烈的战争,红、白玫瑰战争由此爆发。在这次战役中,约克家族获得了胜利。然而好景不长,兰开斯特家族很快反败为胜,杀死了约克公爵理查。理查的儿子爱德华决心为父亲报仇,6年后,他重振旗鼓,带领约克家族的人在陶顿郊外,与兰开斯特家族决战。

据记载,决战那天,天空飘着鹅毛大雪,旷野一片雪白。约克家族的爱德华骑着高头大马,冲在最前面,身后的战旗迎风招展,一朵白玫瑰格外醒目。而兰开斯特家族由国王亨利六世亲自率领,虽然他精神病发作时会疯疯癫癫,但此时却十分清醒。他命令士兵对约克家族的人不留任何活口,一律格杀勿论。旷野上,战马引颈嘶鸣,杀声震天,一片刀光剑影。

双方从早上持续激战到下午,雪地上到处都是鲜红的血迹。渐渐地,兰开斯特家族支持不住了,亨利六世准备下令撤退。然而就在这时,爱德华骑马冲到他跟前,手起刀落,亨利六世落马倒在雪地上。兰开斯特家族的士兵见状,呼喊着向四处逃散。爱德华乘胜进入伦敦,发布自己为英国国王,称"爱德华四世"。从此,约克王朝取代了兰开斯特王朝。

1483年,爱德华四世逝世,由他年幼的儿子继承王位,称爱德华五世。摄政的理查阴险狠毒,他想当国王,就把自己的侄子爱德华五世杀死了。理查的不义行动引起了公众的不满,于是,约克家族中拥护爱德华四世的一派联合兰开斯特家族的残余力量,对理查进行讨伐,这又是一场剧烈残酷的搏斗。

另一方面,兰开斯特家族则把希望都寄托在亨利·都铎身上,其父亲埃德蒙·都铎是亨利六世的同母异父兄弟,不过亨利·都铎对王位的继承权是来自于他的母亲玛格丽特·蒲福,其母亲是爱德华三世的后裔,因为她是约翰·蒲福的后代,而约翰·蒲福是爱德华三世的孙子。

当初为了躲避爱德华四世的残酷镇压,亨利·都铎去了法国。漫长的国外流亡生活,逐渐把他磨炼成一个很有头脑的人。他在法国招募人才,组织军队,等待着有朝一日打回英国。因此,爱德华四世的逝世、约克王朝的内讧,都使他心中暗喜,报仇的时候快到了。

1485年8月,亨利·都铎率领军队在威尔士西部的米耳福港登陆,向英国东南部进军。随后,亨利发现威尔士地方的人对英格兰的王位继承战并不感兴趣,便把自己家族的红玫瑰旗帜收藏起来,改悬威尔士地区传统的纹章——红龙旗。这样一个看似不起眼的改变却奇效非凡,一下子就受到了很多人的支持。

8月22日,亨利的军队和理查的军队在博斯沃思原野开战。理查自以为人多势众,根本没把亨利放在眼里,只见他身着盔甲,骑着 匹白马,头盔上顶着一只华丽的王冠,在阵前来回巡视,显得十分得意。

玫瑰战争场面

很快，战鼓敲响了。一时间，双方箭飞如雨，理查亲自督战。忽然，理查发现他手下的两个贵族率部投向了亨利。很快，阵前倒戈的人越来越多。这时，亨利的军队已冲过来，理查的随从相继被杀，他也陷入了重重包围之中，终于被乱枪刺死。理查三世战死后，约克贵族3000人被屠杀，玫瑰战争终于以这种惨烈的方式结束了。

在打扫战场时，一个士兵在草丛中发现了什么。"啊！王冠！"他捧起沉甸甸的王冠，毕恭毕敬地走到亨利面前。人们顿时欢呼起来："这是上帝的旨意，您就是我们的国王！"于是，出身徽记为红玫瑰的兰开斯特家族的亨利·都铎登上了英国王位，称"亨利七世"。

亨利七世称王后，为缓和紧张的国内局势，他同约克家族的继承人、爱德华四世的长女伊丽莎白结婚，于是两大家族合为一个家族。这样，他重新统一了两个王族，把红玫瑰和白玫瑰这两个对立的符号合并到红、白都铎玫瑰的徽章中。此后，亨利七世一有机会就处决其他可能的王位继承人，如爱德华四世的侄子沃里克伯爵爱德华等，以此来确保他的地位，其子亨利八世则延续了这个策略。至此，持续了32年之久的英国历史上的红、白玫瑰战争就此结束。都铎王朝开始。

近年来，有学者甚至认为英国近代史的开端就是玫瑰战争，而非1640年的资产阶级革命。玫瑰战争的影响和重要性由此可见一斑。因为玫瑰战争可以说是英格兰贵族的一次集体相互残杀行动，只有约克家族留下少许后嗣，其他大贵族与大多数的中小贵族都被消灭了。诺曼征服后在英国成长起来的诺曼贵族竟然"像狼一样罕见了"，新兴贵族和资产阶级的力量在战争中迅速增长，并成为了都铎王朝新建立的君主专制政体的支柱。

第五章
宗教改革

15世纪，英、法百年战争结束，自此以后，英国人的民族意识开始形成，并逐渐发展成独立的民族国家。自亨利七世开创了都铎王朝之后，经过了杰出君主亨利八世和伊丽莎白一世的统治后，英国基本上完成了宗教改革。而正是宗教改革，最终将英国从欧洲中世纪以来天主教教权至上的教、俗体制中解放出来，从而确立了民族国家。英国的宗教改革，其发起者是国王，因而是一场自上而下的改革运动。英国宗教改革的序幕便是由亨利八世拉开的，导火线是亨利八世的一场离婚案。

一、亨利八世离婚案

　　作为都铎王朝的第二位君主，亨利八世统治的30多年是英国发生重大变化的转型时期，其中影响最大的是16世纪的宗教改革。不过，这次宗教改革的影响主要不在宗教意义上，而是在国家政治与主权上，因为通过宗教改革，英国的政治主权完全隔断了与罗马教皇的联系，确立了国王为英国的教、俗首脑，从而使英国完成了民族国家的形成历程。

1509年，亨利八世加冕，时年18岁

　　亨利八世诞生于英国的格林尼治，他是亨利七世和王后的第三子。亨利七世共有7个孩子，但不幸的是夭折了3个，剩下的除了儿子亨利、阿瑟外，还有长女玛格丽特和幼女玛丽。亨利八世早年接受了一流的教育，精通拉丁语、法语和西班牙语。此外，年轻的亨利长相英俊、一表人才，业余生活也十分丰富，酷好音乐、骑马和网球等活动。刚满18岁，他就继承了英国王位。然而，过于顺利的早年生活可能也是造成他日后性格暴虐、乖张的因素。

　　尽管亨利八世在位时在英国进行

了激进的宗教改革,但其实早年的他曾是个虔诚的天主教徒,而且,他曾经因为要抗衡法国,借口保护教皇而与信仰天主教的神圣罗马帝国皇帝查理五世亲密合作。此外,当马丁·路德最早在德国发起宗教改革时,亨利八世还亲自动笔,写文章谴责马丁·路德,为教皇辩护,也因此被教皇称为"信仰的捍卫者"。

不过,斗转星移,情况很快就发生了天翻地覆的变化。亨利八世这个昔日教皇权力的捍卫者,居然也开始强力推行宗教改革,变成了教皇眼中的头号敌人。而这一切转变的导火索则是亨利八世的离婚案。

亨利七世在位时,英国已经从一个欧洲偏远蛮荒的小国发展成为有一定影响的大国,但当时势力仍然弱小。为了给英格兰争取一个有利的发展环境,亨利七世在对外关系上积极采取睦邻友好政策,分别将两个女儿嫁给苏格兰和法国的王储,还让长子阿瑟与西班牙公主凯瑟琳订婚。

没想到的是,长子阿瑟与凯瑟琳结婚不久,就病逝了,而这时的西班牙正与法国敌对。亨利七世考虑到英国的势力仍然羽翼未丰,便想维持中立,因此要求次子亨利迎娶原本要做其兄嫂的西班牙公主凯瑟琳。在当时,这样的婚姻违反了天主教教规,除非得到教皇的特许才能进行。但凯瑟琳宣称其婚姻并未圆房,无需教皇特许,只要宣布婚姻无效即可。在当时的欧洲社会,教皇特许仍是必要,以便建立再次结婚的合法性。凯瑟琳的母亲伊莎贝拉一世遂求得教皇发布训令,表示允准。于是,凯瑟琳在未婚夫死后一年多,便与只有12岁的小叔亨利八世订婚。

1509年,亨利七世去世,紧接着,亨利八世与凯瑟琳正式结婚,在伦敦的西敏寺加冕。婚后,凯瑟琳生了几个孩子,但大多夭折了,最后只养大了一个女儿玛丽。因此,情况变得对凯瑟琳非常不利,因为此前英国从未有过女主即位,而且《圣经》上说"弟娶兄嫂者,无后代",这导致亨利八世认为自己和凯瑟琳的结合违背了《圣经》的训诫,因而才未能得子。

到了1525年时,亨利八世认为王后凯瑟琳已经不能再为他生下男性继承人了,此时他迷恋上了女侍官安妮·博林。于是,他指使亲信、枢机主教沃尔西向教皇上诉,要求与凯瑟琳离婚,并派遣大臣前去罗马教廷游说,理由是凯瑟琳与阿瑟成婚的时间虽短,但有圆房事实。这就给教皇出了一个大难题。因为西班牙是凯瑟琳的娘家,当时的西班牙国王查理五世是凯瑟琳的侄子,而他并不想得罪势力强大的西班牙,况且这桩婚姻还是前任教皇亲自批准的。

因此,教皇久久不愿批准亨利八世离婚,枢机主教沃尔西也束手无策,而这时的安妮·博林却已经怀孕。亨利八世一心认为安妮·博林怀着的正是他盼望已久的儿子,于是开始着急起来,遂采取多项行动。1529年,他认为大法官沃尔西在自己离婚一事上没有尽心尽力,因此将其撤职并拘禁,但继任大法官的托马斯·摩尔爵士也十分忠于罗马教皇,仍不愿配合。

于是,亨利八世开始提拔并重用那些支持其与凯瑟琳离婚的人,如托马斯·克兰麦和托马斯·克伦威尔。克兰麦建议亨利八世寻求欧洲大陆的神学院的支持,最后通过贿赂和施惠,这一策略获得成功。

1530年,英国议会通过了有利于亨利八世的报告。为了感谢克兰麦对其离婚案所作的努力,他任命克兰麦为皇家法院特使,进而继任坎特伯雷大主教。克伦威尔是亨利八世另一个极其得力的亲信谋臣,其建议更加大胆,他建议亨利八世废除教皇在英国的崇高地位并取而代之。而在罗马方面,即使亨利八世威胁教皇,如果他不答应自己离婚,英国就不向教廷缴纳什一税,但教皇仍不改初衷。于是,正为安妮·博林心醉神迷且一心想要男性继承人的亨利八世下定决心与罗马教廷决裂。

1533年初,亨利八世秘密与安妮·博林结婚。接着英国议会接着在亨利八世的授意下,通过立法使英国教会脱离了罗马教廷的控制,大主教克兰麦随后宣布亨利八世与凯瑟琳的婚姻无效,与安妮·博林的婚姻合法。这年初夏,安妮·博林加冕为英格兰王后。3个月后,她生下女儿伊丽莎白,这就是后来杰出的英国女王伊丽莎白一世。不久,教皇宣布开除了亨利八世的教籍。

1534年春,深得亨利八世欢心的弄臣克伦威尔促使英国议会通过了几个影响重要的法案:《上诉限制条例》切断了教皇对英国教会的领

导;《教职任命法案》规定教会必须根
据英王指定的候选人推选主教;《至
尊法案》宣布英王是英国教会唯一最
高权威;《王位继承法》宣布凯瑟琳的
女儿玛丽乃是私生子，安妮·博林的
女儿伊丽莎白则为王位继承人;《叛
国罪法案》规定不承认英王的最高权
威即是叛国罪,可判处死刑,并且取
消给教皇的献金。从此,英国教会从
罗马天主教体系中完全独立出来,成
为英国圣公会。

圣公会是欧洲宗教改革中产生
的基督新教的一个独立教派,但也是

亨利八世的第二任妻子安妮·博林
王后,伊丽莎白一世的母亲

改革最不彻底的,因为成立的直接目的就是为了承认亨利八世与安妮·
博林的婚姻合法。本质上,圣公会和旧教天主教没有任何理论原则的分
歧,除了简化部分礼仪外,它只是不承认教皇的权威罢了。《王位继承
法》则规定非英国王室成员对英国王位没有继承权,任何人出版或印刷
文字宣称亨利八世与安妮·博林的婚姻非法,必然处以叛国罪,可以处
死刑,而所有英国成人都必须宣誓承认该法案条款,拒绝者将处以终身
监禁。

亨利八世激进的宗教政策激起了很多仍然虔信天主教的人的不
满,但亨利八世坚决镇压持有异议的人,部分不妥协的修士因此被拷问
并处死。

此外,亨利八世还专门设立了一个新职位"宗教特使"给托马斯·克
伦威尔,授权他访问修道院。这表面是为了确保法令实施,实际是为了
评估修道院的财产（当时规定年收入少于200英镑，为小型修道院）。
1536年,议会通过法案,授权亨利八世剥夺小型修道院的财产。这项压
迫引发了反抗,尤其爆发了同年10月在英格兰北部的求恩巡礼事件。

智谋过人的亨利八世巧妙地镇压了这次骚乱,他首先宣称会宽恕

叛乱者,并假装感谢叛乱者提出了值得他注意的问题。接着,他盛邀叛乱者首领罗伯特·阿斯克参加皇家宴会,以便当场与罗伯特商讨处理相关问题的事宜。阿斯克相信国王亨利八世会言行一致,于是解散了叛乱者。但他一到皇家宴会,便被逮捕了,后以叛国罪处死。1539年4月,亨利八世再依据国会新法案先后解散了较大的修道院。

不过,亨利八世虽然为了迎娶新王后安妮·博林,不惜一切实行了激进的宗教改革,然而花无百日红,很快两人的感情就已冷却。主要原因是安妮·博林生下伊丽莎白公主后,后来的两次怀孕均失败,一次流产,一次死产,这严重打击了亨利八世想要生个儿子来做王位继承人的愿望。另一方面,性格倔强的安妮·博林认为自己已经牢牢俘获了国王的心,王后的地位无可动摇,不经意间得罪了亨利八世的重臣、心机深不可测的托马斯·克伦威尔。

正是在克伦威尔煽风点火的情况下,亨利八世下令将王后安妮·博林逮捕,罪名有:以巫术诱使国王结婚、与5个男人通奸、与兄弟乔治·波林乱伦、阴谋杀害国王,以及毒害亨利八世的私生子亨利·菲茨罗伊。据后人研究的结果,这些罪名大多是莫须有的,正所谓欲加之罪何患无辞。1536年5月,法庭宣判安妮·博林及其兄弟死刑,很快,两人被斩首。

就在安妮·博林被斩首的第二天,亨利八世与其侍女珍·西摩订婚,10天后正式结婚,并以新通过的第二部《王位继承法》宣布新王后的子女将是王位继承人;之前的两个女儿玛丽和伊丽莎白均是私生子,剥夺其继承权,且国王拥有以遗嘱重新指定继承人的权利。

亨利八世的6个妻子

1537年,珍·西摩生下儿子爱德华,即后来的爱德华六世。然而,同年

10月，珍·西摩因产褥热死于格林尼治。亨利八世为此十分伤心，哀悼了很长时间，因为珍·西摩生下了他渴望已久的、唯一的男性继承人，她被他视为唯一"真正的"妻子。

此后不久，亨利八世下令拆除了天主教教徒的一些圣地。到1542年时，英格兰剩余的修道院都被解散了，其财产全部归王室所有。接着，在英国议会中，修道院和隐修院的席位被取消，只有教区的大主教和主教能保留席位。在中世纪的英国历史上，上议院神职议员的人数第一次少于世俗议员。

1547年，亨利八世死于怀特霍尔宫，他去世的那一天正好是其父亲亨利七世的90冥诞。亨利八世死后埋葬在温莎堡的圣乔治教堂，与第三任妻子珍·西摩合葬。亨利八世临死时立下遗嘱，由爱德华和他的后代继位；如果爱德华没有后代，爱德华死后由玛丽和她的后代继位；如果玛丽没有后代，玛丽死后由伊丽莎白和她的后代继位。然而，亨利八世没有想到虽然有如此严密的安排，但其3位继承人最后都没有后代。

在英国宗教改革的成果中，国王亨利八世是最大的赢家。通过宗教改革，他不仅成功地与曾经的兄嫂凯瑟琳离了婚，而且因为清除了教皇权的制约，他随后又接连离了娶，娶了离，以娶了6个妻子而广为人知。此外，亨利八世在宗教改革中还宣布废除修道院制度，将修道院的土地没收并收归国有。他将其中部分赏赐给亲信和大贵族，从而形成了一个支持宗教改革的既得利益集团；另一部分则售卖从而缓解了财政危机。而且，亨利八世还以此强化了自己的专制权力，使得英格兰的王权达到了自1215年《大宪章》公布以来的最高点。

总的来说，亨利八世激进的宗教改革促进了英国社会的快速转型。尽管在

亨利八世

实施宗教改革时,亨利八世表现出了残暴的性格,不少人因为宗教信仰问题而被推上断头台,但事实上,这场宗教改革的支持者远远多于反对者。这是因为在宗教改革之前,马丁·路德的新教思想就已传入英格兰,使英格兰的民众有了充分的思想准备。此外,当时修道院和神职人员中出了腐败、奢靡的现象,普通民众早就心中不满,这时自然倒向改革的阵营。再者,新贵族分得了改革中没收的修道院的土地,因此成了英国国教信仰的中坚分子。在亨利八世的后继者中,凡企图恢复天主教的必然受到重重反对,统治不稳,而坚持新教的则能够得到大多数国民的支持,也说明了亨利八世的改革是适应历史前进的需要的。

总之,这场宗教改革由亨利八世与凯瑟琳的离婚案开始,以确立国王是英国教会的最高首脑而结束。表面上,宗教改革是由亨利八世个人的离婚案引起的,但在实质上,宗教改革是在英格兰民族意识觉醒和反教权主义日益高涨的背景下实现的,并与亨利八世的对法战争和西欧的国际格局变化都有一定的联系。

二、宗教改革兴主权

英国人原本也信仰天主教,但在欧洲大陆轰轰烈烈的宗教改革运动发生后不久,路德新教的教义就传到了英国。当时,剑桥大学还出现了一个秘密社团,专门研究路德的新教教义,成员包括丁达尔和巴恩斯等人。丁达尔不久流亡国外,把《圣经》译成英文,并且在英文注释中攻击罗马天主教会制度。英文《圣经》运回英国后,路德教就在英国低级教士及城市商人中流传起来。

这时,英国天主教内部也出现了改革派,如伦敦圣保罗大教堂的高级教士科雷特就是一个改革者,他不仅反对信徒向牧师作秘密忏悔,也反对教士必须独身的制度。《乌托邦》的作者、英格兰政治家与空想社会主义者托马斯·莫尔也发文抨击修道院的腐败,认为修道士们大多饱食终日,无所事事,实际上已经成为社会的寄生虫。

不过在当时的英国,王权对天主教会的教权威胁最大。15世纪英、法百年战争结束以后，王权开始增长，特别是都铎王朝建立以后，亨利七世在中等阶级的支持下，制服了贵族势力和议会，大大加强了君主的地位，这意味着专制主义在英国取得初步的胜利。亨利八世即位时，专制主义遇到的唯一障碍便是天主教会。但是，亨利八世在位初期，对罗马教是奉命唯谨，竭力表现出一个虔诚的天主教徒的姿态。他毫不留情地镇压了路德派，并且亲自写书批判新教教义。

《乌托邦》一书作者托马斯·莫尔

　　所以，时人没有想到他竟然很快就起来反抗罗马教廷，并切断了英国教会与罗马教廷的隶属关系。这固然是离婚案这一偶然的因素形成了他和罗马教皇决裂的重要契机，但实际上却有着深刻的社会背景。如资产阶级要求冲破封建神学思想的束缚，因此呼唤宗教改革；随着文艺复兴和宗教改革思想的传播，社会各阶层反教会情绪不断高涨；日益强大的王权也力图摆脱罗马教权的桎梏等。

　　在英国的宗教改革中还有一个很重要的人物不能不提，这就是约翰·威克里夫。他是14世纪英格兰的神学家和哲学家，他是宗教改革的先驱者，其很多理论后来被路德所采纳，如反对教会，反对圣餐礼，还有最重要的"因信称义"。他的著作对英国宗教改革产生了理论上的影响。

　　此外，都铎王朝时期，英国的市民阶级开始兴起，他们和新贵族一样，也迫切希望英国实行新教改革，因为他们不仅垂涎教会的财产，而且天主教的统治严重阻碍了英国工商业的发展，他们迫切需要挣开天主教对经济发展的束缚。最终，亨利八世在新兴市民和贵族的支持下，决定与罗马教廷决裂。1529年，他召开议会，讨论宗教改革问题，接着在枢密会议内形成了以托马斯·克伦威尔为首的改革集团。

　　以罗马教皇迟迟不肯批准自己与凯瑟琳离婚为契机，1531年，亨利八世开始向天主教会开火。他下令英国教士必须支付巨额罚金，因为一项英国的古老法规规定，如果没有国王的批准，教士不得接待教皇的使节，而教士违反了这一法规。紧接着，议会通过了《教士首年薪俸法》和《禁止税收上缴教廷法》，要求英国主教的第一年薪俸、教区征收的什一税以及教会以各种名义征收的税，一律停止上缴罗马教廷，改为上缴英国国王。这样，王室的收入就大大增加了。

此外，议会还通过法案，授权国王可以不经过教皇允准，直接任命英国主教。

1534年，英国教会与罗马教廷正式决裂。这一年，英国议会通过了《至尊法案》，法案规定英王是英国教会唯一的、最高的首脑，拥有至高无上的权力，可以镇压异端和处理一切教会事务。此外，议会通过的另一项法案宣称，凡英国人，只要否认国王为英国教会的最高首脑，皆以叛国罪论处，并彻底割断了英国与罗马教皇的一切来往。

很快，在克伦威尔的主持下，英国制定了"十条法规"，它否定了偶像膜拜、做弥撒等天主教旧规，但保留了洗礼、忏悔和圣餐等，因此更接近路德新教。1538年，克伦威尔又发布"十七条指令"，使英国教会国教化和国家机构化。其间，亨利八世还批准了英文版《圣经》在英国发行，因此产生了广泛的影响。

不过，亨利八世时期英国的宗教改革主要是改革了教会行政方面，建立了国王在英国教会中的最高地位，对否认英王教、俗最高权威的人和拒绝承认国王离婚合法性的人施以严惩。尽管亨利八世揭开了英国宗教改革的序幕，但实际上他本人仍然是一个虔诚的天主教徒。他虽然否认了罗马教皇的权威，但自己仍谨守天主教的各种教义与教规。他在位时期，尽管英国与罗马教廷的

1547年，亨利八世死于怀特霍尔宫

关系十分僵硬，但英国的宗教改革却始终被限制在一个非常有限的范围内，与欧洲大陆更加激进的宗教改革运动形成了鲜明的对照。

他将英格兰宗教改革仅仅限制于教会政治和经济方面，很少涉及宗教神学和教义、教规方面的问题。他要求英格兰教会继续保留罗马天主教会的教义和教仪，宣称自己所信奉的仍然是正统的天主教信仰，并且明确地与新教划清界限。

在亨利八世的晚年，他促使议会通过了"六条教规"，即《废除不同信仰法案》，这是亨利八世在试着与罗马天主教会重修旧好。"六条教规"引起了英国国内新教徒和欧洲大陆新教派别的强烈不满，激化了天主教徒与新教徒之间的矛盾，也因此，英格兰被称为"各种宗教流派诞生与实验的大本营"。

亨利八世去世后，其子爱德华六世即位，这一时期英国政府为教会制定的教义中带有明显的新教意义，被当做是赎罪仪式的圣餐也被取消了。但是，爱德华六世在位时间不长，他短寿且无后代，因此他死后，王位由其同父异母的姐姐玛丽继承。

玛丽女王和其母亲凯瑟琳一样，是一个虔诚的天主教徒。她即位后，将父亲亨利八世与异母弟爱德华六世时期所立的各种宗教法案基本废除，重新恢复了英国教会对罗马教廷的隶属关系。为了表明在英国恢复天主教的决心，她又与属于天主教顽固派的西班牙国王菲利普二世结婚。玛丽女王还以极其残酷的手段惩罚新教徒，在她在位期间，有300名新教教徒被处死，大主教克兰麦竟被处以火刑，她因此被称为"血腥玛丽"。玛丽女王与菲利普二世也没有留下后代，所以她去世后，王位传给了她同父异母的妹妹伊丽莎白。

由于玛丽女王在位时实行了逆潮流而动的宗教政策，所以伊丽莎白女王在位时，英国正面临着十分严重的宗教问题，已经影响到了英国的政治稳定和团结。为此，伊丽莎白一世竭力改变对不同宗教信仰的态度，寻求更有效的方法来解决宗教问题。她在位期间，英国教会在教义及实践方面最后固定下来。这时，英国教会根据议会的一项法案，又断绝了与罗马天主教廷的隶属关系，并再一次处于王权的控制之下。

《圣经》

1563年，由伊丽莎白女王发布、并由议会通过了著名的《三十九项信条》，规定了英国教会的教义，把《圣经》定为信仰的唯一准则，坚持"信仰耶稣即可免罪"的原则。玛丽在位时任职的主教们几乎都拒绝承认这个变革，因而或被下狱，或被流放。但是伊丽莎白女王并没有取消主教制，她又任命了一批新主教。在统治后期，女王采取了严酷的措施去强迫所有的英国人都遵从她在宗教上的这些决定，信奉天主教者，处以死刑，并成立了宗教法庭，专门审判异教徒。

不过，总起来说，伊丽莎白女王对国内不同的宗教信仰采取了一种灵活和宽松的政策，对天主教和新教进行了调和。她开创了一种兼收并蓄和宽容敦厚的时代氛围，为天主教和新教在英格兰能够和平共处提供了一定的条件。英国"国教"至此得以最终形成，发展成为基督新教的三大主流派别之一。

后世很多史家均认为，伊丽莎白女王实施的宗教政策基本上是成功的，她引领英国走出错综复杂的宗教形势，并避免了内战的爆发，为英国工商业的发展奠定了良好的基础。在伊丽莎白女王较为宽容的统治环境中，英国文化也发展到一个黄金时期，出现了莎士比亚、弗兰西斯·培根、斯宾塞、本·琼斯等一批文艺复兴时期杰出的人文主义学者。

在英国历史上，其主权兴立与宗教改革密不可分。自亨利八世掀开宗教改革的篇章后，英国国教就为英国民族国家的形成和君主专制的迅猛发展提供了极其重要的精神支撑。此外，英国宗教改革除了加强王权之外，另一项影响深远的内容就是教产还俗，为英国资本主义的原始积累奠定了经济基础。到了伊丽莎白一世时代，英国宗教改革的进程继续稳健地向前推进，极大地促进了社会经济和文化生活的繁荣，造就了英国近代史上辉煌的"黄金时代"。

然而与此同时，来自英国民间清教徒的更为激进的改革要求也越来越强烈，并最终导致了1640年英国资产阶级革命的爆发。此后，英国经历了斯图亚特王朝复辟和"光荣革命"后，在宗教信仰上的妥协态度也导致了政治立场上的妥协，最终在英国确立了君主立宪的政体形式，不仅为英国资本主义的发展奠立了稳固的政治基础，也形成了今人仍然津津乐道的、英国式的渐进式变革的道路。

三、"国教"与"清教"

"国教"是英国在宗教改革中所创立的一个新教教派，又被称为圣公会或安立甘教会。16世纪都铎王朝时，亨利八世通过议会立法开始推行宗教改革，相继通过法令禁止英国教会向罗马教廷纳贡，并废除了罗马教廷的最高司法权及其他各种特权。1534年的《至尊法案》则正式宣布国王为英国教会的最高首脑，从而建立了脱离罗马教廷的、独立的英国国教会。不过，这一时期的英国国教沿袭了不少天主教旧教的教义与礼仪。爱德华六世时，英国国教的教义和仪式才开始接近于新教。1553年，玛丽女王即位，一度复辟天主教。

1558年，伊丽莎白一世即位，重新确立了英国国教会，规定了国教的教义，否认教皇的权力，最终形成了英国国教。

"清教"产生于16世纪后半期，是英国宗教改革后期出现的一支新教派。"清教徒"这一称呼源于拉丁文"Purus"，原意为清洁，16世纪60年代开始在英国使用。当时，因为国教形成后，逐渐成了维护国王统治的工具，教会内部仍然腐朽不堪，所以教会内部那些十分虔洁的信徒们纷纷要求清除国教中天主教的残余，他们的主张被称为"清教"，他们则被称为"清教徒"。

实际上，清教并不是一个有着统一的、确定信仰的派别，而是一个松散的、含有许多不同信仰派别的称呼，但清教徒们具有一个共同的特征，即他们在教义、仪式和组织原则上都不同于国教，他们只承认《圣

清教徒

经》是信仰的唯一权威，强调所有教徒无论平民还是国王，在上帝面前一律平等。此外，他们还信仰加尔文"成事在神，谋事在人"的预定论，主张建立无教阶制的民主、共和的教会，反对国王和主教专权。

然而，清教徒们的要求并未得到满足，因此从16世纪70年代开始，清教徒纷纷与国教分离，创建了独立的教会，并选出长老来管理宗教事务。他们还倡导过勤劳、简朴、进取的生活，主张积累财富，这些观点反映了新兴资产阶级的愿望和意志。

在伊丽莎白女王统治后期，英国曾出现了清教运动，但受到了镇压，此后逐渐转入低潮，不过在斯图亚特王朝时期再次兴起。清教徒在英国竭力宣传反对专制王权，为17世纪英国资产阶级革命的爆发做了思想上和舆论上的准备。英国资产阶级革命的领导人多为清教徒。不过，到了17世纪后半期，清教已经分为许多不同的派别，作为一个政治团体的清教基本上已不存在。

"五月花"号轮船

需要重点指出的是，正是清教徒建立了第一块英属北美殖民地，并在此后对美国的政治、经济、文化等方面产生了深远的影响。当时，英国国内的清教徒受到了王室的宗教迫害和经济压榨，因此有不少人纷纷逃往新大陆美洲避难。

在英国资产阶级革命爆发前的1620年，100多名清教徒乘坐历史上著名的"五月花"号轮船前往北美的普利茅斯，并在那里定居，建立了第一块殖民地。这批人是美国大多数人的祖先，他们在航行途中签署的《五月花号公约》即是一个半世纪后美国《独立宣言》的蓝图，而现代流行于欧美的感恩节也正是这批清教徒为感谢当时初登陆美洲时，对他们慷慨解囊的印第安人而设立的。

1640年英国资产阶级革命爆发后，在斯图亚特王朝复辟时期，又有许多清教徒被迫移居北美。1688年"光荣革命"后，英国议会通过《宽容法》，允许不信奉国教的清教徒建立自己的教会，但对清教徒担任公职仍有所限制。一直到1828年，英国政权才对清教徒完全开放。

第六章
峥嵘初露

都铎王朝，从1485年亨利七世入主英格兰开始，到1603年伊丽莎白一世去世为止，共有5代君主，统治英格兰118年。虽然都铎王朝统治英国的时间并不长，但英国在这一时期经历了中世纪以来第一次人口爆炸、价格革命、农业革命、宗教改革以及工商业扩张等一系列具有划时代意义的重大历史事件，因此都铎王朝时期的英国呈现出了一系列显著特征。

一、大力推行重商主义政策

相比较而言，同一时代的东方实行封建君主专制的国家，均强调以农为本，国家的收入主要靠农民交纳的赋税，并不重视工商业的发展，大都采取闭关自守、重农抑商的政策。英国都铎王朝则相反，从王朝奠基人亨利七世一直到伊丽莎白一世女王，历任君主都大力推行重商主义政策。

亨利七世

亨利七世时，英国开始推行重商主义政策，对商人采取种种优惠措施，鼓励工商业的发展，同时尽力提高本国的产品质量，以期在对外贸易中获得最大利润。这既增加了王朝的财政收入，也加强了王权，并推动了商业资本向产业资本的转化，加速了英国的原始资本积累，促进了资本主义萌芽的发展，对英国社会的各个方面都产生了极大的影响。

1.重商主义政策

英国作为一个岛国，偏离欧洲大陆，其在都铎王朝以前，实际上只是欧洲大陆的一个附庸国。那时的英国经济落后，工业发展仍处于原始阶段,虽然羊毛输出和毛纺业是英国的支柱工业,但对比欧洲大陆的弗兰德尔、尼德兰和佛罗伦萨等地,则远远不如。

英国早期的重商主义者为了改变这种状况,认为必须大力发展工商业,如早期重商主义的代表人物威廉·司塔福特就认为:从外国输入商品对英国是有害的,而从外国输入英国本国能够制造的商品则害处更大,因此他反对从英国输出羊毛和从外国输入羊毛制成品。此外,重商主义者还认为,货币储存量是衡量一个国家富裕程度的标准,因此积累更多的货币成了当时社会的一种强烈追求。都铎王朝的几任君主也都认识到要使英国富强、使自己在欧洲诸国君王中地位显赫的必要条件就是迅速发展工商业。为此,从亨利七世开始,都铎王朝的历代君主都实行了重商主义政策。

首先,都铎王朝的历任君主皆采取措施扶植、鼓励英国呢绒制造业的发展,并依靠出口呢绒来换取、积累货币。如第一任君主亨利七世几次三番发布命令,禁止英国的羊毛尤其是优质羊毛对外出口,甚至还禁止对外输出半制成品的呢绒。

此外,亨利七世还与工商业发达的尼德兰缔结了条约,恢复了两地之间的正常贸易关系。随后,其将英国廉价的呢绒等工业半制成品倾销至尼德兰,从而加速了尼德兰呢绒业的衰落,推动了英国呢绒业的大发展,促进了以伦敦——安特卫普为中心的对外贸易的加强与扩大。正是因为采取了这些措施,亨利七世赢得了"商人的国王"这一称号。

此后,亨利七世的继任者们都继续推行这一政策。到伊丽莎白女王统治时期,呢绒业已经成为英国的"全国性行业",遍及城乡各地。据统计,当时英国从事呢绒工业的人口多达200万,占当时全国人口的一半。到都铎王朝的继任斯图亚特王朝统治初期,英国每年平均出口呢绒20多万匹,占英国商品出口总额的90%。这一时期的英国呢绒不仅在欧洲大陆的法国、德国、意大利、西班牙等地出售,而且还远销到波罗的海沿岸国家以及俄罗斯等地区。

其次,竭力发展海外商业和造船业。都铎王朝以前,英国建造的船只很少有100吨以上的,而到了亨利七世时,他为了奖励船主建造大船以扩大远洋贸易,规定凡是建造出百吨以上的新船者,每吨奖给5先令的津贴,这一政策直接促进了英国海运事业的发展。

再次,亨利七世还积极鼓励海外殖民活动。1496年3月,亨利七世曾向约翰·卡波特和他的3个儿子颁发了一份特许状,支持他们对美洲的探险活动。特许状中写道:"他们可以征服、占领和占有他们所发现的任何市镇、城市、城堡和岛屿,作为朕的臣属,他们能够从朕这里获得对上述村庄、市镇、城堡的统治权、财产所有权、司法权……"而且,他们还可以"占有和支配他们航行中所增加的全部收入、利润、货物和商品……而只需从主要收益中扣除1/5的制品或钱交给朕"。

亨利八世即位后,继续推行亨利七世的重商主义政策,也竭尽全力鼓励英国人进行海外探险活动。1527年初夏,他曾支持英国皇家海军的一位船长率船西行,最远曾航行到北美洲的拉布拉多半岛一带。同时,他还支持部分商人在西非沿岸开展贸易活动。此外,亨利八世在宗教改革中没收了大批教会的土地,这在客观上也有利于资本主义经济的发展。到了都铎王朝的最后一位君主伊丽莎白女王统治时期,英国海军终于战胜了宿敌——西班牙的"无敌舰队",从此确立了英国的海上霸权,为英国从事海外贸易和殖民掠夺提供了强有力的保障。

总之,在英国历史上,都铎王朝处于从封建社会向资本主义社会转型这样一个关键时代,因而其实施的各项政策也极具时代特色。这一时期,英国依靠对外进行海外贸易、殖民掠杀和走私等活动累积的财富来发展工业,加强工业资本。而在英国国内,圈地运动又把大量的廉价劳动力抛向市场,所有这些都使英国的民族工业以惊人的速度向前发展,最终为英国18世纪的工业革命在资本、技术和劳动力上奠定了基础。可以说,从亨利七世开始的卓有成效的重商主义政

英国船只和"无敌舰队"

策是英国资本主义工业化的前奏。

2.农业资本主义的序幕

英国农业资本主义革命的序幕正是早已广为人知的、羊吃人的"圈地运动",而都铎王朝几任君主厉行的重商主义政策则最早揭开了这一序幕。这是因为正是重商主义政策导致的英国的对外贸易繁荣,刺激了英国的毛纺织业的快速发展,所以国内外对羊毛的需求量均急剧扩大,从而使羊毛的价格一路飙升,而养羊业则

圈地运动

成了一本万利的事情。

在这种经济发展背景下,都铎王朝的土地贵族和乡绅们为了赚取诱人的利润,开始将英国古老的共有地即"敞地"圈围起来,用来放牧养羊,从而形成了"圈地运动"。而"圈地运动"不仅瓦解了英国的封建农奴制,引发了英国封建农村土地所有制的变革,而且就此拉开了英国农业资本主义的序幕。

另外,都铎王朝的重商主义政策也使英国封建贵族的领地制逐渐瓦解,使农村土地所有权重新分配。因为在重商主义的国策影响下,经济贸易繁荣,大量奢侈的新商品问世,封建贵族为了享乐,常常一掷千金地购买商品。而与此同时,欧洲大陆引发的"价格革命"也逐渐波及英国,造成英国国内通货膨胀,货币大幅贬值,所以那些依靠固定地租生活的封建贵族的实际收入下降。

此外,重商主义政策还使英国城乡的土地日渐商品化,自由买卖或转让土地的现象随处可见,甚至王室的土地也会公开出售。在英国土地

所有权的变革过程中，最终大部分土地落到了正处在上升阶段的、实力雄厚的资产阶级和新贵族手里。这些人获得土地的所有权后，为了满足蓬勃发展的、新的市场需求，大多采用新方式来经营土地。他们与新兴的工商业资产阶级一起推动着英国从封建农业向资本主义农业过渡，而这一切转变的最初原动力便是都铎王朝的重商主义政策。也正因为都铎王朝的重商主义政策使英国农村发生了如此巨大的变化，所以说这是一场为"资本主义生产方式奠定基础的变革的序幕"。

3.走向世界

都铎王朝时期的重商主义者在经济发展史上属于早期重商主义者，他们认为：货币是一个国家财富的唯一载体，也是衡量一个国家是否发达与富裕程度的主要标准，而对外贸易则是国家积累货币或积累财富的重要源泉。正是在早期重商主义思想的影响下，都铎王朝的君主们在历史发展中最早开始放眼世界，把国家强盛的目光从窄小的英伦三岛逐渐投向海外，以海外贸易为导向，逐步引领英国走向外向型经济模式。正是在都铎王朝诸君的积极努力下，英国各界开始努力开拓海外市场。

向西，英国开始进入美洲市场，这最早还是亨利七世开创的基业。1497年，亨利七世向一名英国探险家颁发了远洋航行特许状，希望他能沿着西北方向寻找到一条去往东方的新航路。后来，这位探险家意外地发现了纽芬兰等地。亨利七世得到这个消息后，立即对他赐予厚赏，并授予他"海上将军"的称号。从此，英国努力开拓美洲市场，在纽芬兰岛建立了具有很高经济价值的渔业区。

在北方，英国则与俄罗斯建立了商贸关系，并以此为通道开始进入中亚市场。1553年，英国远征队抵达莫斯科公国，与之建立了商贸关系，并为英国商人谋取了极为有利的贸易优惠权。第二年，经玛丽女王恩准，英国商人成立了专门的"莫斯科公司"，以经管俄罗斯及中亚地区的商业贸易。随后，英国商人为了发展波罗的海地区的贸易，又成立了"东方公司"。

在南方,英国则逐渐与北非、西非地区建立了商业联系。尤其是伊丽莎白女王即位后,英国大大加强了同西非和北非的商贸联系。1585年,在女王的批准下,英国成立了"摩洛哥公司"。3年后,又成立了"几内亚公司"。这些公司在实质上属于垄断性的商业集团,其常常从事不平等的贸易掠夺,甚至贩运黑奴。

在东方,都铎王朝时期的英国不仅加强同地中海沿岸的商业贸易,而且还打通了通往印度的贸易航线。在都铎王朝开创初期,英国与地中海沿岸国家有过贸易往来,但后来奥斯曼土耳其帝国崛起,对过往其境的商人课以重税,因此英国与东方的商贸往来一度中断。1571年,西班牙和威尼斯的联合舰队战胜了奥斯曼土耳其海军,为英国向地中海地区扩张商业提供了有利条件。

伊丽莎白女王在位后期,奥斯曼土耳其帝国的苏丹逐步接受了与英国通商。1582年,女王专门向"利凡特公司"颁发贸易专利证书,批准由其独占对奥斯曼土耳其帝国的贸易,为期7年。而且因为该公司利润丰厚,伊丽莎白女王本人也秘密向该公司投资,据说投资额占了该公司

位于英国总部的东印度公司大楼

的一半资产。此后，英国每年向奥斯曼土耳其帝国出口的呢绒价值多达15万英镑。这时，因为英国的商业殖民贸易在世界范围内强势扩张，贸易触角开始伸向东方的印度。1600年，在伊丽莎白女王的批准下，伦敦商人组建了历史上著名的"东印度公司"，该公司享有对好望角以东的国家特别是印度进行贸易的垄断权。

总之，到了都铎王朝晚期，几乎在世界各地都能看到英国商人的活动，除了直接掠夺的金银财富外，他们所开辟的、广阔的世界市场和大量廉价的原材料为英国经济输入了一股强劲的新鲜血液，英国商人的活动史无前例地打破了闭塞的英国封建农本经济，将英国经济推向世界经济运行的领跑者地位。

二、伊丽莎白一世与英国的崛起

1.内政外交

在英国历史上，伊丽莎白一世女王是举世公认的、英国最杰出的帝王之一。在她当政的45年中，英国的经济繁荣昌盛，文学璀璨辉煌，军事上也一举登上世界无可匹敌的海军霸主地位。

1533年，在父王亨利八世的宗教改革正如火如荼地进行时，伊丽莎白在英国的格林尼治降生了。伊丽莎白的童年充满了波折，3岁时，母亲安妮·博林即被斩首，旋即，英国议会宣布她为私生子。尽管如此，伊丽莎白最终仍然是在王室中被哺育成人，接受了良好的教育。

伊丽莎白13岁时，父王亨利

伊丽莎白一世

八世逝世，她同父异母的弟弟爱德华六世即位。爱德华六世的统治时间不长，政绩平平，不过他继续推行亨利八世所奠定的新教政策。他寿命不长，去世后，其同父异母的姐姐玛丽继承王位，即"玛丽一世"，也被称为"血腥玛丽"。

玛丽女王是个坚定的天主教徒，在她执政的5年时间里，承认罗马教皇的至高权力，竭力想在英国恢复天主教信仰，因而使大批的英国国教徒遭到迫害，约有300人被处以死刑，"血腥玛丽"的称号即由此而来。当时，伊丽莎白也被逮捕，并被押在伦敦塔内，虽然不久就被释放，但她的生命安全一度并无保障。

尽管玛丽女王在位时，英国一度有恢复天主教信仰的危险，但玛丽女王命不长久，1558年便去世了。这时的伊丽莎白刚刚25岁，她经历了危难的童年，这时终于守得云开见天日，得以继承王位，成为英国女王。而且因为玛丽女王统治时期，英国国内充满了宗教迫害的气氛，因此当信仰新教的伊丽莎白即位时，举国一片欢腾。

不过，正直妙龄年华的伊丽莎白刚即位，便有许多棘手的问题需要处理，如英格兰与法国的战争、英格兰与苏格兰和西班牙的紧张关系等，其中亟待解决的问题则是英国国内不同宗教派别之间的尖锐矛盾。1559年，伊丽莎白女王批准通过了《至高权力与同一性法案》，该法案确立圣公教为英国的国教。这满足了温和的英国国教徒的愿望，尽管清教徒想要进行一场更激进的改革，但是伊丽莎白女王在其整个统治期间使1559年的这个折中法案得到了坚决执行。

女王玛丽一世

伊丽莎白女王当政初期,其王位还受到她的表亲、苏格兰女王玛丽的威胁。当时,玛丽女王因统治苏格兰不得人心而众叛亲离,最后不得已,只好到英格兰来避难。但她很快就成了伊丽莎白女王的阶下囚,不过伊丽莎白女王并没有立即武断地处死玛丽。

在玛丽被监禁的十几年间,英国发生了好几起反对伊丽莎白女王的阴谋。玛丽虽然也完全有权继承英格兰的王位,但她是个罗马天主教徒,这意味着在当时错综复杂的国内宗教形势下,如果叛乱或暗杀伊丽莎白女王的阴谋得逞,英国还将会再有一个天主教女王。事实上,已经有大量的证据表明玛丽参与了这些谋害伊丽莎白女王的阴谋。1587年,伊丽莎白女王终于勉强在玛丽的死刑执行书上签了字,玛丽被送上了断头台。

在对外关系上,伊丽莎白女王则展现了她高超的外交手腕和灵活多变的政策。女王刚一登基,便缔结了《爱丁堡条约》,以便在与苏格兰出现矛盾时,能够和平解决问题。而且,女王不仅结束了英国与法国的战争,还竭尽全力改善两国之间的关系。

不过,尽管伊丽莎白女王力图避免英国与西班牙之间开战,但因为在当时的西班牙国内,天主教势力占主导,这就与以新教徒为主流信仰的英国之间有着难以解决的矛盾。这时,荷兰发生了反对西班牙统治的起义。因为荷兰的起义者大多是新教徒,一方面是西班牙统治者竭力平息这场起义,另一方面则是伊丽莎白女王暗中援助荷兰的起义者,所以以此为导火索,

西班牙"无敌舰队"中典型的盖伦船

最终引发了英、西海上大决战。

此外，因为英国是个岛国，四面环水，所以海军力量的强弱对英国来说至关重要，因此伊丽莎白女王还长年不断地大力建设英国海军。当时，西班牙国王菲利普二世为了入侵英国而迅速发展了一支庞大的海军舰队——"无敌舰队"。"无敌舰队"所拥有的舰只几乎和英国舰队相差无几，但是西班牙水兵的数目却远没有英国多。而且，在伊丽莎白女王的重视下，英国水兵训练有素，船只的质量较好，并拥有先进的火力装备。

1588年，英国与西班牙终于爆发了一场史无前例的大规模海战，最终西班牙的"无敌舰队"被英国海军彻底击溃，从此一蹶不振。而英国则成为当时世界上最强大的海军强国，英国的这种海上霸主的地位一直维持到20世纪。

2.勤俭治国

终其一生，伊丽莎白女王的治国都十分勤俭。在她早期统治时期，英国王室的财政状况运作良好，但在女王执政晚期，因为英国与西班牙的开战耗掉了大批军费，国库一度虚空。不过，由于女王在日常生活中一直廉洁自持，且治国有方，因此整个国家还是比她刚即位时更要繁荣强大。

在伊丽莎白女王在位时期，英国加强了海外探险活动。其中，在西北方向的俄国，马丁·弗罗比歇和约翰·戴维斯开创了通往远东的新道路，而弗朗西斯·德克雷则完成了通过加州的环球航行。

此外，女王在位时期，还全面推行了从都铎王朝的开国君主亨利七世时所开始实行的重商主义政策，使得当时英国国内和对外的商业贸易活动十分繁荣。

首先，伊丽莎白女王不仅支持而且亲自参与海外殖民贸易活动。如1592年8月，英国一只船队在伊丽莎白女王和伦敦商人的资助下，从事海上劫掠活动。他们截获一艘葡萄牙船只，船上所载货物的价值大约80万镑，而伊丽莎白女王在最终分配赃款时，居然净得七八万镑。

而且，女王还赞助当时著名的海盗霍金斯和德累克。两人从事的是贩卖黑奴活动和海上私掠活动，但皆受到女王的支持，并被委以重任。一次，伊丽莎白女王对德累克说："你为大英帝国赢得了国威，西班牙国王菲利普二世重金悬赏要你的脑袋，但我今天来是特赐给你'男爵'的封号。"此后不久，女王任命他为海军上将，任命霍金斯为海军统帅，共建英国海军。伊丽莎白女王的这些言行，远非一般的君王所能比拟。其次，伊丽莎白女王还大力支持并特准成立了各种海外贸易垄断公司。其间相继成立了非洲公司、东印度公司等，其中以东印度公司最为著名。她还继续采取各种有力的措施推动发展英国呢绒业，如积极吸收欧洲大陆的熟练纺织工到英国定居，据统计，到1573年，移居英国的尼德兰织呢工就多达6万余名。女王还下令禁止国内绵羊和羔羊出口以保证本国呢绒工业所需的羊毛，并规定凡英国臣民，一律必须戴国产呢帽，违者需要交纳罚金。因此，到伊丽莎白女王统治晚期，英国的各类呢布已源源输往尼德兰、德国、法国、西班牙和葡萄牙等国，还远销地中海沿岸及波罗的海地区以及俄罗斯、北非、叙利亚和巴西。再次，伊丽莎白还对商人委以重任。其中，最著名的当属商人汤姆斯·格勒善，他不仅是女王得力的财政顾问，辅助女王制定各种财政政策，而且他还在伦敦建立了一所交易所，伊丽莎白女王在实地考察后将其命名为"王家交易所"，"今后一律如此称呼，不必另立名称"。

纵观伊丽莎白女王传奇的一生，虽然她童年时代曾经历了重重危险且还在在伦敦塔里经历了囚徒的生活，但其登上王位后，以爱民如子的女性胸怀引领当时还并不强大的英国周旋于西班牙、法国等强国之间，并开启了大英帝国独霸海洋的时代。

为了英国的长治久安和繁荣昌盛，伊丽莎白女王终身未嫁，她曾声称"我把自己嫁给了英格兰"。的确，作为一名童贞女王，伊丽莎白一世的一生都在践行这个诺言。此外，因为当时英国国内外面临着十分复杂的政治、宗教矛盾，伊丽莎白女王不仅独守终身，而且总是避免指定王位的接班人。不过临终前，她在遗嘱中指定由苏格兰玛丽之子、苏格兰国王詹姆斯六世来继承王位，此举使英格兰和苏格兰并属于一个国王的统治之下。

总的来说，伊丽莎白女王统治时期，和父王亨利八世一样，娴熟地掌握了国王与议会之间权力的平衡。当时英国的各项政策都偏于谨慎和保守。然而无论如何，伊丽莎白女王都是一个智慧超群的女子，更是一个敏捷过人的政治家。她带领英国没有经历多少流血冲突就完成了从亨利八世时开始的宗教改革，这与当时欧洲大陆尤其是德国、法国残酷的宗教冲突形成了鲜明对比。尽管她一生都在竭力避免战争和流血冲突，但只要战争变得必须且无可避免时，女王也会果敢地选择战争。

历史学家沃尔克曾经说道："伊丽莎白女王的感情彻底交给了她的英格兰子民，她深切关心英格兰民族的政治形势和经济发展，这使绝大部分人都能与她统治的英国和解，这些人若单从宗教信仰上来考虑，是会遭到排斥的。总之，无可置疑的是，她一直都把英格兰的利益放在第一位。"

三、孵育统一的英格兰

在英国历史上，大不列颠与北爱尔兰联合王国（United Kindom，缩写为UK）的发展是以英格兰王国为核心，逐次并入威尔士公国、苏格兰王国和爱尔兰王国。目前联合王国的领土包含英格兰、威尔士、苏格兰和北爱尔兰。

1535年，都铎王朝的第二任君主亨利八世在位时，英格兰王国根据《联合法案》合并了威尔士公国。到了安妮女王统治时期，又以《1707年联合法案》并入了苏格兰王国，最终形成了大不列颠联合王国。在英国历史上，英格兰的统一、英国民族意识的崛起与民族国家的形成都是在都铎王朝时期开始孵育的。

都铎王朝时期，英国处于近代民族国家形成发展的关键阶段，其中，如何巩固新君主制、提高英国的国际地位等问题是都铎王朝诸王必须面对的现实问题。这一时期，从宗教改革到海外殖民扩张，都铎王朝的君主们都引领英国人民为实现民族统一做出了不懈努力。

在英国中世纪时,威尔士仍然处在一盘散沙的局面,分成了很多地方公国。诺曼人侵入英格兰时,威尔士人也向南进入。英格兰的边界地区,在当地曾建立一些贵族政权。

1282年,英格兰国王爱德华一世在位时,以武力征服了威尔士的各个公国,他最终以《罗德兰法令》确立在该地区的统治权。此后,英格兰王室开始直接统治这块地区,称之为威尔士公国(1284—1536年)。1301年2月,爱德华一世为了平息当地威尔士人的不满,册封其出生于威尔士的儿子为威尔士亲王,即后来继任的爱德华二世。英国这一将威尔士亲王的头衔赐封给君主长子的传统,仍然留存至今。

1535年,都铎王朝的亨利八世时期,通过签署《联合法案》最终完成了英格兰和威尔士的统一,并将威尔士划分为13个郡,并规定英格兰的法律通行全威尔士,英文为其官方语言。而且,大部分威尔士人无法担任政府公职,但可以派代表参与英国国会。

而英格兰与苏格兰的合并过程相对较长,一直到18世纪初安妮女王时才最终完成。历史上,苏格兰的气候相对恶劣,经济发展落后,人民生活贫困。它原本是一个独立的王国,并不受位于其南部的统治。都铎王朝时期,英格兰一直都在企图离间苏格兰和天主教法国,而苏格兰内部的宗教改革派利用天主教与新、旧教派之间的矛盾,迫使信奉旧教的苏格兰女王玛丽一世退位且逃亡英格兰。其子詹姆斯六世即位后,由信仰新教的大臣摄政。

当时的英格兰女王伊丽莎白一世信奉新教。由于其父亲亨利八世和母亲安妮·博林的婚姻正当性,一直未得到传统天主教的承认,因此其表妹、苏格兰女王玛丽一世被认为更有资格继承英格兰的王位,所以她也阴谋取而代之,但终告失败。伊丽莎白一世最终软禁并审讯了她,最后以叛国罪处死。

1603年,伊丽莎白一世女王去世后,由于女王终身未婚,没有留下后代,因此由苏格兰玛丽之子、苏格兰国王詹姆斯六世继承了她的王位,成为英格兰的国王,史称"詹姆斯一世",开始了斯图亚特王朝的统治。但英格兰和苏格兰两个王国分立且各有议会。在此后的一个世纪里,双方在宗教和政治的差异仍然很大,时有对立竞争冲突,共通的王室也无法阻止。

1702年,斯图亚特王朝末代女王、詹姆斯二世的次女安妮女王继任英国王位。她即位后,一直希望英格兰与苏格兰能够更加紧密地结合在一起。4年后,她公布了两地区联合的法案草案,全力协商英格兰与苏格兰的合并。草案刚公布时,引起了苏格兰内部的激烈辩论,一些地区还十分排斥这个草案。不过,苏格兰议会最后决议接受,主要原因是它已接近破产了。最终,在安妮女王的批准下,通过了《1707年联合法案》,法案废除了双方王国和议会,代之以大不列颠联合王国和大不列颠议会,安妮女王是首位大不列颠君王。议会设在伦敦西敏寺,内有45名苏格兰议员。两地从此可以自由贸易,但原有的制度习俗依然维持,法律仍旧分开,货币各自发行,苏格兰教会与英格兰教会也同时保留。

至于爱尔兰,在都铎王朝亨利八世统治时期,爱尔兰议会决定成立了爱尔兰王国(1541—1800年),以亨利八世为最高统治者。但亨利八世并不满足,他想得到超越议会的权力,所以拒绝了这个头衔。此外,都铎王朝时期的另一现象是英格兰大力开发殖民地,其影响力因此更加深入爱尔兰。双方终于在1800年合并,但爱尔兰自由邦于1922年独立,成立了爱尔兰共和国,北爱尔兰则并入了英国。

2.英国民族国家的形成

现代学术界经常谈论的"民族国家"这一概念是针对中世纪国家来说的,体现的是一种和中世纪国家不同,而是与资本主义相联系的国家形式。"民族国家"的产生是打破欧洲中世纪宗教神权体系,并进入具有现代国家特征的主权国家的阶段,其强调的是现代资本主义民族意志和国家权力的结合。

中世纪欧洲的社会秩序具有两大根本特征:一是名义上存在于"大一统"基督教中的教会体系,也被称为教会帝国,罗马教皇及其教廷控制着整个社会的政治生活。民众只知有其领主，不知有其国家，还未对国家产生归属感，也没有"忠诚"于国家的思想，因此民众之间缺乏凝聚力，没有所谓的"民族情感"之类的特殊情感等。二是传统国家政治中心的行政控制能力有限，以致政治机构中的成员并不进行现代意义上的"统治"，为显著的是传统国家只有边陲而无边界。本质上，中世纪的国家根本没有民族国家所具有的要素——主权。

厘清了"民族国家"的基本内涵，那么我们需要弄清楚的是在英国历史发展上，英国作为一个民族国家的心理是如何形成的？英国作为一个现代的主权国家是如何完善的？

纵观英国历史的演进，我们可以看到关于英国民族国家的形成主要开始于11世纪初的诺曼底公爵威廉征服英国时。此后，百年战争和玫瑰战争期间产生并发展了英格兰民族的民族意识，同时强化了政府的职能，实现了国家对内的主权最高原则。都铎王朝时期的宗教改革则进一步完善了政府的组成，并确立了英国国家的对外主权。由此，英国民族国家正式形成了。

在英、法百年战争时，英国人和法国人明确了各自的领土划分，从而使英国人开始在心理上也明确区分了自己民族国家的身份。百年战争大大激发了英吉利人的民族心理的增强，"中世纪后期英格兰人在不列颠岛或者在欧洲大陆上与其他民族对抗，而且常常是以暴力对抗。这些抗争是促进英国人民族性和国家性等自我意识的温床"。虽然无论是英国历史也好，世界历史也罢，人们一提起战争，脑海中总是免不了会出现暴力、血腥、残酷等字眼，然而人类历史上正是战争激发了一个地区人们的身份认同和民族情感，英格兰作为世界历史的一部分自然也不例外，战争使英格兰人意识到他们的特性、统一性和共同的传统和历史。

英吉利自13世纪以来，随着与欧洲大陆的法国之间接连不断的摩擦与冲突，那些当年被法国国王剥夺了地产的英国贵族和骑士们日益认识到不能再与法国人为伍了，不能再盲目地做他们的附庸了。于是，在英王爱德华一世的鼓动下，诸如"清除英吉利语言，会遭上帝的谴责"，"英格兰应当是英格兰人的英格兰"之类充满爱国意味的口号，迅速在英格兰流传开来。它们不仅激发了英伦岛国民众反对法国的"爱国情怀"，最重要的是，它们激发了英国民众对本体民族的自我意识和认同。因此，在英、百年战争期间，英格兰民众才会普遍地感到，法语是"敌人的语言"。所以，英、法百年战争缔造了英吉利民族意识。

在英国历史上占有重要篇章的红、白玫瑰战争，和英、法百年战争一样，也是英格兰向民族国家演进的促进因素。这是因为在红、白玫瑰战争时，英格兰的几任君主远比法国国王享有更为广泛的、也更为稳定的统治权。更何况在14、15世纪，英国君主除战争需要而短期离开本土外，不再像爱德华一世那样带着政府机构去旅行，国王、内侍和大臣们大部分时间都住在威斯敏斯特宫、伦敦或温莎堡。由于议会经常在威斯敏斯特宫举行，威斯敏斯特宫自然成了英格兰君主们的日常行政中心。结果，伦敦不仅是全国最大、最富有的城市，而且无可争议地成了英格兰的首都。

可以说，英国正是在百年战争和玫瑰战争时期，确立了民族意识和国家的对内主权的意识。然而，中世纪欧洲各国的特点是教权的普遍强大，当时的教会势力渗透到国家行政机构和民众日常生活的各个方面。在世俗的君主国家政权之上，还有强有力地制约其权力行使的教权，这就不符合主权最高的原则。因此，不彻底摆脱教皇的控制，不彻底摧毁国内教权的独立性，主权国家就不能最终建立，而这正是英国宗教改革的任务。

历史上，欧洲经过文艺复兴与宗教改革后，罗马教皇的权威被摧毁，在欧洲建立起了一个个服从于世俗王权的、统一独立的民族教会和具有最高管辖权的独立民族国家。这里所谓的"独立"，指的是各民族教会对罗马教廷的独立，国家的最高首脑世俗王权对罗马教皇的独立。只有世俗国王才代表主权国家，并拥有对其统治范围内领土和国民的充分管辖权，即国家主权必须由国王行使。

都铎王朝则正是在这种历史发展的背景下，最终以亨利八世离婚案为导火索，在英国开始强力地推行广泛、深入的宗教改革。从1529年到1536年，亨利八世颁布一系列重要法案，其中包括《上诉法》《教士首年俸法》《至尊法》《叛逆法》《解散修道院法》等。这些法案彻底割断了英国本土教会与罗马天主教廷的一切联系，英国建立了自己独立的民族教会，而国王则是教会的最高首脑，完全不受罗马教皇的控制。

这样，在英国就扫除了一切外在的权威，英国完全实现了对外主权。虽然玛丽一世统治时期大肆恢复天主教，但在伊丽莎白女王执政后不久，议会通过《至尊法令》和《统一法令》，英国国教会最终确立起来。

所以，当英伦岛屿的民众们第一次欢呼"英格兰王国是一个帝国"时，"帝国"这一概念的内涵并不包含在海外占有大量的殖民地，它在当时特指英格兰作为一个独立的民族国家摆脱了教皇权的控制，是与西班牙和葡萄牙平起平坐的主权国家。民族国家的目的就是要维护自身的统一独立性，维持与其他民族国家享有同等的权利。

1533年，《禁止向罗马教廷上诉法案》中关于"英格兰王国是一个帝国"的提法，明确表达了国家主权完整思想，表明了英格兰是独立于教皇司法管辖权、具有充分统治权的主权国家，这便是近代民族主义思潮的实质。

英国从金雀花王朝后期至都铎王朝建立，在历史上完成了一个大的转型。之前，是贵族权力的扩张，王权的衰微，甚至国将不国，而之后，是王权的扩张和中等阶级势力的进一步扩大，王权与贵族权则达成了一种王权主导下的新的平衡，这使得建立一个统治基础极其广泛的组织化君主社会成为可能。因为有了这样一个利益一致的国家统一体，后来的宗教改革、民众爱国主义和商业扩张就成了顺理成章的事情。因此，欧洲第一个统一的民族国家正在逐渐形成，而民族国家则是现代化的有形载体，因为它有能力整合自己的力量，也有能力集中起社会各阶层的力量。这样，英国就走在了整个欧洲的前面，英国从真正意义上开始崛起了。

3.机构改革

都铎王朝时期，因为政府工作范围扩大，要处理的事务越来越多且复杂程度也增加了,特别是战争期间要召集议会来讨论战争事宜,要发展贸易来增加关税收入,要制定各种防务措施,要监管王国的治安秩序等,因此这一时期,英国急需建立一套能够集中协调并高效运转的政府机构。

恰在此时,英国发生了宗教改革,这带来了英国政治机构的重大变化。宗教改革期间,议会成为英国的最高权威机构,议会法成为真正的最高法律。而且亨利八世时颁布的《豁免法》中称,议会已变成国王、上院和下院三位一体的机构。宗教改革期间,英国的最高权力不是控制在作为个人的国王手中,而是控制在由国王和两院所组成的议会手里。

都铎王朝开国君主亨利七世依靠继承权获得了兰开斯特公国、约克公爵和里士满伯爵的领地。接着,他在博斯沃斯战役中获胜之后,立即着手削弱贵族,加强王权。亨利八世时期,在著名大臣克伦威尔的影响和操纵下,英国进行了政府革命。首先,将原来只为国王管理信札文书事务的国王秘书,提高为首席国务大臣,使之成为政府机构的核心。首席国务大臣在制度上也就成为正式的政府大臣而不再是国王的私属。其次,对传统的宫廷会议进行改革,组成枢密院,包括教会、司法、财政、军事、王室等部门的主要官员,而首席国务大臣则是这些部门的总督导,成为枢密院的主要人物。这样就产生了一个集权、精简、部门化的中央政府机构。过去分散的旧国家机构转变成为由国王主持、以首席国务大臣为联系中心、政府各部门首脑参加的中央政府领导机构——枢密院。克伦威尔还重组了北方法院,使之处于国王和枢密院的直接指挥之下。

当时,尽管苏格兰早已统治着威尔士,但威尔士当地仍保留着贵族统治,无视苏格兰王权和政府的权威。因此,克伦威尔任命改革派主教来主持威尔士的边区法院。该主教在威尔士管区内行事果断、作风强硬,沉重打击了当地的封建贵族。从1543年开始,英格兰的一切法律法规皆在在威尔士推行,威尔士还可以选派议员参加议会下院。而对于英国移民贵族和当地贵族割据自治的爱尔兰,克伦威尔则通过爱尔兰英占区内的乡绅推行改革,建立了由中央政府控制下的爱尔兰政府和议会,基本结束了爱尔兰地区的封建割据。

伊丽莎白女王即位后,继续推进政府改革。因此到女王统治晚期,大多出身于乡绅和资产阶级的改革派大臣终于在枢密院站稳了脚跟,这时形成了具有专门才能的专职行政官员阶层。他们代表着乡绅与工商业资产阶级的利益,已经占据了政府的各个部门,在内政外交上皆起着重要作用。

透过英国历史的发展,我们可以看到,英国作为一个民族国家的形成是在英、法百年战争和红、白玫瑰战争中逐渐形成,而在宗教改革中得到了巩固,确立了英国作为一个国家的对外主权这一最高原则。此外,伴随着宗教改革的则是中央政府权力的集中和强化,对内真正实现了主权原则,从而使英国成为世界近代史上典型的绝对主义国家。随着历史的发展,英国又最早和资本主义联系在了一起,最早进入了国家现代化的过程中,从而发展成为近代世界上最强大的资本主义国家。

四、挖掘人性的不朽剧作

都铎王朝时期,英国还出现了一位伟大人物,他就是莎士比亚。

莎士比亚(1564—1616年)是都铎王朝后期英国伟大的剧作家、诗人。1564年4月,莎士比亚出生于英国中部一个富裕的市民家庭。他的少年时代曾在当地的一所主要教授拉丁文的"文学学校"学习,掌握了写作的基本技巧与较丰富的知识,但后因他的父亲破产,未能毕业就走上独自谋生之路。

莎士比亚先后干过很多种职业,这使他增长了许多社会阅历。他在20岁后到伦敦,先在剧院当马夫、杂役,后入剧团,做过演员、导演和编剧,并成为剧院股东。1588年前后,莎士比亚开始写作,先是改编前人的剧本,不久即开始独立创作。当时的剧坛为牛津、剑桥背景的"大学才子"们所把持,一个成名的剧作家曾以轻蔑的语气写文章嘲笑莎士比亚这样一个"粗俗的平民"、"暴发户式的乌鸦"竟敢同"高尚的天才"一比高低。不过,莎士比亚后来却赢得了包括大学生团体在内的广大观众的拥护和爱戴。

1598年，莎士比亚还在世时，米尔斯就已在其《智慧的宝库》中，收入了莎士比亚30多岁时所创作的作品，并称赞他的喜剧、悲剧都"无与伦比"，能和古代第一流戏剧诗人并称。马克

莎士比亚

思也曾说莎士比亚是"人类最伟大的天才之一"，恩格斯也对莎士比亚作品的写实风格及其对人性的深刻透视充满了赞誉之词。从17世纪开始，莎士比亚戏剧就开始传入德、法、意、俄、北欧诸国，然后渐及美国乃至世界各地，对各国戏剧发展产生了巨大、深远的影响，并已成为世界文化发展、交流的重要纽带和灵感源泉。

莎士比亚的剧作大多来源于已有的历史档案和民间传说，主要表现了英国在从封建社会向资本主义社会过渡的转型时期，一些新兴资产阶级的人道主义思想和人性论观点。由于莎士比亚不仅大量吸收了英国中世纪戏剧以及欧洲新兴的文化艺术，还深入观察并思考了当时的社会，掌握了时代的脉搏，因此他创作出了众多栩栩如生的人物形象，描绘了广阔的、五光十色的社会生活图景，并使之以富有人生哲理与批判精神，深刻地挖掘了复杂多变的人性而著称。

一般来说，莎士比亚的戏剧创作可分3个时期。

前期以写作历史剧、喜剧为主，共有9部历史剧、10部喜剧和2部悲剧。9部历史剧中除《约翰王》是写13世纪初英国历史外，其他8部均是内容相衔接的剧作：《亨利六世》、《理查二世》、《理查三世》、《亨利四世》与《亨利五世》等。这些历史剧概括了英国历史上百余年间的动乱，塑造了一系列正、反面君主形象，反映了莎士比亚反对封建割据，拥护中央集权，谴责暴君暴政，要求开明君主进行自上而下改革，建立和谐社会关系的人文主义政治与道德理想。

10部喜剧包括《仲夏夜之梦》、《威尼斯商人》、《温莎的风流娘儿们》、《无事生非》、《皆大欢喜》和《第十二夜》等，这些剧作大都以爱情、友谊、婚姻为主题，主人公多是一些具有人文主义智慧与美德的青年男女，通过他们争取自由、幸福的斗争，歌颂进步、美好的新人新风，同时也温和地揭露和嘲讽旧事物的衰朽和丑恶，如禁欲主义的虚矫、清教徒的伪善和高利贷者的贪鄙等。莎士比亚这一时期戏剧创作的基本情调是乐观、明朗的，充满着以人文主义理想解决社会矛盾的信心。

中期的创作以悲剧为主，写了3部罗马剧、5部悲剧和3部"阴暗的喜剧"或"问题剧"。罗马剧《尤利乌斯·恺撒》、《安东尼和克莉奥佩特拉》和《科里奥拉努斯》是取材于普卢塔克《希腊罗马英雄传》的历史剧。其中四大悲剧《哈姆雷特》、《奥赛罗》、《李尔王》、《麦克白》和悲剧《雅典的泰门》标志着作者对时代、人生的深入思考，着力塑造了这样一些新时代的悲剧主人公：他们从中世纪的禁锢和蒙昧中醒来，在近代黎明照耀下，雄心勃勃地想要发展或完善自己，但又不能克服时代和自身的局限，终于在同环境和内心敌对势力的力量悬殊斗争中，遭到不可避免的失败和牺牲。

如哈姆雷特在为父报仇的过程中，发现"整个时代脱榫"了，于是决定担起扭转乾坤的重任，但却是空怀大志，无力回天。奥赛罗虽然为人淳朴善良，爱憎分明，但却遭到奸人的玩弄，最后反而落得一个杀妻自尽的下场。李尔王在权力带来的尊荣中迷失了自我，以致竟幻想以让权分国的方式来向时人证明自己即使不当国王而做一个普通人也同样能够伟大，没想到却因此经历了一场痛苦的磨难。麦克白虽然本性中有着真、善、美的一面，也可以称得上是一位英雄，但却抵挡不了王位的诱惑和野心的驱使，最终沦为一个无限懊悔的罪人。总之，莎士比亚通过刻画这些悲剧人物，深刻地揭示了在资本原始积累时期已经开始出现的种种社会罪恶和资产阶级的利己主义，表现了人文主义理想与残酷现实之间矛盾的不可调和。

《约翰王》是莎士比亚所写的一部代表性历史剧，主要写了中古英国国王约翰一生的主要经历，如他和法国王室为争夺英国王位而进行的两次战争,他对王位合法继承人的迫害,他对教会的掠夺和他与罗马教廷的冲突,贵族们对他的叛离和归顺以及他被僧侣毒害致死等情节。本剧不仅显示了莎士比亚塑造人物的高超技巧,也说明他写作英国历史剧的

莎士比亚故居

宗旨是为了鼓励英国人民、激发他们的爱国热情。

　　总之,莎士比亚塑造了一个个具有强大艺术力量的形象,从这些极具代表性的且个性鲜明的形象之间错综复杂的关系中,从他们的前后不断矛盾和反复的言行中去展示他们的性格。作为英国文艺复兴时期的典型代表,莎士比亚的戏剧不仅艺术技巧大胆而成熟,而且常常透露出强烈的人文主义思想,其意义早已超出了他的时代和国家的范围。因此他的朋友、著名的戏剧家本·琼斯说:"莎士比亚不只属于一个时代而属于全世纪。"

　　在莎士比亚的历史剧中,君主常常充当了反面角色。当时在位的伊丽莎白女王自然也知道这一点,但开明的女王并没有下令禁止演出莎士比亚的戏剧。不过莎士比亚也一直没有在戏剧中对女王有任何不敬言论,相反,他写了很多赞扬女王和其母亲安妮·博林的剧本。尽管在《哈姆雷特》一剧中,莎士比亚写了"脆弱啊,你的名字是女人!"这样的台词。但是,这并没有影响伊丽莎白女王一世"就坐在舞台对面的包厢里看戏"。正是伊丽莎白女王的宽容,成就了莎士比亚的艺术高度,也成就了英国整个岛国人民的面貌和气质。

第七章
革命与复辟(上)

17和18世纪时，世界的主要矛盾是封建主义和资本主义的矛盾。资本主义国家制度的建立是这一时代的主旋律，而英国资产阶级革命是这个旋律中的重要乐章，对整个世界产生了重要影响。

一、王朝专制

到了17世纪，英国在海外已经拥有广大的殖民地，成为无可匹敌的海上强国。同时，国内工场手工业也已经有了很大的发展，市场扩大了，财富也随之增加了，资本主义经济的发展大大加强了资产阶级和新贵族的势力。当时英国封建经济的根基已经开始瓦解，但是保护它的上层建筑却不愿自动退出历史舞台，这成为资本主义进一步发展的最大阻碍，也是英国爆发资产阶级革命的根本原因之一。

英国资产阶级革命

1.第一位大不列颠国王——詹姆斯一世

詹姆斯·斯图亚特是苏格兰女王玛丽·斯图亚特与其再婚的丈夫亨利·斯图亚特所生的独生子，其祖上从14世纪开始一直统治苏格兰。詹姆斯刚出生没多久，父亲去世，母亲玛丽女王又遭到苏格兰贵族的驱逐，流亡英格兰。

詹姆斯刚满周岁，就继承了苏格兰王位，被称为"詹姆斯六世"，他刚登基时由几个大贵族共同摄政。1583年，詹姆斯六世正式亲政。不久，其母玛丽女王因卷入暗杀英格兰女王伊丽莎白一世的阴谋而被处死。同年，詹姆斯迎娶丹麦国王腓特烈二世的女儿安妮公主，并与英格兰女王伊丽莎白一世的重臣罗伯特·塞西尔等人建立了良好的关系。

当时的詹姆斯虽然只是苏格兰的国王，但他的曾祖母是英格兰国王亨利七世的女儿、伊丽莎白一世的姑姑，因此他身上也流淌着英格兰王室的血液，所以当英格兰杰出的女王伊丽莎白一世去世后，英格兰都铎王朝因为绝嗣，英格兰王位只好由旁系远亲、苏格兰国

詹姆斯一世

王詹姆斯六世即位，毕竟詹姆斯六世也算英王亨利七世的后代。1603年，詹姆士即位为英格兰国王。他自封为大不列颠国王，史称"詹姆斯一世"，时年36岁。

尽管据史料记载，詹姆斯一世生活奢侈无度，言行粗鲁，但他却勤奋好学，是个饱读诗书之人。据说，一次，詹姆斯一世到牛津大学图书馆造访，当他看到图书馆里一排排的藏书时，情不自禁地感慨道："倘若我不是英格兰的国王，我甘心做这里的囚徒。"

事实上，詹姆斯一世的读书量确实可观，在当时欧洲各国的君主中堪称佼佼者。也正因为如此，詹姆斯一世才可能在无意之中竟做出了他一生中最伟大的成就——下令编纂英文版的《圣经》，史称"钦定版《圣经》"。英语作为一门语言，也正是随着这本真正渗透到英国社会各阶层的读物才成为一种普遍性的读写文字，英语能成为当今世界最通用的语言亦是奠基于此。因此可以说，詹姆斯一世的贡献，可与莎士比亚的戏剧并称。

在后世人眼中，尽管詹姆斯一世饱读诗书，知识渊博，但他平时生活懒散，做事一板一眼，非常刻板，所以被时人称为是"基督教王国中最聪明的傻瓜"。詹姆斯一世还患有佝偻病，因而走起路来很像卓别林。据

史料记载，詹姆斯天生舌头异于常人，大得即使是喝水也像吃饭时一样；而且，他不喜欢洁净，经常长时间不洗澡，每次洗手时也都只洗一下手指就了事。詹姆斯也似乎是天生胆子不大，一生都害怕暴力、武器，并讨厌葬礼，每当他认为自己可能会有危险时，睡觉前就会命人把寝床抬到卧室的门后面。

据史家研究，詹姆斯一世有些同性恋的倾向，他很喜欢帅气的男臣。在詹姆斯众多的宠臣中，他最喜欢的是乔治·维利尔斯，他还曾授予乔治·维利尔斯"白金汉公爵"的封号。曾有史书确凿无疑地记载了詹姆斯一世与白金汉公爵及其前任宠臣萨默塞特爵士罗伯特·卡尔之间的感情："现在看来，除了长相英俊潇洒之外，再也没有别的原因可以解释他们为何会成为国王的宠臣了。国王陛下那强烈的爱意或许说明他弄错了对方的性别，把他们当成了女性，难怪萨默塞特爵士和白金汉公爵如此刻意地把自己打扮成女人的样子。他们的一举一动都显得妖冶，他们在模仿女性方面的成就已经到了言语都无法形容的地步。"

在以往的史学家看来，詹姆斯一世昏聩无能，且迫害清教徒，并试图修改英国已初步形成的君主立宪制。但进入20世纪后，西方历史学者们开始认为詹姆斯一世在维护当时英国的政局稳定上做出了一定的贡献，因为在他统治期间，每当遇到有争议性的人事任命时，如从英格兰委派政教领袖等，通常采取不刺激对方的尊重态度，几次较大胆的任命造成的反弹也多以詹姆斯的让步而平息。虽然詹姆斯一世无法解决英国内部的激烈对立，但就英国的局势能维持几十年的稳定局面而言，在当时却是一项非常了不起的成就。

2."君权神授"

詹姆斯一世是在英格兰都铎王朝的伊丽莎白一世死后无嗣继承王位的情况下，以远亲血统继承英格兰王位的。他原本就是苏格兰斯图亚特王朝的国王，继承英格兰王位之后，苏格兰和英格兰合并，成立联合王国。现在我们常说的大不列颠联合王国就是从那个时候开始形成的，因为威尔士早在诺曼底王朝时期就已经并入英格兰了。

纵观英国历史的发展，君权时强时弱，君权与贵族之间的权力争夺一直都比较激烈。早在11世纪，贵族就颁布了旨在限制王权的《大宪章》。从都铎王朝的亨利八世开始，英格兰进行了宗教改革，国王兼任全英格兰宗教长，创立了英格兰自己的国教，与罗马教廷的天主教决裂，没收教皇及罗马教廷在英格兰的领地，君权大为集中。但到了伊丽莎白一世时期，英格兰的资本主义蓬勃兴起，伊丽莎白女王凭借着杰出的政治敏感和智慧很好地处理了君权与贵族权力的关系。

总之，都铎王朝的几任君主大都遵循了一贯的英格兰传统，即在君权和贵族之间很好地掌握了平衡。然而，詹姆斯一世是一个狂热的天主教教徒，作为苏格兰和英格兰的国王，他为了强化自己的权力，力图用"君权神授"这样一种宗教色彩来给自己的王权披上一件神秘的外衣。

为此，在1598年，詹姆斯一世专门写作了《自由君主制的真正法律》一书。在书中，他既反对新教加尔文主义的反君主观点，也反对教皇的最高权威，认为世俗国王是由上帝直接委任统治人间的。1603年，詹姆斯一世所写的《神权》问世，他认为"国王是法律的创造者，而非法律创造国王……假如人民认为国王滥用权力，他们只能选择祈求上帝来开导国王，并把他们引导正确的道路上去……正像争论上帝能做什么是无神论和渎神一样，如果作为臣子的去争论国王能做什么，或者国王不能做这做那，也是僭越和高度耻辱……"詹姆斯一世的这些言论后来被概括为"君权神授"观。

关于君权的来源，历来各国各朝各代的学者都提出了不同的看法。在中国，汉朝时的董仲舒也曾宣扬："天是万物的主宰，皇帝是天的儿子，即天子，天子代表天统治臣民。全民都要服从皇帝的统治，诸侯王也要听命于皇帝。"董仲舒提出这一观点的目的是在中国达到思想统一，进而达到政治统一，目的是维护中国封建王朝

"君权神授"的标志

的统治,体现自己皇权的崇高。

3.专制主义

专制是一种政体形式,是与民主即多数人的意志相对,指最高统治者拥有无限制的权力,以自己的意志对国家实行独裁统治,而专制主义则是指维护专制统治的学说或理论。从历史的角度来看,奴隶制、封建制和资本主义制的国家中都曾出现过专制统治, 如古代罗马屋大维开创的元首制、古代中国秦始皇开创的封建帝制等。

民主制度在世界上广泛建立之前, 人类所经历过的最常见的政治现象就是专制。实际上就像民主制度有它的思想理论基础一样,专制制度也有其理论基础。西方专制主义理论的两位著名代表人物,一位是中世纪的著名神学家托马斯·阿奎那,他提出了"君权神圣"的观点。认为世俗社会中一切权力的根源都来自于上帝, 君主的权力也是上帝赋予的,所以君主的权力当然很神圣。另一位就是英王詹姆斯一世,他提出了"君权神授"的观点,认为君主的权力来自于上帝,以此理论来为维护自己的专制统治。他认为除上帝之外,国王不对任何人负责,国王可以任意处置他的臣民。他还认为是君主创制了法律,而不是法律创制了君主。"君权神授"这个观点解释了一个关键的问题,即权力的来源问题:君主的权力来自于上帝,而不是来自于人民。

斯图亚特王朝的詹姆斯一世和查理一世均实行专制统治, 表现在压制议会、横征暴敛、迫害清教徒等方面,导致与农民、资产阶级和新贵族的矛盾激化。詹姆斯一世"君权神授"观要求的是权力掌握在自己以及王室的手中,讲究的是专制。而议会则代表着人们的要求——民主,以及权力掌握在议会手中,国王没有权力,只是一种象征。于是,斯图亚特王朝时期,英国在专制与民主之间就产生了矛盾。对清教徒的宗教迫害, 是这种矛盾在宗教方面的体现, 最终导致英国资产阶级革命的爆发。

二、解散议会

詹姆斯一世刚即位时,与议会之间保持着良好的关系,但他后来不仅宣扬"君权神授"的观点,而且要求扩大王权的野心越来越膨胀。

后来,詹姆斯一世还企图与议会下院进行一次财政交易,目的是保证自己每年能有一笔不菲的收入。他原本想用一个判例案件来增收关税,以增加王室收入,然而没想到的是英国议会对这位苏格兰来的国王并不买账,不同意国王要增税的建议,也不同意国王为此提出的计划——"大契约",即为换取一种固定收入,国王许诺放弃属于国王的全部封地税;而且,议会还坚持认为:未取得议会同意,国王不得增加新的税收。议会此举触怒了詹姆斯一世。1611年,詹姆斯一世第一次解散了议会。

詹姆斯一世的宫廷生活豪华奢靡,花钱如流水,这让王室的财政入不敷出。为了解决财政危机,詹姆斯一世不得不在1614年第二次召开议会。这次,他再次要求议会下院给他拨款,结果仍未得到同意,且还招来一片怨声。因此2个月后,没有达到任何目的的詹姆斯一世再次将议会解散。

1625年,詹姆斯一世去世,其子查理即位为英国国王,史称"查理一世"。查理一世是詹姆斯一世与丹麦公主安妮的第二个儿子。他小时候身体很瘦弱,跟其父一样是由苏格兰长老派老师教导,精通拉丁文和希腊文。他的哥哥在18岁时去世,他因此成为威尔士亲王,随后又即位为英国国王。查理一世是英格兰、苏格兰与爱尔兰的国王,也是英国历史上唯一一位被公开处死的国王。

像其父亲詹姆斯一世一样,查理一世上台后仍然独断专行。1628年,议会通过了要求限制王权的《权利请愿书》,查理一世在得到议会的35万英镑后,才勉强在《权利请愿书》上签字。然而不久,国王又借故宣布《权利请愿书》无效,并解散议会。此后的11年里,英国未再召集议会。

1637,查理一世强行在苏格兰推行英国国教和专制统治。不久,苏格兰爆发了人民起义。1640年4月,查理一世为筹集军费,被迫恢复长期关闭的议会。然而,议会提出要求,禁止国王无故地宗教迫害和滥征税收等。查理一世拒绝了议会的要求,并于5月再次解散议会。这届议会前后仅存在3个多星期,史称"短期议会"。

"短期议会"被解散后,引起了伦敦市民的巨大愤怒,他们自发组织起来,掀起了声势浩大的游行示威活动。与此同时,苏格兰人民也发动了起义。查理一世只好于同年11月重开议会,这届议会存在达13年之久,史称"长期议会"。后来,"长期议会"成为资产阶级和新贵族联合反对查理一世专制统治的领导中心,它的召开标志着英国资产阶级革命的开始。

三、苏格兰人民起义

查理一世即位后,独断专行,多次解散议会,造成英国形成了多年无议会统治的局面。一方面王室生活极度腐化,挥霍无度,国家处在无序之中;另一方面国王征收各种苛捐杂税,压榨劳动人民,使得大量工人失业。农民反对封建压迫,要求取消地租,获得土地。城市平民和失业的手工业者为生活所迫时常暴动。在查理一世的专制统治下,英国社会的各种矛盾迅速激化,资产阶级和新贵族为了自己的利益结成联盟,反对封建统治,并取得对了革命运动的领导权。

首先起来反抗查理一世统治的,是苏格兰人民起义。当时苏格兰和英格兰虽然都由查理一世统治,但苏格兰在内政上仍保持着一定的独立性,与英格兰是两个国家。查理一世上台后,把专制统治推行到苏格兰,在苏格兰强制推行英国国教会的祈祷仪式,这引起了苏格兰人民的愤怒。苏格兰贵族和资产阶级发动了反对英格兰的战争,并于1639年攻入英格兰北部。

苏格兰人民起义成为英国资产阶级革命的导火线。

四、内战烈火

英国资产阶级革命从1640年议会斗争开始，到1688年光荣革命结束，是以新贵族阶级为代表的、推翻封建统治、建立起英国资本主义制度的社会革命，又称英国内战、清教徒革命。纵观整个英国资产阶级革命，其复杂性、曲折性不言而喻。

这是因为，英国内战有着复杂的历史背景。新航路的开辟、航海业的发展等使得欧洲的主要商道和贸易中心由地中海转移到了大西洋沿岸，地处国际贸易航道要冲的英国，新兴的资产阶级凭借有利的条件积极推进海外贸易，并进行野蛮的殖民掠夺，迅速聚敛了大量资本并获得了广阔的海外市场。随着英国资本主义深入而广泛的发展，由工场主、银行家和大商人组成的资产阶级队伍日益成长壮大。另外，一部分封建贵族在巨额利润的诱惑下也开始使用资本主义方式经营农场、牧场或投资手工工场，成了资产阶级化的"新贵族"。这两类人都有着自由发展资本主义的迫切要求。

但到了国王詹姆斯一世和查理一世统治时，两人都大力宣扬"君权神授"思想，宣称国王是上帝委派到人间的代表，因此有着天赋的无限权力。詹姆斯一世时，他曾强制发行公债，还实行肥皂、纸张、盐、煤等日用品的专卖权，甚至卖官鬻爵，所有这些措施都极大地阻碍了英国资本主义工商业的发展，引起了新兴资产阶级和新贵族的强烈不满，资产阶级要求"所有的自由臣民都有自由地经营其行业的继承权"。

查理一世登基后，在加强君权上比詹姆斯一世时的政策更为激进。1629年，他专断地解散了议会，且在随后的11年间再也没有召开过议会。因为议会被解散，王权没有了限制，因此查理一世就可以为所欲为了，他任意征收关税，还巧立名目、创立新税，颁布各种罚款条例，这段时期是史称"残酷统治"的11年。

在查理一世担任国王期间，英国专制政府大力扩展工商业专卖权，并垄断市场，结果致使国内工商业萧条，物价急速上涨，并造成很多劳动者失业,不仅没有解决王室的财政问题,还加剧了王室与资产阶级的矛盾。查理一世统治后期,国内各种矛盾激化,怨声鼎沸,人民的革命情绪日益高涨,并最终爆发了苏格兰人民起义和爱尔兰民族起义。为了解决政治统治危机,查理一世被迫召开11年前被解散的议会。但议会仍然拒绝了他的无理要求,恼羞成怒的查理一世下令逮捕激进派议员,于是,议会和国王彻底决裂。

总起来说,17世纪,对处于资产阶级革命中的英国而言,两次内战最为激烈。虽然1640年时,议会就与国王彻底决裂,但是内战的真正开始却是到了1642年。第一次内战(1642—1646年)分为两个阶段:第一阶段从1642年到1644年夏,军事主动权基本上掌握在国王手中,议会当时主要处于防守地位。第二阶段从1644年夏到1646年,军事主动权完全转到议会手中。

1640年年底,查理一世再次召集议会,即"长期议会",但议会仍然拒绝与国王合作。后来,因为议会决定强行逮捕了国王的宠臣斯特拉福德伯爵,并计划控制军队,查理一世以叛国罪逮捕其中5名议员,并亲自带领一队士兵到议会抓人,但未果。这次事件标志着国王与议会的决裂,也是英国内战爆发的导火索。查理一世亲自到议会逮捕议员的消息传出后,久有怨言的伦敦市民被激怒了,他们自发武装占领了伦敦市。

查理一世则被迫于1642年1月北逃约克,并在那里企图集结保王党力量。后来,议会向查理一世提出了19条建议,但在6月,查理一世否决了这些建议。8月22日,查理一世在诺丁汉树起王旗,内战爆发。

内战刚爆发时,准备充足的王党军顺利进攻,一路南下,径直打到离伦敦只有几十英里的牛津。而力量薄弱的议会军则步步败退,议会内部也一片混乱,有人认为应该继续打下去,有人则认为应该和查理一世进行谈判。大家意见纷纷,莫衷一是,并不知国内的形势将何去何从。后来,还是克伦威尔和他的农民军扭转了战争的局面,拯救了议会。

克伦威尔原本是一个乡绅的儿子,英国内战爆发后,他自己招募了几十名农民骑兵加入议会军,与查理一世的王党军作战。每次在战场上,这支农民骑兵队伍表现都非常勇敢,战斗力很强,而且人员也不断增加，被称为"铁骑军"。因此，屡屡在战场上取得胜利的克伦威尔逐渐获得了官兵们的一致拥护，当上了议会军的统帅。

克伦威尔

1644年盛夏的一天傍晚，在约克城西的马斯顿草原上，克伦威尔率领的议会军和王军不期而遇。虽然双方皆无准备，但克伦威尔指挥议会军仍然在两个小时内就将王党军击败，取得了第一次大捷。克伦威尔所率的议会军取得了辉煌胜利，但是南方和西方的议会军却遭到了惨败。议会不得不通过彻底改组军队的计划，规定建立统一的正规的"新模范军"，由国家供养，实行统一指挥。"新模范军"是由各郡招募的人组成的军队，纪律严明，作战勇敢，具有很强的战斗力。

1645年6月，议会军和王党军在英格兰中部的纳斯比村附近展开了决战。查理一世还没有弄明白怎么回事时，克伦威尔的"铁骑军"就以迅雷不及掩耳之势迅速突破了王党军阵地，王党军就此溃散，四处奔逃。查理一世一看情况不妙，匆忙间化装成一个仆人，逃到了苏格兰。在这次战斗中，查理一世的军队全军覆没。1647年2月，英格兰议会以40万英镑的高价，把查理一世买了回来，囚禁在霍姆比城堡中。

不过，尽管议会军已经取得了决定性的胜利，但这时又产生了新的矛盾。不仅议会与军队之间产生了矛盾，军队内部也存在着矛盾。这让查理一世看到了机会，于是，他在支持国王的苏格兰长老会的帮助下，从拘留地逃了出来。随后，查理一世和苏格兰倾向王党的右翼秘密勾结，并煽动各地王党叛乱。

1648年，查理一世逃出后，勾结苏格兰人，在许多地方挑动了武装叛乱，于是第二次内战爆发了。这时，保王党人士相继在伦敦、威尔士、肯特郡等地制造暴动，苏格兰军也从北部入侵。军事行动是在3个孤立的地区：东南部、西部和北部展开的。克伦威尔率领议会军镇压了东部、西部的叛乱以后，向北挺进，迎击苏格兰的军队。同年8月，克伦威尔在浓雾的掩护下从侧翼进攻苏格兰军。很快,克伦威尔就击溃了王党军。到8月底时,第二次内战实际上已经结束。

　　到了秋季,克伦威尔率领议会军占领了苏格兰的首都爱丁堡。苏格兰王党军惨败,一万人被俘,其余向北逃跑,查理一世再次被擒。查理一世被俘后,其王后逃亡法国寻求援助,却遭到了执政的法国首相马萨林红衣主教的冷落。

第八章
革命与复辟(下)

一、查理一世喋血

1642年，英国内战开始时，国内分成了两个阵营：议会军和王党军。战争伊始，议会军处于防守地位，但从1644年夏天开始，具有卓越军事指挥才能的克伦威尔率领的议会军接连取得了重大胜利，战争的主动权逐渐转到议会军手中。

克伦威尔成长在一个新贵族的家庭，他反对君主专制，对詹姆士一世和查理一世的"君权神授"观嗤之以鼻。在英国内战爆发前，克伦威尔曾两次当选议员。他作为英国资产阶级革命的中坚力量，竭力保护资产阶级和新贵族的利益。内战爆发后，他组织的"铁骑军"屡建战功。1645年，英国组建了历史上第一支常备军，被称为"新模范军"，这支军队纪律严明，作战勇敢，具有很强的战斗力。

1.纳西比战役

纳西比战役是英国资产阶级革命时期爆发的一次重要战役，在这次战役中，议会军与王党军展开了决战，克伦威尔指挥的"新模范军"骑兵大败王军，取得了决定性的胜利。

1645年6月，王党军和议会军在英国一个此前并不起眼的村庄——纳西比村遭遇了。纳西比村地处在一个小山顶上，四周空旷无碍，查理一世的步兵就驻扎在纳西比北面几公里的一个山头上。14日早上，王党军的一个指挥官鲁普特因为没有发现议会军有任何行动的迹象，有些沉不住气，便派士兵外出侦察。不久，他又亲自策马到一个高地上查看。这时，他看到议会军好像正在撤退，便心中大喜，以为机会终于来了。战机稍纵即逝，于是他马上命令王党军离开坚固的防御阵地，向议会军撤退的方向追击。

然而他哪里料到，议会军实际上并非撤退，而这只是议会军诱敌深入的一个计谋。

上午10点左右，议会军和王党军的激战开始了。双方开战后没多久,议会军左翼的指挥官伊利顿不小心中弹,受了重伤,这导致议会军左翼顿时失去了首领,开始出现混乱。于是,王党军右路将领鲁普特抓住战机,率领部分王党军发起了冲锋,一举将伊利顿的军队击得溃散败逃。鲁普特

纳西比战役

对议会军穷追不舍,一直追到了纳西比村。这时在中央战场,双方步兵正在进行激烈的肉搏战。由于伊利顿率领的左翼很快溃散,余下的部队被王党军中路阿斯特里和右路鲁普特形成钳形攻击,受到了很大冲击,似乎有些招架不住。

然而,就在这紧要关头,克伦威尔卓越的军事指挥才能再次显现出来。他命令议会军右路的3000多名名骑兵屡次向王党军的左翼发起进攻,终于将王党军南格达里的军队击溃。随后,他又命令骑兵都集结在中央,然后像利剑一样,楔入王党军的中路左侧。王党军的中路原本进展顺利,这时遭受议会军骑兵的集中冲击,一时间大乱,而议会军的中路步兵一看来了援军,则士气大振,又反身冲杀回去。

此时,一直在阵后观望的查理一世一看情况不妙,匆忙间命令王党军预备队去援助阿斯特里。但就在这千钧一发的时刻,突然发生了一件出人意料的事情:当查理一世正要指挥预备队出击时,他的马却突然向右跑去,既非敌军冲锋,又非前去支援阿斯特里,而只是一路向右狂奔。这突如其来的举动令王党军上下官兵皆呆住了,他们被搞得莫名其妙,不知道查理一世意欲何为,但都糊里糊涂地追随查理一世,带着近卫骑兵部队向右冲去。

这导致王党军中路孤军深入,根本无法阻挡克伦威尔率领的骑兵的冲击。于是,克伦威尔毫不费力地击败了王党军中路,议会军也由此扭转了战局,反败为胜。王党军却兵败如山倒,自此战之后一蹶不振,再

无力量和机会东山再起。后来据史书记载,当时查理一世的坐骑之所以突然间狂奔不止,是因为有一只马掌上的马蹄铁脱落了一颗钉子,导致马在奔跑时失去了控制,才突然向右奔去的。

纳西比战役是英国资产阶级革命的一个转折点,为议会军在战争中的胜利奠定了基础。在这次战役中,克伦威尔率领的议会军一举击溃了王党军主力,使英国革命的形势向有利于议会的方面转化。也正是在纳西比战役中,克伦威尔开始掌握了议会的军事力量。不久,国王查理一世就成了议会的阶下囚。

2.走上断头台

议会军领袖们认为是查理一世挑起了内战,发动了对人民的战争,因此查理一世必须接受审判。这时,议会下院也清理了主张与国王议和的议院。不久,一个特别法庭被专门建立起来,以审判国王。查理一世很快被带到威斯敏斯特受审。因为查理一世一直并不承认这个法庭的合法性,所以他并不积极谋求为自己辩护。

几天后,在这个由135人组成的特别法庭中,通过了由克伦威尔下达的处死查理一世的命令,罪名是国王背叛了他的国家,背叛了他的人民。接着不久,查理一世就被推上了断头台。据史料记载,查理一世在断头台上仍然态度从容,面带笑容。他还很冷静地说:"死亡对我并不可怕,感谢上苍,我已准备好了。"随后,查理一世先朗诵了自己写的一首诗,接着镇静地宣称自己是人民的殉道者,然后毅然走向断头台,结束了自己的一生,时年49岁。一周后,查理一世的尸体被秘密埋在温莎城堡。

查理一世行猎图

纵观查理一世的一生，他最大的错误就是固执地逆时代潮流而动。他认为，君王为了能赢得战争或树立自己的绝对权威，采用任何计谋都是正确的。他还向苏格兰的长老派、英国的圣公会、爱尔兰的罗马天主教徒和议会

查理一世上断头台

军的清教徒领袖等做出了不少承诺，这些承诺常常不仅互相矛盾，而且他实际上也不打算遵守。正因为这样，查理一世逐渐丧失了臣民的信任，最终沦为阶下囚，并成为英国历史上第一个被审判并走上断头台的国王。

　　不过，客观地说，虽然查理一世虽然不是一个称职的君王，但他也有不少优秀的品质。他平时为人虽一本正经，但很随和。他还是个忠诚可爱的丈夫和父亲、一个虔诚的基督教徒。他还为英国文学、艺术的发展作出了不少努力，他亲自花费一笔不小的费用，把很多优秀的艺术家、文学家请到宫廷发挥他们的才能。

　　然而，无论是英国历史上，还是世界历史上，从来没有一种新制度可以轻易取代一种旧制度，革命不仅需要付出代价，而且大多总是在曲折中向前推进的。英国资产阶级革命并没有因为查理一世被推上断头台而结束，一场更具历史意义的革命还在等待英格兰的臣民们。

二、查理二世复辟

　　查理一世喋血后，英国建立了共和国，而作为英国资产阶级革命的最大功臣，克伦威尔无可置疑地成为了共和国的最高执政者，就任"护国公"。克伦威尔开始执政时，当时议会的成员是一个数目不多、无代表性，但思想十分激进的少数派，即所称的"残余议会"。起初，克伦威尔想

通过谈判来进行新的选举,然而谈判最后破裂。

1653年4月,克伦威尔以武力解散了"残余议会"。从那时起,到1658年克伦威尔因病去世为止,他先后成立并解散了3个不同的议会,采用了两部不同的宪法,但这些都未能发挥作用,克伦威尔实际上是集各种大权于一身。

克伦威尔去世后,共和国内部矛盾丛生,导致时局动荡不安,因此刚登上统治地位的资产阶级和新贵族惶惶不可终日,把旧王朝的复辟看做是摆脱危机的唯一出路。于是,很多人开始暗中与斯图亚特王朝接头,并达成妥协。

很快,流亡法国的查理二世被重新迎立为英国国王,斯图亚特王朝复辟了。然而,令资产阶级和新贵族没有料到的是,"复辟者"查理二世与其继承者詹姆斯二世却违背承诺,不久就在国内进行了疯狂的反攻倒算。

1.颠沛流离

查理二世是查理一世与王后亨莉雅姐的长子。他在童年时受到了良好的教育。他12岁时,英国内战爆发,此后,他与父亲一起经历了战火的考验。父王查理一世被推上断头台后,查理二世的生活孤独、贫困,开

查理二世

始了颠沛流离的生活。这些经历导致了查理二世的早熟,并养成了他愤世嫉俗、放浪形骸的性格。也使他能够很快适应不利的环境,并善于和各种各样的人周旋。

1645年,英国资产阶级革命已经爆发,于是少年查理二世被父王查理一世派往英格兰西部,担任王党军的总司令。然而不久,气势逼人的议会军就

使查理二世节节败退，最后无路可守，只得离开英国，在其父的命令下前往法国巴黎，与母亲汇合。

3年后，英国第二次内战爆发。这时的查理二世再次任职背叛议会军的兵舰司令，但是很快就被迫返回荷兰的基地，他在那里得到父亲被处决的消息。在以后的11年间，查理二世一直致力于夺回苏格兰和英格兰的王位。1650年，查理二世终于回到了苏格兰，并被加冕为苏格兰国王。

同年8月，查理二世入侵英格兰，但在不久的一次战役中便全军覆灭。后来，查理二世在英国各地流浪了一个多月，境况凄惨，形同乞丐，据说无奈之下，他还曾在树上过夜。1651年10月，查理二世辗转到达法国，但法国拒绝接纳他，荷兰也拒绝收容他，最后他转而去了西班牙。

当时，欧洲大陆各国的君主都不愿收留查理二世。在这段流亡生活中，查理二世穷困潦倒，有时连住旅馆的钱都没有。但他一有了钱就马上尽情享受，他还精通各种艺术。他的母亲和姐妹曾劝他改奉天主教，均被他拒绝。

后来，在克伦威尔执政时期，随着英格兰与荷兰以及英格兰与西班牙的开战，查理二世也曾几次试图回到英国，以夺回王位，但是直到克伦威尔死后，他才能如愿。"护国公"克伦威尔去世后，他的继承人软弱无能，在争夺权力中引发了英国国内的混乱。

正是在这样的情况下，查理二世才在公众的拥立下重新回到英格兰，就任王位。查理二世到达伦敦那天，刚好是他的30岁生日。这一年，距离查理一世被推上断头台整整11年，伦敦人敲响了教堂的钟声，迎来了查理一世的儿子——查理二世。

2.治国行政

作为一个君王，查理二世在政治上十分机警，为了达到一定的目的也善于说谎。据史书记载，查理二世的性格幽默风趣，很有魅力，颇受普通人民的爱戴。他还被称为"快活王"，好色，有着数不清的情妇，不过在饮食上倒是十分节制。据说，查理二世和情妇至少有14个私生子，虽然正牌的王后不会生育，但他从未起过要与王后离异的念头。在业余爱好上，查理二世不仅喜欢钓鱼，还爱好赛马，流传至今的很多赛马规则就是他制定的。

虽然他继承了查理一世懒惰的天性，但遇到危机时，他都会全力以赴去解决。他就任英国国王后，在与议会的交涉中，很少做出让步。他还坚决要求控制英国的军事力量。

1660年4月，查理二世发表了《布雷达宣言》。他在宣言中称，他就任英国国王后，除了追究处死其父王查理一世的凶手外，他将赦免一切人；他还将保障宗教自由并答应同议会共同管理国家；而且国王不设常备军，只拥有王宫卫队和驻扎在苏格兰、爱尔兰各据点的人数较少的部队。

查理二世性格随和，并无继承其父亲查理一世的骄傲，他对不同的宗教信仰有着宽容的态度，他尽力在旧英格兰教会的热心支持者与帮助他复辟的长老派之间求得一致。然而，英国的时局并不受他控制，由国教徒占大多数的议会对查理二世的宽容并不领情，于是谈判破裂，新的祈祷书出来了，另有2000多名教士不得不离开了自己的教区。

1661年春，查理二世正式加冕成为英国国王。在大臣海德的调解下，查理二世只处死了9名签署其父王查理一世死刑命令的圆颅党人。他的臣属主要是跟随他长年流亡的老王党人。

这时，英国的海上对手荷兰已经从克伦威尔的战争失败中逐渐恢复过来，再次开始威胁到英国的海外利益。1665年，因为海军和商业的竞争，议会向查理二世施加压力，要求查理二世宣布对荷兰开战，于是第二次英荷战争爆发。尽管克伦威尔时期，英国的海军力量十分强大，远远超过了荷兰，但到了查理二世时期，由于瘟疫、伦敦大火以及议会在拨款上的吝啬，英国最终在第二次英荷战争中失败，这让英国民众对查理二世充满了失望。

此后，英国议会中反对天主教的力量占了主导，因此议会要求查理二世收回发布没多久的宗教信仰自由宣言，要求在英国境内杜绝罗马天主教徒担任任何政府职务。查理一世迫于无奈只得答应。

这时，议会又要求查理二世对法国宣战，最终查理二世迫于议会的压力，只得同意将自己的侄女玛丽嫁给荷兰的奥伦治王子威廉为妻，以联姻的方式，与荷兰一起对法国形成战争威胁。尽管议会一直在担心并防范查理二世进行独裁统治，查理二世还是想方设法建立了一支小规模的常备军。

当时英国国内的反天主教情绪不断高涨，这使查理二世在国事处理上有点举步维艰。查理二世的弟弟约克公爵詹姆斯就因此而辞去所有政府职务，公开皈依罗马天主教，接着又续娶了同样信仰天主教徒的意大利公主为妻。查理二世的主要情妇、法国的朴次茅斯公爵夫人也是天主教徒，这引起了英国人民的极大不满。

1679年，查理二世第一次解散了保皇党议会，但议会在解散前通过了将罗马天主教徒从上、下议院中驱逐出去的第二个审查条例。第二年春天，新的议会开始了，新议会又提出了一项排斥查理一世信仰天主教的弟弟詹姆斯继承权的法案。但是查理二世决定抵制这项法案。在随后的斗争中，查理二世通过对议会上院施加影响，阻止了这项排斥法案的通过。然而在第四次议会开会时，下院再次表决通过排斥法案，查理二世一怒之下再次解散议会。

不过，有了其父查理一世的前车之鉴，查理二世担心爆发内战，于是他一方面在暗中与法国国王达成秘密协议，一旦发生叛乱，法王将给予支持；另一方面则利用自己的影响，把对自己态度友好的官员安插在中央和地方的主要职务上任职。查理二世最后4年的统治平安无事，是因为他从关税和执照税中增加了税入，所以不再有财政问题了。

1685年2月，查理二世突然患病且病情严重，卧床不起，没想到几天后就去世了。因为国王突然去世，王位一时间出现了空缺。英国的统治集团为了避免造成混乱局面而不可收拾，没有经过充分考虑，就匆匆忙忙地把詹姆斯拥上了王位，史称"詹姆士二世"。

三、詹姆斯二世专权

詹姆斯二世是查理二世的弟弟，1633年10月出生于伦敦圣詹姆斯

詹姆斯二世

宫，他是英国最后一位信仰天主教的国王。查理二世曾反对詹姆斯皈依天主教，他下令詹姆斯的子女必须按新教教义培养长大。当时的英国人对天主教仍然怀有很大的敌意，为了取得新教教徒的欢心，詹姆斯让他的女儿玛丽嫁给了一个新教徒——荷兰的威廉王子，即后来的威廉三世。

尽管詹姆斯皈依天主教后，曾经受到议会下院的排斥，但他继承王位的时候却出人意料地顺利。继承英国王位后，詹姆斯二世立即公开做弥撒，但他也在议会中宣称，他将保护英国国教，即圣公会，因为"其成员在最困难的时刻表现出难能可贵的忠诚"。这时，议会也决定拨给詹姆斯二世一大笔钱。

1685年6月，阿盖尔伯爵发动叛乱，他指挥叛乱武装侵入英格兰。这时，查理二世的私生子蒙茅斯公爵也起兵反对詹姆斯二世的统治，在英格兰西南部登陆。但这两股叛乱力量很快就被击溃，蒙茅斯公爵在伦敦塔被处死。叛乱虽然被镇压了，但这使詹姆斯二世开始怀疑臣民对自己的忠心。为此，他下令严惩造反者，采取了很多过激的措施，结果使得英国民众认为詹姆斯二世是个暴君，于是对国王的排斥情绪开始滋生。不过，此时的议会对国王仍然是忠诚的。

这年秋天，詹姆斯二世决定不顾第一个审查条例，而允许罗马天主教徒军官在军中服役，并且坚持对不信奉国教的人停止执行有关刑法，这引起了议会下院的强烈抗议，这时的议会变得难以驾驭。

2年后，詹姆斯二世终于也解散了议会，至此，他完全可以利用国王的特权取消或停止一些法律条例的生效，以实现他宗教信仰完全平等、自由的理想。不过，因为议会被解散了，詹姆斯也由此失去了某些议会曾经许诺给他的收入。

接着,詹姆斯二世还指定了一个教士委员会,以便阻止圣公会教士从布道坛上攻击罗马天主教的宗教信条,詹姆斯二世认为这种布道是"轻率的布道"。而且不久,高等法院判定,在特殊情况下,国王可以不受法律的约束。这使詹姆斯二世能够接纳天主教徒进入枢密院,而且能够自由任命罗马天主教徒为陆、海军军官,甚至能选任罗马天主教徒在牛津大学各学院任职。

1687年春,詹姆斯二世发布了首个信教自由宣言,目的是在英国实现完全的宗教自由。第二年,詹姆斯二世再次发布信教自由宣言,指示英国圣公会教士做礼拜时应该在布道坛上朗读。最后,詹姆斯把自己的两个内弟予以免职,因为他们是新教徒,对国王的政策并不赞同。

詹姆斯的忏悔牧师是一个耶稣会的人,他尤其被新教徒看做敌人。此外,詹姆斯二世还开始在伦敦接见罗马教宗的代表,这是自玛丽一世以来,教皇代表第一次来到英国。总之,詹姆斯二世的种种言行使得他逐渐失去了原本支持他的人,英国人民越来越不信任他的宗教政策,反对他的专权。

四、"光荣革命"

对于斯图亚特王朝复辟君主詹姆斯二世的高压政策,英国人民逐渐从不满情绪发展到武装起义。不过,当时新兴的资产阶级和新贵族仍然软弱无力,他们害怕人民的力量,不敢依靠和发动人民通过革命的手段去推翻复辟王朝,于是开始寻求向封建贵族妥协。正是在这种情况下,英国发生了"光荣革命"。

1688年,英国国内爆发了一场危机。当时,国王詹姆斯二世置英国大多数人为新教徒的国情于不顾,企图重新将天主教定为国教,而且强行镇压反对派,解散议会,已经处于众叛亲离的边缘。

终于,在这年夏天,詹姆斯二世的统治出现了根本性的动摇。当时,坎特伯雷大主教和6名主教上书要求国王撤销关于发布第二号信教自由宣言的命令,原因是查理二世在位时,议会曾一再坚持国王无权取消刑法典。这使詹姆斯二世大怒,下令将这7名主教抓起来审判。但出乎他意料的是,陪审团宣判他们无罪,这一判决让平民和军队都感到高兴。同时,詹姆斯二世的王后在6月10日这一天生下了一个儿子——后来被称为"老觊觎王位者",这使英国处在了很可能再建立一个天主教王朝的危险之中。

就在7名主教被宣布无罪的当天,伦敦主教等人秘密给詹姆斯二世的外甥和女婿、奥兰治亲王威廉发信,邀请他到英格兰来保卫自由和财产,并维护其妻玛丽的王位继承权。当时的威廉正在荷兰与信仰天主教的法国国王路易十四作战,他被英国人民看做是新教的希望。

这时的詹姆斯二世其实心里也清楚,君主专制的时代在英国已经一去不复返了,自己并没有特权确保把天主教重新立为英国的国教,因此他正在努力去重组一个新的议会。然而,形势已经出乎他的控制。1688年6月底,在新的议会选举之前,一群新教贵族要求威廉带军进入英国。

9月,威廉将要进攻英国的意图已经非常明显,但詹姆斯二世拒绝了法王路易十四为他提供军队的建议,因为他怕这样更加引起英国人的反对。他相信他的军队足以抵抗威廉。但他错了。11月,来自荷兰的威廉开始登陆英格兰。

很快,英国所有信仰新教的军官都叛变了,詹姆斯二世的另一个女儿安妮也参加了入侵军,并带走了许多王室的支持者。詹姆斯二世此时已是众叛亲离。于是威廉不费吹灰之力就占领了英国,并将詹姆斯二世软禁。

12月的一天,詹姆斯二世趁守卫的人不注意,悄悄逃出伦敦,并将英国国王的大印扔进泰晤士河,随后逃往法国。然而,詹姆士二世在肯特登船外逃时被渔夫认出,随即被捕。不过所幸的是,威廉不希望詹姆斯二世成为一个殉教者,因此于12月23日故意让他逃跑了。最终还是法王路易十四收留了詹姆斯二世,给了他一座宫殿和很高的收入,詹姆斯二世此后就住在这里,1696年有人企图刺杀威廉三世让他重返王位,但没有成功。

詹姆斯二世年轻时曾是个很有才华和能干的军人,但他生性急躁,且狂妄自大,沉溺酒色。法国国王路易十四虽然收留了詹姆斯二世,但对于他在宗教问题上顽固不化的态度,也称他是一个傻瓜,竟然会为了一台弥撒而抛弃了3个王国。被迫退位后,詹姆斯二世终生未回英国,在圣日耳曼度过了余生。据说,詹姆斯二世后来一直虔诚地悔恨自己所犯下的罪行,直到66岁时死于心肌梗死。

来自荷兰的威廉登陆英国后,召集了一次"惯例议会"。"惯例议会"一般在英国王位空缺时召开,比如内战后将王位授予查理二世的就是一次"惯例议会"。1689年2月12日,英国召开了"惯例议会",会议宣布国王詹姆斯二世在逃离伦敦之时就已经自动放弃王位了,因此目前王位空缺;因此会议决定由詹姆斯二世的女儿玛丽继承英国王位,她将与丈夫威廉三世共同统治英国。随后不久,威廉和玛丽正式成为英国的君主,这就是英国历史上一直让人们津津乐道的"光荣革命"。

威廉和玛丽执政后,首先通过了一个法令,这个法令不仅指出詹姆斯二世滥用权力,还写明了未来英国王位的继承人顺序:首先是威廉三世和玛丽二世的孩子,然后是公主安妮和她的孩子,最后是威廉三世假如再娶的话而生的孩子。

五、夫妻共治

玛丽女王是英国斯图亚特复辟王朝的君主詹姆斯二世和其第一个王后安妮·海德王后的长女,也是荷兰执政威廉的妻子。1688年"光荣革命"期间,玛丽支持丈夫威廉进入英国,并随丈夫开进伦敦,结束了父亲詹姆斯二世的统治。1689年4月,她与丈夫签署了《权利法案》,两人共同统治英格兰,威廉号称"威廉三世",她号称"玛丽二世"。后来,威廉三世辗转于爱尔兰和欧洲大陆指挥作战,玛丽二世则在枢密院的辅佐下主理朝政。

在玛丽二世统治期间,信仰新教的她十分活跃,还以勤于政务和善于决断而受人尊敬。尽管丈夫威廉三世拥有大部分权力,但在日常的政

玛丽二世

务处理上，主要还是依靠玛丽女王。她当政时，还自封为法国女王。因为玛丽女王性格温文尔雅，待人接物有礼有节，因此得到丈夫的百般敬重和爱慕。

威廉三世在入主英国前是奥兰治亲王、荷兰执政，他是荷兰前执政威廉二世与英国国王查理一世之女玛丽公主的儿子。此前，为与英国结盟，他与表妹、英国公主玛丽结婚。1688年11月，英国发生"光荣革命"时，英国议会邀请威廉登陆并统治英国，不久，威廉与玛丽夫妇共同加冕为英国国王。

这次王位更替在英国历史上有着里程碑式的意义，它意味着英国1640年爆发的资产阶级革命的结束，自此建立起了世界上第一个长期稳定的君主立宪制，这就是史家所啧啧称道的"光荣革命"。由此，英国逐渐树立立宪君主制和议会高于王权的政治原则，而威廉三世成为"英国国王兼荷兰执政"，这是英、荷两国在历史上唯一一次被划到了同一个人的名下。

威廉三世

1701年，英国议会又通过了《嗣位法》，该法案不仅规定了玛丽女王的妹妹安妮公主为继承人，还规定了今后任何天主教徒皆不能继承英国王位，任何英国国王皆不得与罗马天主教徒结婚等。

"光荣革命"后，威廉三世与玛

丽二世夫妻二人共享英国王位,但玛丽女王长期甘居幕后,威廉三世则是实际上的国王,只有在威廉出征海外时,玛丽才出来主政。威廉三世虽然信仰新教,但他是一个宗教宽容者,对天主教没有什么偏见。威廉三世曾被后人列入世界历史上最有影响的帝王之中,这主要是因为在他执政期间,不仅使荷兰渡过了被英、法两国夹击的艰难岁月,维持了荷兰"海上马车夫"的独立和强盛;而且他还顺利接受了《权利法案》,使英国跨入了君主立宪制,而后者对英国历史和世界历史都产生了重要的影响。

总之,英国资产阶级革命经过半个世纪的反复斗争,终于推翻了封建专制制度,它是人类历史上资本主义制度对封建制度的第一次重大胜利。资本主义制度同封建制度相比较,是人类历史的一个重大进步。英国资产阶级革命为英国资本主义迅速发展扫清了道路,大大促进了生产力的发展。100年后,英国发生了工业革命,成为大机器工业的发源地。此外,英国资产阶级革命揭开了欧洲和北美资产阶级革命运动的序幕,开辟了资产阶级革命的新时代,有着划时代的意义,它标志着世界近代史的开端。

第九章
双元革命

"双元革命"指的是1789年爆发的法国大革命和同时期发生的英国工业革命，这一概念最早是由霍布斯鲍姆在其名作《革命的年代:1789—1848》一书中提出的。"双元革命"这一说法所追溯的是1789—1848年所发生的、影响深远的世界性变革,这一变革包括政治变革和经济变革。

　　这两场革命使整个世界都发生了改变,而"双元革命"的主要载体则是生产关系与生产力的变革。从西欧"双元革命"到19世纪晚期,资本主义生产资料的私人占有以个人或家庭形式为主,经济运行突出体现为民族国家范围内的自由竞争。所有近代国家几乎都是18世纪"双元革命"的产物:其一,工业革命奠定了工业化的经济体制,它塑造了一种崇尚效率与数量的文化。其二,就是法国大革命所塑造出的现代民主制。

一、王权旁落

　　法国大革命,在社会体制领域进行,深远意义在于其塑造出了现代民主制,产生了追求民主、自由的文化;英国工业革命,在经济体制领域进行,深远意义在于其奠定了工业化的经济体制,塑造了崇尚效率和数量的文化。

　　在政治上,1688—1689年英国发生的"光荣革命"是由代表新兴资产阶级的议会所领导的,这是一场不流血的政变,确立了君主立宪制度。它为经济上英国工业革命的发生准备了一个良好的政治环境,因为君权遭到削弱,英国向民主化发展。这样一来,大众可以自主选择国家发展和走向,最受关注的经济发展成了国家的主旋律。

1.工业革命

　　工业革命是指在生产力和生产关系上用机器生产代替手工劳动,从工厂手工业向机器大工业转变的过程,它又称做产业革命,一般认为是18世纪发源于英格兰中部地区的工业革命。英国工业革命从18世纪

60年代开始,到19世纪中期基本结束。英国的工业革命影响了整个欧洲大陆,并带动了当时许多国家相继发生工业革命。

工业革命从英国开始并不是偶然的,这是有深刻的政治前提、社会经济前提和科学技术前提的。"光荣革命"对英国经济的发展产生了推动作用,促进了工业革命的进程。资产阶级掌权了,为后来社会发展前进的道路

工业革命时期的背景油画

工业革命初期的工厂

扫清了障碍,为工业革命奠定了基础。随着英国君主立宪制的确立,加速了圈地运动,产生了大批无产者。同时海外贸易和殖民地的开发,使大量财富集中到英国资产阶级手中。此外,经典力学、热力学等学科的理论创新也为工业革命带来了契机。

从生产技术变革上来看,工业革命使工厂制代替了手工工场,用机器代替了手工,创造了巨大的生产力,使英国成为"世界工厂",人类也由此进入了蒸汽时代。从社会关系上来说,工业革命使依附于落后生产方式的自耕农阶级消失了,工业资产阶级和工业无产阶级则形成并逐渐壮大。工业革命使资本主义生产方式最终战胜封建生产方式,转变了

人们的思想观念和生活方式，大量农村人口涌向城市，推动城市化进程，它使人类从农业文明走向工业文明。工业革命也彻底改变了世界格局：造成了先进的西方和落后的东方，使东方从属于西方，加快亚、非、拉落后地区的半殖民地化的进程。

这一时期世界范围内所发生的工业革命对中国也产生了不可估量的影响：英国发动两次鸦片战争，中国开始沦为半殖民地半封建社会；中国成为列强的商品倾销市场和原料掠夺地，被迫卷入世界资本主义市场；出现了先进的中国人开眼看世界，向西方学习的新思潮的萌发。

总之，起源于英国，随后波及欧洲大陆和北美的工业革命，不仅在英国历史上，而且在整个世界历史上都具有划时代的意义，对人类社会的演进产生了空前深刻、巨大的影响。它为新生的资本主义制度奠定了坚实的物质基础，促使欧美诸国先后实现工业化，由农业国变成工业国。它为英国提供了历史机遇，利用工业化先发优势，确立了世界霸主的地位。不过，工业革命在给人类生活带来进步和福祉的同时，也使人类面临新的矛盾和挑战。

2.君主立宪制

君主立宪制是资本主义国家用宪法限制君主权力的一种政治制度，在这种制度下，国家的一切事务均由法律决定，君主没有实权，而且本身也要遵循法令。而英国历史上形成的议会制君主立宪制则是指国王作为虚君不直接支配国家政权，由内阁掌握行政权并对议会负责。从法律上看，英王是"一切权力的源泉"、"国家的化身"，但实际上英王的权力徒有其表，法律上赋予英王的权力都由内阁和议会行使。在现代英国，国王只是名义上的国家元首，是维护资产阶级统治的一种权力象征。

在英国的君主立宪制政体下，英王是国家元首、大不列颠联合王国武装部队总司令和英国国教的世袭领袖，但英王实际上处于"统而不治"的地位，其作为英国象征的地位更为突出。国家权力的中心在议会，议会是国家最高立法机关。由内阁掌握行政权并对议会负责，法律上赋予英王的权力都由内阁和议会行使。

"光荣革命"后,英国确立了君主立宪政体,从此议会及政府逐步掌握了治理国家的权力,这种政治体制虽然有其历史局限性,但它结束了英国的封建专制制度,使得英国走上资产阶级政治民主化的道路,有利于资本主义的发展。它代表了历史发展的趋势,是历史的一大进步。

作为现代英国君主立宪政体权力中心的议会,是在13世纪中期,贵族在同英王亨利三世的斗争中获胜后所建立的。13世纪末以后,议会经常召开,议员由贵族、市民和骑士组成,由于各个阶层的利益不同,常常不在一起开会。14世纪以后,议会逐渐分成上、下两院。此后,下院的权力不断扩大。15世纪末,下院已经有提出财政议案和法律议案的权力,但是,这一时期的议会仍然是封建性质的等级代议机构。

1640年英国资产阶级革命爆发后,议会成为资产阶级同代表封建势力的斯图亚特王朝斗争的政治中心。"光荣革命"以后,议会相继通过《权利法案》和《王位继承法》,从法律上确认"议会主权"原则,进一步限制王权。法案未经议会同意,国王不得擅自批准法律、废除法律或中止法律的实施;并规定,国王必须信奉英国国教,天主教徒或同天主教徒结婚者不得继承王位。由此,英国的君主立宪政体初步确立。

3.《权利法案》与《王位继承法》

1640年,英国资产阶级革命爆发。然而,"护国公"克伦威尔去世后,1660年,英国又发生了斯图亚特王朝复辟,国王詹姆斯二世开始倒行逆施,不仅大力压制反对派,企图恢复君主集权,而且企图在英国恢复天主教,这引起了当时英国辉格党和部分托利党人的反对,矛盾逐渐激化。恰好这时,信奉天主教的詹姆斯二世的第二个妻子生了一个儿子,这位未来的国王将来必定信奉天主教无疑。

原来人们认为詹姆斯二世死后,他的信奉新教的女儿将即位,而他们的儿子出生后,人们的希望破灭了,于是纷纷决定采取行动。包括伦敦主教在内的几位著名人物发送了一封密信给远在荷兰的、詹姆斯二世信奉新教的女儿玛丽和女婿威廉,邀请他们到英国来保护英国的"宗

《权利法案》局部

教、自由和财产"。而对威廉来说，他主要关心的是如何能为他的妻子和他自己争夺英国的王位继承权，同时他也认为他入主英国可以防止英国同法国结盟以共同反对荷兰，因而接受了邀请。

为了避免当年邀请斯图亚特王朝复辟的前车之鉴，英国决定以法律形式限制国王的权力，保证自己的权力。于是在议会上、下两院共同召开的全体会议上，向威廉和玛丽提出了一个《权利宣言》，要求国王以后未经议会同意不能停止法律的效力，不经议会同意不能征收赋税，今后任何天主教徒不得担任英国国王，任何国王不能与罗马天主教徒结婚等。威廉接受了这些要求，和妻子玛丽共同继承了英国王位。

1689年10月，议会通过了《权利宣言》并制订为法律，这就是《权利法案》。《权利法案》奠定了英国君主立宪政体的理论和法律基础，确立了议会高于王权的原则，具有宪法的性质，标志着君主立宪制开始在英国建立，为英国资本主义的迅速发展扫清了道路。

《王位继承法》局部

1701年，在安妮女王统治下的英国议会又通过了一部《王位继承法》，它被看做是《权利法案》的补充。这两个法案确立了英国"议会至上"原则，是迈向君主立宪制的重要一步，议会逐渐成为国家的最高权力机关。《权利法案》是英国历史上自《大宪章》以来最重要的法案之一，可以被认为是英国宪法的前身。它改变了人类历史，对英国、对世界都产生了巨大而深远的影响。

《王位继承法》则规定，信仰天主教者不得继承英国王位，而且英国国王也不得嫁娶一名天主教徒。尽管一些人认为该规定与英国其他法律中禁止宗教歧视的条款有冲突，但实际上，绝大多数有资格继承王位的人都是基督教新教徒，而且在公开场合都大多宣称自己是英国圣公会成员。此外该法案还规定，王位的继承是由议会来决定的，而非君主本人。

4.安妮女王

安妮是詹姆斯二世与安妮·海德王后的第二个女儿，1665年登基成为英国女王，1714年去世。她是斯图亚特王朝的最后一位国王。安妮是詹姆斯二世与安妮·海德往后的第二个女儿，1683年，她与丹麦王子乔治结婚。他们夫妻恩爱，与人无求，与世无争。安妮女王的一生虽然生了17个儿女，但个个都短命。

1688年"光荣革命"中，荷兰执政威廉率军入主英格兰。安妮和姐姐玛丽都是新教徒，都反对其父詹姆斯二世用专制手段使英格兰天主教化。两个女儿的背叛对詹姆斯二世的打击很大。詹姆斯二世亡命之后，议会决定威廉有生之年统治英格兰，安妮默认了，她的即位权就被推迟到假定威廉死后无嗣时。她搬进了自己的柯克皮特宫，也就是现在的唐宁街所在地。

如同威廉三世一样，安妮成为英国国王后，开始试着用无党派或者全党派的内阁治理国家。在其统治时期的1707年，英格兰议会与苏格兰议会合并，实现两个国家真正的联合，奠定了大英帝国的基础。安妮女王在位期间，英国的议会选举和政党竞

安妮女王

争才第一次具有现代社会选举和竞争的意义。她先支持一个联合政府，继而支持一个温和的辉格党政府，后又勉强接受一个清一色的辉格党政府，最后批准一个温和的托利党政府，"她理解并顺应大多数臣民的感情"，无愧于"贤明女王安妮"的称号。

二、首任首相

罗伯特·沃波尔，辉格党政治家，是公认的英国第一位首相。在他主政的20年里，英国国内和平，经济发展，并在不经意间创立了首相制度，使英国国家政体进一步完善了。后世人一般认为，罗伯特·沃波尔是第一任英国首相。

当时的英国国王乔治一世是德国人，他更关心汉诺威。他到英国就任之时，已经54岁了，他把英国王位看成是他加强汉诺威侯国地位的手段。同时，乔治一世不懂英语，而他的大臣又不懂德语，因此内阁开会只能用拉丁语或法语。这样，国王经常缺席。首席财政大臣沃波尔经常代替国王主持会议，他依靠王室的信赖，操纵下院，控制内阁，独揽行政大权，有人称他为首相。

当时，"首相"可是一个污蔑、讽刺之词，沃波尔也反对别人称自己为首相。可是，由于他长期执政，实际已经成为名副其实的第一任首相了。而英王不参加内阁会议及首相领导内阁，此后便成为惯例。内阁有了自己的首脑——首相，也意味着内阁开始

英国第一任首相——罗伯特·沃波尔

摆脱国王的控制,内阁首相制由此形成。

　　尽管当时英国还没有正式确立内阁制,因为尚无法律正式认可内阁这一统治组织,但以沃波尔个人在议会中的巨大影响,他代表的不啻一个真正的内阁政府。罗伯特·沃波尔从政期间,正值英王乔治一世和乔治二世统治时期。后世史家一般认为,沃波尔于1721年担任首席财务大臣时就开始了他的首相任期。不管怎样,沃波尔在其任期内是内阁中无可争议的唯一领导者,掌握着首相可以行使的一切大权。

　　1714年,安妮女王去世,根据1701年通过的《王位继承法》,英国王位由詹姆斯一世的孙女索菲亚的儿子、神圣罗马帝国汉诺威选帝侯乔治继承。由于《嗣位法案》将一些信奉罗马天主教的、安妮女王的亲戚排除在继承名单以外,因此乔治的即位资格是存有一定争议的。正因如此,乔治即位后,曾认为托利党反对他即位的权利,因此不信任托利党。

　　安妮女王是斯图亚特王朝的末位君主,因此乔治一世的登基,一方面标志着汉诺威王朝的开始,另一方面也标志着辉格党主导政坛长达50年的开始。同年,身为辉格党员的沃波尔也获委任为枢密院顾问官。这时的他已经精通议会斗争,是无懈可击的辉格党人。

　　沃波尔性格外向开朗,喜爱且擅长社交,据说他胸怀宽广,曾经允许自己不共戴天的仇敌博林布鲁克子爵回国;他不但能承受沉重的打击,也能给予同样猛烈的反击。他从不谨小慎微,认为一个不完美的世界应当用不完美的办法来治理,并准备在这种情况下来利用自己的优势,而英国人就喜欢他这样性格和能力的人来主持国务。

　　作为辉格党第一位首相,沃波尔在任期间,曾竭尽全力避免英国对外开战,并在国内维持低税率政策,让英国免于欧洲大陆的战争影响,这使得使英国国内经济繁荣稳定。因为沃波尔一流的从政素质和杰出的治理才能,英王乔治二世对他十分倚重,而其所属的辉格党的势力也继续巩固,成为英国第一大政党。

　　英国议会制度确立之初,财政大臣权力很大,有授予官职之权,能控制议会,左右政府。正是在担任首席财政大臣之际,沃波尔创建了内阁制度和首相职务,使英国政治体制发生了深刻变化。

1727年,乔治一世驾崩,其儿子乔治二世登基即位。此后,人们一度认为不出数日,沃波尔将被剥夺官职。因为新王乔治二世原本就与父亲乔治一世不合,因此也连带着把乔治一世的权臣沃波尔看成是个恶棍。不过据说,沃波尔为了驱车赶到里士满向新国王报告这个噩耗,一连累死了2匹马,可是新国王却告诉他以后听从斯潘塞·康普顿的命令。但是,并非一切都完了。事实证明,康普顿能力太差,国王不得不召沃波尔入宫草拟国王的演讲稿,他机智地利用这个机会把国王和王后的经费增加了10万英镑。于是,在满心欢喜的卡罗琳皇后的怂恿下,乔治二世最后没有罢免沃波尔。

凭借着出色的政治手腕,沃波尔很快就成为内阁中无与匹敌的实权人物,除了得到卡罗琳皇后的信任外,沃波尔也渐渐重获乔治二世的信任。在国王与王后两人的支持下,沃波尔能够自由任用皇家任命权,并应其政治需要而给予各类任命甚至给予殊勋。沃波尔能够自行选定内阁人选,并可以迫使内阁阁臣达成一致共识。也正因为沃波尔所享有的权利以往在内阁无人能及,所以他才会被认为是英国的第一位"首相"。

当时,沃波尔在内阁中的地位如此之坚固的原因,除了他能言善辩和富有感召力的魅力之外,还在于他懂得经常使用赏赐来笼络人心。总之,他对18世纪前半期的英国政坛可谓具有举足轻重的影响。

此外,沃波尔还与当今的英国首相官邸唐宁街10号有着密切关系。唐宁街10号原本是乔治二世在1732年赠送给沃波尔的私人礼物,但沃波尔只愿以第一财政大臣的名义受礼,因此理论上唐宁街10号是第一财政大臣的官邸。然而"第一财政大臣"这个官衔,在今时今日已多为首相所兼任,所以事实上那里已经是英国首相的官邸。

三、痛失北美

1.美国独立战争拉开序幕

17世纪初,英国人在北美大西洋沿岸建立了第一个殖民地——弗吉尼亚。后来,经过不断扩张,一个半世纪后,英国人已在北美大西洋沿岸建立了13个殖民地。在这个过程中,有大量的移民前往北美大陆定居,其中大部分是英国人,也有不少来自欧洲大陆的人,还有一些从非洲贩运过来的黑奴,这些人为开发北美做出了重要的贡献。

当时,英属北美殖民地的经济发展较快,很快就成为主流。这些殖民地的政治运行模式基本上是依照英国政体建立的,每个殖民地都有自己的总督和议会。总督代表英国政府对殖民地进行统治,拥有行政、经济和军事大权,可以否决议会通过的法案。

此后,经过一段时间的发展,英属北美各殖民地的经济往来日益密切,初步形成了统一的市场。同时,在长期的文化交流、融合与再造的过程中,英语成为来自各殖民地的共同语言,逐渐产生了共同的文化。在此基础上,美利坚民族开始形成,民族意识逐渐觉醒。18世纪上半期,启蒙思想在英属北美殖民地得到传播,涌现出一些杰出的思想家,如富兰克林和杰斐逊,英属北美殖民地的民族和民主意识日趋增强。

到了18世纪中期,英属北美殖民地的经济发展可观,北部工商业发达,中部盛产小麦,南部种植园经济繁荣。这时,北美生产的很多产品在国际市场上甚至能与英国产品一争高低。

1756—1763年,北美爆发了"七年战争",这是英、法两国为了争夺对北美殖民地的控制权而进行的战争。最终,英国虽然打败了法国,控制了北美大部分地区,但英国本土却因为长期的战争而导致财政困难。于是,英国政府开始对北美各殖民实行高压政策,不断地增加税收,对殖民地人民进行蛮横的压榨和残酷的剥削,英国希望北美永远做它的原料产地和商品市场,竭力压制殖民地经济发展,并从殖民地搜刮更多的财富。

1765年3月,英国议会通过新的印花税条例,该条例规定,北美殖民地的印刷品包括报纸、书刊、契据、执照、文凭、纸牌、入场券等均需加贴印花税票,税额自2便士到几英镑不等,违者罚款或监禁。

印花税条例遭到殖民地人民的强烈反对,一场争取独立和自由的战火即将在北美大陆上燃烧起来。

美国独立战争场景图

1765年10月，在纽约召开全殖民地反对印花税法大会，会上通过拒绝向英交纳印花税等14项决议。为抵制印花税条例，全殖民地展开抵制英货运动，从而导致英国对殖民地的出口额大幅度下降，这导致英国30个城市的商人和制造商联合向议会上书请求废除印花税法。第二年春，无奈之下，英国议会不得不通过了废除印花税条例的决议。但是，英国国会于1767年下半年又通过4项向殖民地征税的法案，总称《唐森德法》。税法规定自英国输往殖民地的纸张、玻璃、铅、颜料、茶叶等均一律征收进口税。还规定英国关税税吏有权闯入殖民地民宅、货栈、店铺，搜查违禁物品和走私货物。

《唐森德税法》公布后，引起北美殖民地人民的愤怒抗议，殖民地人民再度掀起抵制英货运动，并用武力反抗英国税吏的搜查与压迫，英国对北美的贸易额大幅度下降。英国政府以解散纽约、马萨诸塞两州议会要挟，但遭到殖民地人民更大的反抗，英国遂于1770年3月被迫废除《唐森德税法》。

1765年，英国政府开始派遣军队驻扎北美。当时，驻扎在波士顿的第14团和第29团胡作非为，从而造成士兵与居民的关系恶化，双方积怨已深，一股反抗的暗流逐渐壮大。1770年3月，这种反抗达到高潮，酿成了"波士顿惨案"。"波士顿惨案"的消息很快传到其他城市，人民纷纷起来抗议英军驻扎。

1775年4月，波士顿人民在莱克星顿上空打响了独立战争的第一枪，莱克星顿的枪声拉开了美国独立战争的序幕。

在这场战争中，英军死伤273人，民兵损失了95人，剩下的英军弹药

耗尽。他们第一次尝
到殖民地人民铁拳的
滋味。

2.乔治三世

美国独立战争爆
发时，正是英王乔治
三世在位时。他是乔
治二世的孙子、英国
汉诺威王朝的第三任

莱克星顿的北美民兵雕像

君主。虽然在最后的10年中,他没有执政,但他仍是英国历史上在位最
长的国王之一。在他的执政期内,是他的强硬立场导致了北美殖民地的
最终独立,使英国痛失了北美这块重要的殖民地。

1763年,英国政府发布了《皇家公告》,该公告制定了英属北美殖民
地的边界线,以此来限制殖民地向西扩展。这条"公告线"却引起了边区
殖民者的强烈不满,继而成为北美殖民地与大不列颠政府出现纷争的
导火线之一,也是后来美国独立战争
的起因之一。

另一方面,原来美洲殖民者只需
向英国政府缴纳很低的捐税即可。但
后来因为英国政府打算在美洲部署
大批军队,以镇压当地居民的起义,
并防范法国对北美殖民地的侵略,使
得大不列颠在美洲的军费开支十分
沉重。为此,当时的格伦维尔内阁政
府才在1765年引入了《印花法案》,向
大不列颠北美殖民地的每份文件开
征印花税。由于当时连报纸也征收印
花税,使得反对征税的宣传得以在北

乔治三世

美广泛流传。

与此同时，格伦维尔首相因为试图削弱英王的特权而渐渐失去了乔治三世的支持。乔治三世曾试过游说老皮特出任内阁首相，但并未成功，其后乔治三世曾一度患病抱恙。在得到老皮特的帮助下，罗金汉勋爵成功撤回了格伦维尔首相那份极不受欢迎的《印花法案》。1766年，老皮特再度组阁，而乔治三世紧接着便册封老皮特为贵族，即查塔姆伯爵。查塔姆勋爵与乔治三世撤回法案的行动，使他们在美洲殖民地的民望急升，纽约市的民众为表感谢，更在市内双双竖立起他们的铜像来。

随后，乔治三世接连不断地更换首相，先后撤换了4任首相，导致大臣们议论纷纷，说国王未对自己的大臣给予应有的支持，遇事独裁专断不与他们商量，而是去征求"潜入幕后"的老皮特的意见。乔治三世和首相的矛盾使当时的人们看清楚了，得不到国王充分信任的政府寿命不长。同样，首相如果得不到议会的尊重和支持，也站不住脚。1770年，乔治三世认为他找到了一个国王与议会双方都可以接受的理想人物任首相，即乔治三世童年时的朋友诺思勋爵。

诺思首相在议会里得到多数人的支持，他在任长达10年之久。从英国的政治背景上看，乔治三世的判断是正确的。新任托利党首相诺思勋爵及其政府对美洲日益不满大不列颠的情绪十分关注，为了安抚美洲殖民者，他撤销了向美洲殖民地所征收的绝大部分税项，但却独留茶税一项。

1773年，波士顿茶叶事件发生后，在英国本土引起了很大的反响，舆论对北美殖民者也出现不满，而本身同情北美殖民者的查塔姆也转而支持首相诺思勋爵。诺思勋爵在茶叶事件发生后引入多项措施作为报复，当中包括关闭波士顿港、修改麻省宪法，使当地立法机关的上院由君主委任产生，而不再由下院互选产生。

可以预料到的是，这些措施进一步激起殖民者的不满，他们称这些措施为"不可容忍的法案"。有学者认为，直到这时，乔治三世仍倾向于"以政治手段解决问题，尽管有时他对内阁所作的建议成效存有怀疑，他仍然十分听任于内阁的建议，而仅从1763年至1775年所发生的事来看,乔治三世亦不应就引发美国革命一事负起直接责任"。

3.失去美洲

1776年7月,北美殖民地宣布从英国独立,一个崭新的国家美利坚合众国——美国诞生了。

1778年,英国在北美的主要竞争对手——法国与新生的美国签订了一份友好协议,该协议使英国面临的形势更为不利。此时,首相诺思勋爵提出由查塔姆勋爵接任首相,但被乔治三世断然拒绝了。他提出建议,要求查塔姆勋爵与诺思勋爵联手从政,并进入内阁任职。

美国刚成立后,乔治三世曾坚持要求英国士兵同北美的革命军战斗到底,尽管很多大臣并不赞成此举,其中古尔勋爵和韦茅斯勋爵等因为不愿为这场战争有伤尊严而纷纷辞职。首相诺思勋爵与他的同僚也不赞成乔治三世的做法,虽然他并未辞职,但力劝乔治三世在北美停火。

终于,乔治三世逐渐打消了继续增兵北美,以镇压新生的美国这一念头,但他仍然下决心"永不承认美国独立"。乔治三世计划要留3万名英国士兵驻防在纽约、罗德岛、加拿大以及佛罗里达,其余部队则负责攻击活跃于西印度的法国及西班牙军队。为了惩罚美国人,他又计划要破坏他们的沿海商港、炸毁他们的码头、劫掠与焚烧他们的沿海城镇,以及解除对印第安人的管制,让他们袭击殖民地边区的平民。

乔治三世认为他的这些举动可以有效地维持北美大陆仍然忠于英王的人士,并能分裂大陆会议和"持续地使造反者感到烦扰、不安和困乏,终有一日,更将不满和失望自

起草《独立宣言》

然及无可避免地转化为忏悔和自责",从而乞求由他再次管理英属北美殖民地。然而,出乎他意料的是,这些计划却对保皇党及原本忠于英王的印第安人造成了很大的破坏,且持续已久的北美战争更是让法国和西班牙两国随时有机可乘,他们的联合舰队开始进逼英伦三岛,首都伦敦也处于危险之中。1781年,英方主将查尔斯·康沃利斯在约克镇之围兵败投降的消息传到伦敦后,首相诺思和国王乔治三世受到了保守势力的攻击,他们称诺思勋爵是"失掉美洲的那个人"。

乔治三世因此打算退位,诺思勋爵则辞任首相一职。不过,经过诺思勋爵的规劝,乔治三世打消了退位的念头,而且还接受了英国已经在北美洲失败的事实,决定授权大臣与北美独立战争的领导人举行和谈。1783年,《巴黎条约》及《凡尔赛条约》两个和约得到了确认,标志着美国独立战争的正式结束。这两个条约,前者要英国承认新成立的美国,而后者则要英国放弃佛罗里达与新西班牙,以及容许法国人通过纽芬兰对开的航道。

1785年,美国的约翰·亚当斯成为美国驻守英国的第一位部长。这时的乔治三世从思想上已经顺从于世界格局,并接受了英、美两国的新关系,他对亚当斯说道:"我是最后一位同意(英、美)分开的,但我将是第一位去迎接美国作为独立政权的友人。"

虽然乔治三世刚即位时,声望颇高,但美国独立战争爆发后,乔治三世却因革命浪潮而失去了13个北美殖民地人民的支持。从美国《独立宣言》中的指控所见,乔治被指"重复地破坏和侵夺",以及在美洲殖民地试图建立起"绝对暴政",这使得乔治三世给一般的美国大众留下的是暴君的印象。

1776年,纽约市民破坏乔治三世的雕像

四、黑奴贸易

黑人奴隶贸易从16世纪开始，主要是欧洲奴隶贩子从本国出发装载盐、布匹、朗姆酒等，在非洲与当地酋长交换成奴隶后，再沿着"中央航路"通过大西洋，在美洲换成糖、烟草和稻米等返航。在欧洲西部、非洲的几内亚湾附近、美洲西印度群岛之间，航线大致构成三角形状，由于被贩运的是黑色人种，故又称"黑三角贸易"，历时400年之久。

黑奴贸易的产生有着历史的和地理的渊源。15世纪末，随着哥伦布发现美洲新大陆，欧洲、美洲之间开辟了新航线。那时候，商业在发展，贸易在扩大，从世界范围来看，欧亚两洲商贸发达，对于西欧、北欧的国家来说，亚洲无疑是千里之遥，而美洲、非洲则近得多，这便为"黑三角贸易"提供了有利因素。于是，葡萄牙、西班牙、英国、法国等便开始殖民扩张。他们在美洲创建种植园，开发金银矿，由于需要大量的廉价劳动力，在利润的驱使下，将贪婪的目光投向未开化的非洲大陆，开始了罪恶的奴隶贸易。

据史料记载，1562年，英国的约翰—霍金斯爵士从塞拉里昂装运奴隶，在海地换取兽皮和糖，在返航之后成为朴茨茅斯最富裕的人。由于利润高得惊人，所以伊丽莎白女王和枢密院官员也对他的第二次航行进行了投资。这次，他遵循前次的步骤满载一船白银而回，一举成为英国最富裕的人。

最初，奴隶贩子在非洲大陆采用掠夺的形式掳掠黑人，后来他们改变手法，采用所谓贸易的手段。奴隶贸易的过程有三部分：欧洲奴隶贩子的运奴船装着劣质商品，从欧洲港口出发，到达非洲，这叫"出程"。当时，欧洲殖民国家的资本主义发展迅速，已经能够生产出大量的产品，这决定了他们能够以此交换黑人。奴隶贩子到达非洲后，用价值很低的商品与黑人部落的酋长交换年轻力壮的黑人。尚处于野蛮愚昧状态下的黑人部落及其部落首领，在奴隶贩子的挑拨离间、威迫利诱下，黑人就像商品一般被奴隶贩子收购。接着，满载黑人的运奴船沿着中央航路

黑人奴隶被贩卖到美洲

横渡大西洋,到达美洲,这叫"中程"。运载非洲黑人前往美洲的船只,往往成倍超载,规定四五百人的船只,常常会满满地装进近千人。患病而死或染上种种流行病的黑人都被抛入大海,遭遇相当悲惨。到达目的地后,黑人再次被卖送到矿山或种植园做奴隶。最后,奴隶贩子满载金银和原料的船只返回欧洲,这叫"归程"。运回来的金银和原料对资本主义的发展起了极大的推动作用,这也是奴隶贸易得以顺利进行的重要原因。

总之,在16世纪到19世纪北大西洋进行的"黑三角贸易",资本主义的发展以及政府的默认,欧洲殖民者对利润的疯狂追逐,加上非洲人民由于原始的社会结构造成的愚昧,是"黑三角贸易"顺利进行的主要历史原因。

黑奴贸易猖獗的国家在16世纪时主要是葡萄牙,17世纪则是荷兰,到了18世纪时,英国则成了当时主要进行黑奴贸易的国家。当时,大约有40个欧洲要塞分布在西非沿岸,它们用来防御敌对的贸易国,并关押等着运过大西洋的奴隶。

由于进行黑奴贸易能获得巨额利润,各大既得利益集团都坚决反对任何控制或废除奴隶贸易的建议。首先,大部分非洲酋长就反对,因为他们用一个强壮的奴隶可换得20英镑—30英镑。其次,南、北美洲的种植园主，尤其是18世纪在英国议会席位中拥有一个重要集团的巴巴多斯的种植园主，也支持奴隶贸易。再次，欧洲诸既得利益集团，不论是贩奴者还是国内各种酒商和产品制造商，也都拥护黑奴贸易。

奴隶贸易的拥护者除了用经济上的论点外，还用军事上的论点来支持他们的立场。卷入这一贸易的许多船只不仅养活了造船厂，而且为成千上万的水手提供了工作。因此，人们坚持认为任何带头废除奴隶制的国家都将削弱自己，使之不能成为一个海军强国。

尽管存在着这些难以应付的障碍，一小群改革者仍大力从事废奴运动。1787年，他们在英国成立了废除奴隶贸易协会。工业革命的进步援助了这些废奴主义者，因为它正在使奴隶制瓦解，因为不断进步的技术所需要的是海外市场而不是廉价劳动力的供应。工业革命时代到来后，传统的以蔗糖、烟草和奴隶为主的殖民贸易已经不再具有重要意义。工业国家对棉花、羊毛、燃料、铁、铜、锡、煤炭等工业原料的需求取代了对消费品的需求。

同时，由于法国大革命宣扬的天赋人权观念影响，加上宗教、人道和经济方面的原因，英国于1807年宣布奴隶贸易为非法。这一年，英国通过的一项法令标志着废奴主义者的首次成功。它规定英国船只不得参与奴隶贸易，并禁止向英国殖民地运送奴隶。1833年，议会终于通过了一项在英国本上彻底废除奴隶制，并向蓄奴者提供2000万英镑赔偿费的法令。

英国政府进而说服欧洲其他国家以它为榜样，允许英国军舰捕捉挂别国国旗的贩奴船。有一个时期，英国动用了海军1/4的力量，在非洲、古巴和巴西沿海巡逻。在20年中，这些巡逻船俘获了1000多名奴隶贩子，并释放了他们的奴隶。

随着荷兰、法国、瑞典、丹麦等国也相继宣布禁止奴隶贸易，西欧各国在非洲沿海的奴隶贸易据点迅速萎缩，丹麦、荷兰均于19世纪中叶卖掉了在西非沿海的商站。同时由于拿破仑战争的冲击，西班牙和葡萄牙在美洲的殖民地纷纷宣布独立，对奴隶的需求锐减，这两国在非洲的殖民力量也迅速衰弱。因此，进入19世纪后，黑奴贸易渐渐式微。

五、"看不见的手"

"看不见的手"是指市场经济的自由竞争,这只"无形之手"是会自动调节一个国家的经济运行的。"看不见的手"这一概念是英国经济学之父亚当·斯密的代表作《国富论》一书的精髓。

1723年,亚当·斯密出生在苏格兰。当时的英国是欧洲领先的资本主义国家。因为18世纪前期欧洲大陆的法国和德国,尚停留在封建家庭手工业或独立手工业的阶段,但英国则不同,已经发展到了资本主义的初级阶段,工场手工业已在国内各大都市扎下了根基。封建社会的家庭手工业或独立手工业,工人大多分散在各家各户进行劳动,个人在整个生产流程中只是一个孤立的劳动者。而工厂制手工业却是许多工人在一个工厂劳动,在工厂主的指挥命令下,使用简单的工具,从事分工的作业。直到1760年前后英国发生了产业革命,出现了机器大工业,在产业革命前英国全国各地所实行的,仍然是这种资本主义前期的工厂制手工业。

亚当·斯密这位享誉世界的英国古典派经济学家,正是生活在英国从工厂制手工业向机械制大工业的过渡时期。他一生中最重要的成就就是把当时刚刚萌芽的、零星片断的经济学说,经过系统的思考和整理,成为一门独立的社会学科。当时,英国正处于产业革命的前夜,而且18世纪的启蒙运动正在抬头,要求推翻封建专制、进行理性主义反抗的呼声越来越高,平民阶级对中世纪的特权阶级、豪门贵族、大地主开始进行顽强的抵制和反抗。

亚当·斯密深入观察了当时新出现的社会现象,并追根溯源,进行了深刻的思考。他很同情生活在社会底层的劳动者,认为之所以会出现社会分配不公、贫富差距和分化,正是由于在经济生产过程中的不自由所造成的,不过这种不自由只是针对中下等劳动者而言。相反,处于社会上层的官僚地主和行业主则享受着很大的自由,他们还束缚底层劳动者从事经济活动的自由,限制他们争取经济利益的自由,而自己却疯狂榨取劳动所得。由此，亚当·斯密庞大而精深的思想体系中就出现了自由竞争的思想。

1776年，亚当·斯密的《国富论》一书出版，该书一问世就引起了广泛的讨论。影响所及除了英国本地，连欧洲大陆和美洲也为之疯狂，因此世人尊称亚当·斯密为"现代经济学之父"和"自由企业的守护神"。

《国富论》一书重点倡导"看不见的手"，是第一本试图阐述欧洲产业增长和商业发展历史的著作，也是现

英文版《国富论》封面

代经济学学科的先驱。它也提供了资本主义和自由贸易最为重要的论述基础之一，极大地影响了后代的经济学家。

此外，在该书中，亚当·斯密反复强调的便是自由市场。自由市场表面上看来容易导致秩序混乱，但实际上会受到一双被称为"看不见的手"的指引，这双看不见的手将把市场中的各种经济活动引向规范。在亚当·斯密看来，人的本性自私且贪婪，而自由市场中的竞争正是可以利用这种人性来降低价格，从而造福整个社会，在为社会成员提供更多产品和服务的同时仍具有利润的刺激。

从某种程度上说，亚当·斯密在《国富论》中所研究的不只是市场、经济问题，也重点研究了经济活动中的道德和法律问题。

亚当·斯密的过人之处还在于他摒弃了许多过去的错误概念，尤其驳斥了旧的重商主义学说，认为这种学说片面强调国家贮备大量金币的重要性。他也否定了以往重农主义者所坚持的"土地是价值的主要来源"的观点，提出了劳动的重要性。

他开创性的研究得出了这样的结论：自由市场就是个自行调整机制，会自动倾向于生产社会最迫切需要的商品的种类和数量。每个人"只想得到自己的利益"，但是又好像"被一只无形的手牵着去实现一种

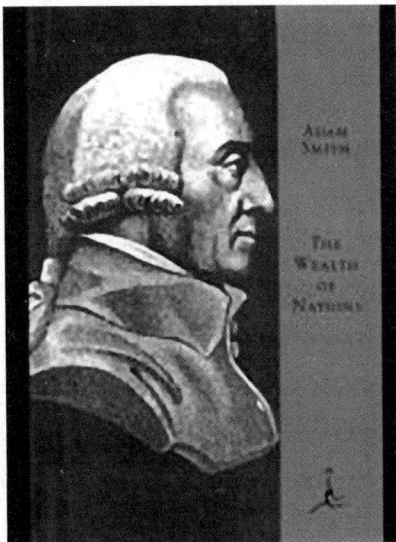

他根本无意要实现的目的……他们促进社会的利益，其效果往往比他们真正想要实现的还要好"。

但是如果自由竞争受到阻碍，那只"看不见的手"就不会把工作做得恰到好处。因而亚当·斯密相信经济要得到快速发展，一定要实行自由贸易，因此他坚决反对政府对商业和自由市场的干涉。他认为这样的干涉几乎总要降低经济效率，最终使公众付出较高的代价。

从当时的社会背景可以看出，亚当·斯密的"看不见的手"是针对当时生产力的发展受到严重阻碍这一现实提出来的，其目的是让广大的平民、工匠从封建社会和领主的统治中解放出来，摆脱被奴役的地位。

当时英国的城镇行会规定，如果一个人想按照自己的想法去织布，则应该首先取得行会中最年长的4位组织者的同意，另外还要经过法官准许。之所以制定这些规定，无疑是想限制平民进入市场的自由，剥夺平民进入市场的权力，保护产业主和行业主的既得利益。由此看来，"看不见的手"不仅是一个经济理论，更是一个政治宣言，它强调要建立一个自由、平等、道德和法制的社会。

亚当·斯密深邃的、极具开创性的思想不仅极大地影响了后世的经济学理论家，也对政府政策的制定产生了重要的影响。《国富论》一书不仅思想犀利、深刻，且文笔清新而优美，因此成为经济学的经典书目之一。书中提出的反对政府干涉商业活动和商业事务、降低关税和实行自由贸易的观点影响了整个19世纪英国政府以及欧美其他国家的经济政策。

亚当·斯密积极倡导的由"看不见的手"所调节的自由竞争和减少政府干预经济事务的思想，最终推动英国实行自由贸易的政策：1846年，英国废除了《谷物条例》，这项条例自1436年开始实施，旨在对进口谷物课以重税，以保护英国本土的农业发展，然而此时已经阻碍了贸易的发展。此外，1860年，英国废除了"保护关税"政策。

事实上，《国富论》中所强调的观点，对当今各国政府制定经济政策的影响仍然有所体现。因为目前世界各国主要实行的还是市场经济体制，而市场经济就像体育比赛，必须有合理的规则和公正的裁判，且无论任何经济活动,只有在道德和法律的约束下,才能持续、健康地发展。目前,我国也正在整顿市场经济秩序,这在实质上也正是对斯密的"看不见的手"的实践,因为当前中国整顿市场经济秩序的最终目的就是为了让自由竞争处于一个有道德、有法制的环境中,用各种法规制约经济行为,确保每个参与竞争者的自由。

第十章
殖民帝国

一、威廉四世与宪章运动

在世界历史上，英国是第一个发生资产阶级革命和进行工业革命的国家。资产阶级革命后，英国建立了君主立宪制，《权利法案》和《王位继承法》等一系列法案在实际上确立了议会高于国王的原则，并对议会和国王的关系作了明确的规定，杜绝了回复到君主专制时代的可能。

然而，这些法案并没有对英国的政府运作机制作出多少变动，在此后的百余年间，英国的政治权利主要仍是由土地贵族和金融资产阶级所把持，而真正能够享受到资产阶级民主权利的人十分有限。

维多利亚女王在位的60余年，正是英国自由资本主义由方兴未艾到鼎盛，进而过渡到垄断资本主义的转变时期，其间，英国的经济、文化空前繁荣，君主立宪制得到充分发展，这使得维多利亚女王成为英国和平与繁荣的时代象征。19世纪二三十年代，英国完成了工业革命。随着工业革命的完成，英国的商业和运输业也有了很大的发展。因此，英国工业资产阶级的力量壮大起来，他们志得意满，进而要求取得政治上的统治地位。

1832年，英国议会顺应形势发展，进行了改革，工业资产阶级的政治权利得到了实现，挤进了统治阶层。然而，在这次议会改革中积极支持资产阶级的工人阶层却并没有能够分享改革的结果，一无所获，政治上依然处于无权的地位。于是，日益强大的广大工人阶级决定掀起一场争取普选权的运动——宪章运动。

宪章运动是19世纪三四十年代，在英国发生的争取实现《人民宪章》的工人运动，是世界三大工人运动之一。宪章运动的目的是，工人们要求取得普选权，以便有机会参与国家的管理。"普选权问题就是饭碗问题"，工人阶级希望通过政治变革来提高自己的经济地位。

此外，工人阶级发动宪章运动的主要原因是，这时英国工人阶级自身的阶级意识得到了很大提高。如他们已经意识到自己在大工业生产中的重要性，同时又意识到自己的劳动未能得到相应的报酬；他们认识到靠个人的努力无法在大工业制度下争得应有的物质改善和社会地位；他们思想中也出现了诸如阶级斗争、大罢工、摆脱议会民主的幻想等一些新因素。

1.变革的时代

宪章运动之前，英国先后经历了一系列政治改革运动，1832年改革法案便是运动的成果之一。虽然在这些运动中获得了权益的只是富裕的中产阶级，占人口大多数的劳动阶级仍没有选举权。但1832年的议会改革在英国议会政治发展史上仍有着极其重要的地位，当时正值英王威廉四世在位时期。

威廉四世是乔治三世的第三子、乔治四世的弟弟。他生于白金汉宫，也是最后一个兼任汉诺威国王的英国国王。威廉四世虽然心肠慈善，是个朴素的绅士，但他生活在改革的年代，能力相对平庸。威廉四世的两个哥哥是威尔士亲王乔治王子(后来成为乔治四世)和约克公爵弗雷德里克亲王，所以威廉王子出生时，并无希望继承英国的王冠。

当威廉王子还是一个13岁的少年时，就以候补军官的身份加入英国皇家海军，跟随强盛的英国舰队征战海外。正是由于威廉的这段经历，使得他终生都带有浓厚的水手作风与习气，以至于他当了国王之后，仍然不改水手的粗犷豪爽与直率，所以被英国人亲切地称为"水手国王"。

1785年，因为威廉王子在海军中表现突出，因此被升为海军上尉，第二年又升为海军上校。1786年，威廉王子在西印度群岛服役时，遇到了一代海军名将——威名远播的纳尔逊，他成为了纳尔逊的部下。此后，纳尔逊成为威廉终生崇拜的良师、益友和兄长。纳尔逊曾对威廉王子的表现评价道："在他的职位上，他的表现超过了大部分人。

威廉四世早期做海军部长时

在纳尔逊的精心栽培下，威廉王子在皇家海军中快乐、茁壮地成长。作为一名海军将领，威廉王子的很多行为都受到了称赞。如他废止了军舰上一些很不合理的规定，批准建造了英国第一艘蒸汽战舰。此外，威廉王子还支持《天主教解放法案》，此举很是令外人称道。

1820年，老国王乔治三世终于驾崩，其大儿子乔治王子即位（即乔治四世），因此威廉王子成为排在他二哥弗雷德里克王子之后的王位第二继承人。1827年，弗雷德里克王子去世，年届六旬的老王子威廉顺理成章地成为王位第一继承人。

3年后，乔治四世驾崩，此时已经65岁的威廉王子即位成为英国国王和汉诺威国王，人称"英王威廉四世"和"汉诺威王威廉"。格伦维尔勋爵这样描写新国王："威廉四世喜出望外，他40多年来一直默默无闻，生活窘迫，养活那么多私生子是沉重的负担，他没有朋友，不受人重视，没人想到邀请他去做客，也没有人认为需要对他表示尊重，乔治国王去世才3天，人们突然发现他成了国王。"

虽然威廉四世天资并不过人，但还算是一位勤政的国王，比较注意朝政。当年，保守派威灵顿组阁后，毫不留情地清理曾是自由派的坎宁内阁的成员，连威廉王子也未能逃脱，被从海军大臣的高位上拉下马来。然而，威廉即位成为英国国王后，却对威灵顿尽释前嫌，继续让他在内阁担任首相，以致威灵顿颇为感激，此后成为威廉四世的一大忠臣。

当时的英国，君主去世后，国家就要举行新的大选。在1830年大选中，威灵顿的保守党与格雷伯爵二世查尔斯·格雷的辉格党对峙。当击败威灵顿成为首相后，格雷立即宣布要改革选举体制，这一体制自15世纪以来几乎没有改变过，其不公正之处是非常明显的，例如大的城市曼彻斯特和伯明翰等，没有任何的选举名额，而一些很小的区，如只有7个选民的老索尔兹伯里，却有2个议员名额。此外，通常这些小的区掌握在大贵族手里，所以这些大贵族总是当选。

作为英国国王，威廉四世在政治改革中的作用不可忽视。1831年，议会下院未通过第一次议会改革法案，于是格雷政府极力催促威廉四世立即解散议会，并进行新的大选。对于动用英王的君主权力解散议会，威廉四世一开始犹豫再三，但他同时对议会上院那种视他如空气的情况非常生气，认为这冒犯了他的君权。

于是，英王威廉四世只身来到上院，发表了狂热的演讲，宣布暂时中止议会。国王的到来终于结束了议会上院中的一切争吵。这也导致了新的大选，改革者们在大选中暂时获胜，因为此时的下院是明显偏向于改革的。

然而，议会上院仍顽固地企图阻止改革。不久，上院再次拒绝了改革法案。这激怒了普通的英国民众，一些地方甚至发生了暴乱，英国似乎要卷入从1688年光荣革命以来最严重的危机。因为有民众的支持，格雷政府对改革的态度也开始强硬起来，拒绝接受上院的否决，并第三次提出改革法案。

此次法案很快就在下院获得通过，但又一次在上院受到阻挠，不过由于人民的改革呼声越来越响，上院这次没有直接否决改革议案，而是打算对此法案进行"修改"。

对于上院的顽强抵抗，格雷政府建议威廉四世册封足够数目的改革派贵族进入上院，以确保改革法案的通过。起初，威廉四世对此有些不太情愿，觉得格雷的请求太过分了，于是格雷和他的伙伴们决定，如果国王拖延册封，内阁就集体辞职。

与此同时，威廉四世决定由威灵顿来组阁。未料到的是此消息一经传开，下院就立即要求仍由格雷返回组阁。迫于威灵顿的建议和公众集会要求改革的压力，威廉四世同意重新任命格雷组阁，并勉强答应了格雷的请求，增加上院议员，不过他同时提出，受封的新贵族必须是现存贵族的直接或间接继承人。这次，改革派大获全胜，反对派大势已去，纷纷离开上院。

很快，议会就通过了改革法案，这就是著名的1832年议会改革。接着，议会中激进的改革者继续其他改革，包括在英帝国的各个殖民地废除奴隶制，限制使用童工等内容。不过这些改革，威廉四世已经参与得不多了。

威廉国王的弟弟肯特公爵娶的是一位守寡的王妃，这位王妃知书达理，带着一双儿女改嫁给了肯特公爵。在他们两年的共同生活中生下了维多利亚公主。肯特公爵夫人毫不掩饰自己女儿将成为女王的喜悦，处处提防别人暗害女儿，对威廉国王对女儿表示的关怀尤其提防。

据称，威廉四世与弟媳肯特公爵夫人矛盾很深，大大咧咧的国王和精明小气的肯特公爵夫人性格不合是一个原因，更主要的是威廉国王的孩子都夭折了，而肯特公爵夫人有一个女儿维多利亚可能继承王位。不过，威廉四世看到大势已去，只好接受现实。

1836年8月，威廉四世在生日宴会上对维多利亚说，希望自己再多活9个月，等到维多利亚成年，这样就可以避免肯特公爵夫人摄政。果然如他所愿，维多利亚于1837年5月24日成年，威廉四世于6月20日驾崩。英国王位和汉诺威爵位分别由威廉四世侄女维多利亚和五弟坎伯兰公爵（汉诺威国王恩斯特·奥古斯特一世）继承，从此英国失去了汉诺威领地。

威廉四世在位时间很短，只有7年。他为人朴实、宽厚、善良，但其统治时期又错误不断，因此和历史上其他英王比起来，是一个比较容易被人遗忘的君主，人们之所以还能记住他，也许主要是因为他是著名的维多利亚女王的伯父。

2.运动走向高潮

1837年，伦敦工人协会向国会递交了一份请愿书，请愿书中要求废除议会候选人的财产资格限制，要求所有年满21岁的英国男子都应享有普选权，而且投票选举活动应公开进行，还要求议会每年都要进行改选，平均分配选区。

第二年，威廉·洛维特等6名普通劳动者和6名国会议员组成一个委员会，根据这份请愿书拟定了一份《人民宪章》，提出了以下几点主张：21岁以上男子有普选权，选区大小人数平等，选举由秘密投票决定，取消参选财产限制，给予议员年俸，进行每年一度选举。这些可以看做是宪章运动的开端。

《人民宪章》刚被公布时,被一些激进人士认为太过温和,但它的主张却迅速在普通民众中产生了巨大影响,英国上下各界纷纷积极响应。到1839年时,在《人民宪章》上签名的英国人已有125万人。同年2月,宪章运动大会推举出了50名代表,参与请愿活动。6月,他们终于将《人民宪章》呈交给英国下院,但下院议员们几乎还没看就直接否决了。

宪章运动集会

下院的这种行为激怒了宪章运动中的激进派,他们先后多次组织暴动。政府方面则派兵镇压,并逮捕了一些重要领导者。9月,宪章运动大会被迫解散。11月,在激进派的策划下,威尔士地区发生了武装暴动,暴动者要求释放被捕的宪章运动领导人。没想到的是,政府再次调动军队镇压,酿成了流血事件,10名暴动者在混乱中被打死。紧接着,大量宪章运动的参与者被逮捕并被判刑。

1840年7月,来自全国各地的宪章派代表齐聚曼彻斯特,召开大会,大会宣告全国宪章派协会成立。协会的宗旨是促进议会下院的完全改革,使下院能真正代表全体国民,然而为了实现这一目的,只能采取和平、合法的手段。协会还在全国各地设有几百个分会,入会者须交纳会费。它是近代第一个工人政党的萌芽。

1842年5月初,伦敦街头挤满了人。在人们的注视下,一支浩浩荡荡的工人队伍来到议会下院,宪章派全国协会的负责人向下院递交了全国宪章派第二次请愿书。请愿书上写道:"尊敬的贵院就其目前的成员来说,既不是由人民选出来的,也不是由人民做主的。它只是为少数人的利益服务,而对多数人的贫困、苦难和愿望则置之不理。"

请愿书中还写道,现在英国的贫富差距加大,统治阶层生活富足、奢侈,而被统治阶层则衣不蔽体、食不果腹。如维多利亚女王当时每天的收入是160多镑,其丈夫亚尔伯特亲王的收入是100多镑,但有不少工人每天每人的收入才只有两三个便士。请愿者们还认为,在普通民众没有获得政权之前，消灭某一种垄断并不能使劳动者从贫困的状况中解脱出来，而在人民获得政权以后，所有的垄断和所有的压迫形式都应该停止。请愿人员所说的"垄断"，指的是当时对选举权和纸币的垄断，对机器和土地的垄断，对报刊和宗教特权的垄断……

当时，有300多万人在这份请愿书上签名，大约占英国成年男子的一半，结果导致请愿书的长度高达6英里，因此不得不截去一部分后才能送进议会大厅，所以送到议员手里的只是请愿书的一部分，签名者们一再要求议会把《人民宪章》定为法律。

但在讨论这份请愿书时，大多数议员仍然持反对态度。议员、著名历史学家马考莱表示反对请愿书中关于普选权的要求，他认为普选权会威胁到私有财产权。议员、大哲学家罗素勋爵也反对实行普选权，他说："我们的社会很复杂，财产的分配很不平均，如果议会由普选产生，就可能破坏或动摇那些在维护社会完整方面最有效的制度。"很快，请愿书再次被下院否决，宪章运动又一次受到沉重打击，不过仍得以持续。

1848年，欧洲大陆各国纷纷爆发革命，而与欧陆仅一水之隔的英伦三岛受此影响，宪章运动再掀高潮，宪章派发布了第三次全国请愿书。请愿书中写道，劳动是一切财富的唯一来源，因此劳动者对于自己的劳动成果享有优先权。此外，请愿书还明确无误地写道，人民是权力的唯一来源。

这次，将近200万人在请愿书上自愿签名。在宪章派的组织下，伦敦、利物浦、曼彻斯特、伯明翰等城市的工人还举行了声势浩大的示威游行。4月，宪章派第三次代表大会的代表们把请愿书装在一辆华丽的马车上向议会驶去。没想到的是，路上遭到宪兵的镇压，议会仍然拒绝接受请愿书。不久，英国宪章协会被迫解散，宪章运动就此宣告结束。

对于英国宪章运动，列宁曾评价道："宪章运动是世界上第一次真正的、普遍的群众性革命运动，也是第一次无产阶级的政治性运动。"总之，宪章运动标志着英国无产阶级开始作为一支独立的政治力量登上了历史舞台，揭开了无产阶级同资产阶级争夺政治权力斗争的序幕。

宪章运动虽然失败了,但实际上,宪章派的斗争也为英国工人阶级争取到一些胜利。为了避免宪章运动的重演,后来的资产阶级政府不得不对工人阶级的斗争做出一些让步。宪章运动失败后,运动的参加者中有一部分人迁居美国、澳大利亚或新西兰,他们把民主思想的种子传播到这些地方,为这些地方民主运动的发展做出了重要贡献。

此外,英国政治领域内的议会民主制进程经过了近300年的历史才最终完成,这是英国广大人民群众特别是新兴的工人阶级和工商业资产阶级与旧式土地贵族等进行长期斗争的结果。毫无疑问,宪章运动对英国政治民主化进程的意义不容忽视,19世纪后半期英国多次发生的选举改革运动,都不同程度地受到宪章运动的影响。到20世纪初,英国基本上实现了公民普选权,资产阶级代议制民主政治逐步得到完善。

二、维多利亚女王与鸦片战争

1819年初夏,在伦敦的肯辛顿宫,维多利亚诞生了,然而当时的人们还不曾料到,这个女婴日后将开启英国历史上一个极其辉煌的时代。当初维多利亚的父母为了让孩子在伦敦出生,可是专程从巴伐利亚长途跋涉回到英国的。父亲肯特公爵对这个结实、健康的头生女的降生欣喜若狂,而对母亲来说,这个女婴则是个特别的孩子。

维多利亚的母亲出身于历史悠久的德国名门望族——萨克森·科堡皇族,曾有过两次婚姻。第一次婚姻留给她的是两个孩子,但只有这个刚出生的女婴未来才有可能继承大英帝国的王位。维多利亚还在襁褓中时,父亲肯特公爵在一次打猎后不幸染上了风寒,多方求医后仍不见好转,不久就去世了,当时维多利亚只有8个月大。

从此,维多利亚就在位于德国的外祖父家中长大。幼年时,维多利亚在其舅父利奥波德一世(后为比利时国王)的监督下接受教育,长期受到自由主义思想的熏陶。

不过,维多利亚的父亲肯特公爵撒下妻儿离世时,留下的只有沉重的债务,因此幼小的维多利亚也只得随母亲过着十分简朴的生活。经常,维多利亚总是穿着同一件衣服。从儿时起,她就被不断地教导这样一种观念:女孩子不断地购买新衣服和服饰不但是奢侈、浪费的行为,而且是一种不良的品行。正是因为这段幼年时的经历,使得多年后已经成为英国女王、富庶一方的维多利亚在服饰上仍然一如既往地节俭,王冠上价值连城的珠宝也只是为了显示对王权的尊重。

直到12岁时,维多利亚公主才知道自己将有怎样辉煌的命运。这时,她已经开始在母亲的教导下学习繁琐的宫廷礼节,她还需要学习不少宫廷禁忌,如不要和不熟悉的人交谈,不要在他人面前随意表露自己内心的感情,言行举止要循规蹈矩,还不能随心所欲地选读书籍,不能大快朵颐地吃额外的甜品。

1837年,维多利亚的叔叔、英王威廉四世辞世,当时维多利亚刚刚年满18岁。接着,维多利亚顺利登基,即位成为英国女王。当时,英国已经完成了资本主义工业革命,为了满足资本寻找原料地和销售市场的要求,英国开始在世界各地建立殖民地、半殖民地和自治领。1840年,英国对新西兰的占领标志着英国在全世界的殖民体系的形成。

在世界近代史上,英国对中国的企图早已有之。中、英之间的商业贸易最早起始于茶叶与丝绸贸易。当时,茶叶与丝绸在英国尚是奢侈品,只有上流社会的贵族和富人才消费得起,而中国自给自足的经济体制使得英国的工业革命的产品毫无用武之地。因此,为了扭转对华贸易逆差,英国商人开始在英国政府的支持下向中国倾销鸦片。

随着英国鸦片的倾销,中国的大量白银开始外流,致使民不聊生。1839年,中国的有志之士林则徐在虎门销烟,这极大地打击了英国的鸦片走私分子。第二年年初,维多利亚女王在议会上发表了著名的演说,呼吁"为了大英帝国的利益",向中国发动战争。

很快,在大英帝国女王的号召下,英国人开始向古老的东方大国、还正处于闭关锁国状态下的中国发动了侵略战争。由于这次战争是英殖民主义强行向中国倾销、走私鸦片引起的,所以历史上称之为鸦片战争。鸦片战争以后,中国开始由独立的封建国家逐步变成半殖民地半封建的国家,中华民族开始了100多年屈辱、苦难、探索、斗争的历程。

维多利亚女王继承英国王位时，虽然年龄刚过18岁，但她一即位，便积极参与朝政，与当时的首相拉姆十分默契，配合得很好，使英国成为当时世界上最强大的资本主义工业园。

到决定对中国发动鸦片战争时，英国煤矿的年产量已高达3000多万吨，生铁年产量达到140万吨，机械纺纱业每年所用的棉花量达到5.2亿磅；英国每年新建铁路数千公里。那时的英国已有2/3的劳动人口从事工业生产，出现了不少新兴工业城市，作为全国政治与经济中心的伦敦已经有200多万人。在海军建设上，到鸦片战争前，英国已拥有大小船舰500余艘。

而在鸦片战争前，中国经历了"康乾盛世"，随着生产力的发展，封建社会内部逐渐产生了很多新的因素，因此在一定程度上呈现一种新旧交互渗透的过渡性状况。不过总的来说，封建社会的旧格局、旧面貌基本保持着，资本主义萌芽虽有所增长，但封建制的本质并没有发生改变。

18世纪中期以后，清政府逐渐衰败，吏治腐败，经常财政拮据，国贫民弱，国力不断下降。进入19世纪，到了嘉庆、道光皇帝统治时，国势更是江河日下。这时的清王朝，经过"康乾盛世"已进入了危机四伏的"衰世"。

相对于英国已经逐渐建立起来的议会制民主政治，清王朝高度集权的君主专制制度已腐朽不堪。皇帝专横独断，骄妄自大，沉醉在"天朝上国"的美梦之中。一般的封疆大吏则愚昧闭塞，官场贪污成风，吏治败坏。

道光皇帝统治时期，清政府的八旗兵和绿营兵正规军虽有八九十万人，但有很多缺额，且武器装备落后，与清朝早期相比反而有所退步。而且军务废弛，缺乏训练，军纪败坏，国防力量十分虚弱，虽然每年消耗饷银2000万两以上，占当时清朝年财政收入的将近一半，但仍然到了腐朽不堪的程度。

在对外关系上，清政府此时采取"闭关锁国"政策，坚持以农为本的传统观念，压抑、限制民间工商业的发展。由于自给自足的封建经济相对稳定,所以他们认为天朝物产丰富,无所不有,无需同外国进行经济交流。而且,当时西方的殖民者正向东方扩展势力,清朝统治者担心国家的领土主权受到外国侵犯,又害怕沿海人民同外国人交往,会危及自己的统治。

因为清政府实行闭关政策在一定程度上暂时了限制了对外贸易的规模,这顽强地抵抗了英国商品向中国的输入。英殖民主义输入中国的商品主要是纺织品、金属制品和从印度运来的棉花,后两种商品能够赚点钱但数量有限。

而英国又急需中国的茶叶、生丝等商品,所以在很长一段时间里,中国在中英贸易中,一直保持着出超的地位。直到19世纪30年代初,出超额每年仍在200万—300万两白银以上。英国资本家跟中国进行贸易,目的是要赢利赚钱的,这种贸易格局当然是他们不能容忍的,要想办法找门路改变。

这时,英国人找到了"鸦片贸易"这件法宝。从根本上说,英国对中国进行鸦片贸易是为了适应其殖民侵略的需要,其直接原因就是为了扭转它在对华贸易中的不利地位。

进入19世纪,为了扭转中英贸易逆差,英国鸦片走私分子开始将大量鸦片输入中国,甚至采用贿赂清廷官吏甚至武装走私等卑劣手段。19世纪初,英国通过印度每年输入中国的鸦片大约有4000箱。到了30年代后开始激增,1839年林则徐禁烟时,英国每年输入中国的鸦片已经高达4万箱。正因为英国对华输入鸦片数量的激增,从19世纪30年代起,在它对华贸易总额中,仅鸦片贸易就占了一半以上。

通过鸦片贸易,英国在对华贸易中变入超为出超,变劣势为优势,中国变出超为入超,变优势为劣势。鸦片贸易却给东印度公司、英属印度殖民地政府和鸦片贩子带来巨大利益,中英的正常贸易发生了改变。鸦片战争前夕,中国每年的白银外流量起码在1000万两以上。

据估计,19世纪30年代,清政府的京官中有十分之一二,地方官中有十分之二三的人染食鸦片,至于"刑名,钱谷之幕友,则有十分之五六,长随,胥吏更不可胜计"。正如马克思后来所评价的:"渗透入整个清王朝的官僚体系和破坏了宗法制度支柱的营私舞弊行为，同鸦片烟箱一起，从停靠在黄埔江边的英国船只偷偷运进了天朝。"

此时的清政府则因"闭关锁国"政策而对整个世界局势茫然无知，仍以"天朝上国"自居，自闭耳目，骄傲自大。这时的西欧各国和新兴的美国都已取得了长足的发展，为了扩大海外市场，纷纷把目光投向地域辽阔、人口众多的中国。而中国自古就是一个典型的农业国家，经济上一直处于自给自足的状态，所以对外来产品的需求量很小，导致列强各国无法打开中国市场，对华贸易多为逆差，其中尤以英国为甚。

英国商人为了在华也能攫取暴利，从南亚、东南亚各国将大量鸦片走私贩卖给中国，不仅使大量白银外流，清政府的财政更加拮据，而且极大地损害了民众的身心健康。

为此，道光皇帝发布了禁烟政策，但并无成效。而且鸦片走私更加猖獗，事态发展越来越严重，引起了一批有识之士的警觉。湖广总督林则徐上奏折禁烟。1838年，林则徐被任命为钦差大臣，赴广东查禁鸦片。

1839年3月，林则徐到达广州后，与邓廷桢一起，在人民群众的支持帮助下，整顿海防，严拿烟贩。并且通过多方面的调查，掌握鸦片走私的内幕情况。与此同时，他对外国鸦片贩子也采取了严厉的措施，责令外商将趸船上所存的鸦片，造具清册，听候收缴，声明嗣后来船永不许夹带鸦片，如有带来，一经查出，货即没收，人即正法。

林则徐曾明令表决："若鸦片一日未绝，本大臣一日不回，誓与此事相始终，断无中止之理。"最后，鸦片走私分子只得上缴了2万多箱鸦片。6月3日至25日，在林则徐的监督下，在虎门海滩将收缴的鸦片全部销毁，禁烟运动达到了高潮，这就是中国历史上著名的"虎门销烟"。

没想到的是，紧接着又发生了九龙尖沙咀村的"林维喜案"。事情源于一名英国水兵在村内醉酒闹事，打死村民林维喜，造成了流血冲突。"林维喜案"遂成为鸦片战争的导火线。

中国进行"虎门销烟"的消息传到英帝国后，引起一片哗然。8月初，中国禁烟的消息刚传至英国时，英国国会对此进行了激烈辩论。在维多利亚女王的影响下，最终以271票对262票通过对中国进行军事行动的决议。10月1日，英国内阁作出"派遣舰队去中国海"的决定。很快，英国政府就采取了一系列措施，积极部署侵略战争，并屡次故意挑起事端。

1840年2月，英国内阁派遣懿律为侵华英军最高司令。4月，英国议会正式通过发动对华战争的议案，决定正式派兵侵略中国。6月，懿律率领着40多艘英国舰船和4000多名士兵到达中国海面，第一次鸦片战争随后爆发。

战争伊始，清军就因国力衰弱、武器装备落后、指挥无方等原因而败北，此后更是屡战屡败。到1842年时，清政府积贫积弱，已无力再战。这一年的7月，清政府在英军的炮口下，被迫签订了丧权辱国的《南京条约》。这是清政府签订的第一个不平等条约，严重损害了中国的主权。

《南京条约》规定，中国必须开放广州、厦门、福州、宁波和上海5个港口城市，以方便外国商人对华贸易。此外，英国还享有协议关税权、领事裁判权、片面最优惠国待遇和开设租界等特权。可以说，林则徐的禁烟运动是鸦片战争爆发的直接原因，但根本原因是工业革命后的英国必然要在全球为资本争夺原料产地和消费市场，推行殖民扩张政策，故决意用武力打开中国大门。

在中国历史上，鸦片战争是一个具有里程碑意义的重大事件，它标志着中国近代史的开始。鸦片战争后，一系列丧权辱国的不平等条约的签订，使中国社会的封建性质逐渐发生根本变化，开始沦为半封建半殖民地国家。

战争结束后的10多年间，中国自给自足的小农经济开始解体。战前，中国经济上是一个以自然经济为基础的封建国家，小农业和家庭手工业相结合，有力地排斥着外国商品的侵略。战后，废除"公行"制度，增加通商口岸，丧失关税主权，外国廉价商品源源不断地涌入中国。这种商品"重炮"，逐渐摧毁了中国自给自足的封建经济，使中国日益成为帝国主义的商品市场和原料供给地。

三、大肆扩张领土的克里米亚战争

维多利亚女王统治时期,是英国不惜使用一切手段,大肆扩张领土的时期。女王在位时,也是英国的经济迅速成长、不断繁荣壮大的时期。女王登基的时候,英国只有几条铁路,但她去世的时候,英国已经拥有一个连接各大城市的发达铁路网。

为了向世界展示英国的繁荣、昌盛和发达,1851年,英国在伦敦举行了世界上第一次万国博览会,博览会也成为当时的举世盛事。在文化和科学方面,世界闻名的英国作家查尔斯·狄更斯和英国博物学家查尔斯·罗伯特·达尔文都是维多利亚时代的风云人物。由于经济和工业的不断发展,维多利亚时代的英国人逐渐享受到科技进步带来的生活便利,伦敦的污水排放系统和伦敦街头出现的白炽灯都是维多利亚女王在位的时候实现的。

维多利亚女王统治时期,英国虽然已经实行了君主立宪制度,但女王仍然对英国政治有着很大的影响力。她在位期间,大英帝国极度扩张,历史上著名的克里米亚战争也正是在这一时期发生的。

克里米亚战争,又称"克里木战争",是1853年7月至1856年3月,以英国、法国、土耳其和撒丁王国等国为一方和以俄国为一方,为争夺欧洲优势和对中、近东的控制权而进行的一场较大规模的战争,其主要战场在俄国南部濒临黑海的克里米亚半岛,故称克里米亚战争。

1853,土耳其、英国、法国、撒丁王国等先后向俄国宣战,战争一直持续到1856年,以俄国的失败而告终,从而引发了俄国国内的革命斗争。英、法联军在战争中使用了线膛枪、蒸汽船,大大提高了陆海军作战效能,铁路和电报也使军事行动的后勤指挥产生了革命性变革。

19世纪上半叶,虽然俄国的资本主义生产关系有所发展,也开始了工业革命,但封建农奴制度危机愈来愈严重。农奴反对农奴制度的斗争也日益高涨,以赫尔岑、别林斯基、车尔尼雪夫斯基和杜勃洛留波夫等为代表的资产阶级民主主义者十分活跃,发表了很多小册子,促进了人们思想的解放,也加速了农奴制的瓦解。

沙皇尼古拉一世在19世纪初的对土耳其战争中,占领了多瑙河领域以及高加索的大片土地。1848年欧洲革命期间,沙皇曾出动军队帮助奥地利阻止了匈牙利的独立,同时镇压了多瑙河流域两个公国的民族解放运动,随后便一直在此派兵驻扎。为巩固胜利,俄国又与土耳其签订了《巴尔太·立曼条约》,条约中规定沙俄军队在两个公国国内秩序恢复后即撤兵。

而在当时的土耳其,皇帝素丹也是伊斯兰教的教主,实行政教合一,但对内进行残酷统治。因生活奢靡、财政混乱,国库连年亏空,国债增加。为了满足奢侈生活的需要,土耳其皇室居然把国内的商港、铁路、矿产、资源等出卖给列强各国,从而换取它们的财政支持。因而,西方列强各国政府尽力支持素丹政府,但同时也都企图独占土耳其,这也加强了它们之间的摩擦。其中,尤以英国和沙皇俄国为主。

英国在19世纪上半期完成了工业革命,五六十年代已经成为"世界工厂"。1850年时,英国对土耳其的商品输出比1840年增长一倍半以上,从144万英镑增至376万英镑。由于1775—1783年的美国独立战争,使英国失去了大块殖民地,因此印度的地位就十分突出了,所以英国必须保证连接其本土与印度的地中海通道随时能畅通无阻。只要俄国占领土耳其海峡,就会为其进一步独占土耳其创造条件,也就从根本上威胁了英国的利益。

此外,还存在着错综复杂的宗教问题。为了保护奥斯曼帝国境内的东正教教徒,俄国向奥斯曼土耳其帝国提出在"圣地"耶路撒冷建立俄国保护地的要求,但奥斯曼帝国的苏丹拒绝了这个要求。法国的天主教徒和英国的新教徒也反对俄国在巴勒斯坦建立据点的企图。

随后,俄国沙皇以奥斯曼苏丹拒绝其建立保护地为由,采取军事行动。1853年,俄国与奥斯曼帝国断交,并开始占领多瑙河流域的土耳其附属国。

实际上,这场战争的真正原因是奥斯曼帝国逐渐的、内部的瓦解,俄国认为这将是它在欧洲的势力不断扩大的好机会,尤其是它将能获得一个通向地中海和占领巴尔干半岛的好机会。奥斯曼帝国在巴尔干半岛上的统治此时显然摇摇欲坠，而俄国则争取获得对恰纳卡莱海峡和伊斯坦布尔海峡的控制。英国和法国反对俄国的扩张，它们不希望俄国获得这些战略要地，以维持英法在东南欧的势力和利益。

总之，从18世纪后期开始，沙皇俄国在奥斯曼土耳其帝国的势力急速发展，它竭力占领或与列强瓜分日趋衰落的土耳其帝国，以控制黑海海峡，从而实现俄国南出地中海的宿愿。这就与在近东有重大政治经济利益的英、法两国发生冲突。尤其是英国，它决不允许俄国在近东建立霸权，因为这将影响到其与印度交通线的安全。法国自拿破仑三世称帝以后，也力图进一步扩大在近东的势力，并通过对外战争来巩固其国内统治。

最后，争夺"圣地"问题成了克里米亚战争的导火线，即以法国为后盾的天主教教徒与以俄国为后盾的东正教教徒争夺耶路撒冷和伯利恒教堂的管辖权。

1853年初，因为沙皇尼古拉一世反对土耳其苏丹将伯利恒教堂交由天主教教徒掌管，要求土耳其苏丹与其专门签署条约，承认沙皇有权保护所有土耳其境内东正教信徒。在英国驻土耳其大使的鼓动下，土耳其苏丹拒绝与沙皇缔约。沙皇因此同土耳其断绝外交关系，并于7月以保护土耳其境内的东正教居民权利为由，占领土耳其的附庸国摩尔达维亚和瓦拉几亚两个公国。10月，土耳其在英、法两国的支持下对俄宣战。

1853年底，沙俄舰队在锡诺普摧毁土耳其舰队。次

克里米亚战争场景

年1月，英、法舰队驶入黑海，并于3月先后对俄国宣战。撒丁王国也与法国缔盟，并于1855年1月参战。欧洲另外两个大国奥地利和普鲁士虽未直接参战，但也对俄国采取敌对态度。1854年4月，奥地利、普鲁士在柏林缔结了反对俄国的同盟条约，奥地利陈兵边境，迫使俄国撤出摩尔达维亚和瓦拉几亚。

很快，英、法联军就在克里米亚半岛的耶夫帕托里亚登陆，随即向南攻打俄国黑海舰队的根据地塞瓦斯托波尔港口。9月，联军猛攻塞港，法军攻下关键地区马拉霍夫要塞。3天后，塞港陷落，俄国败局基本已定。

10月，奥地利也向俄国提出通牒，要求俄国向英、法两国议和，如果俄国拒绝接受议和，奥地利也将加入英、法两国参战。无奈之下，沙皇亚历山大二世只得同意在奥地利提出的几项条件的基础上议和。

1856年年初，各交战国及利益相关国在巴黎举行会议，不久签订了《巴黎和约》。至此，克里米亚战争正式结束。此后，沙俄放弃了所有此前占领的土耳其帝国的土地，以保证奥斯曼土耳其帝国的领土完整，黑海内实行中立化，俄国失去了在黑海拥有舰队的权力，俄国对黑海扩张的长期努力前功尽弃。

克里米亚战争进行了2年多，战争双方都付出了沉重代价，沙俄伤亡30多万人，英、法军队伤亡10多万人。

战争结束后，俄国的国际地位一落千丈，其向西扩张的道路受到阻碍，于是便把侵略矛头转向中亚和远东。克里米亚战争也是俄国与奥地利关系的分水岭，两国由战前的相互结盟状态转为战后的相互对立状态。这之后，两国的交恶一直是第一次世界大战前欧洲政局，特别是巴尔干政局动乱的一个重要因素。

此外，克里米亚战争的后果之一是奥地利、普鲁士和俄罗斯之间的神圣同盟终止。

在世界近代史上，克里米亚战争是人类第一次现代化战争。虽然可能现在大多数人已经将这场战争遗忘了，但它从军事上和政治上改变了欧洲列强之间的地位和关系。在19世纪的欧洲历史中，它与随后的

《巴黎条约》是继1815年的维也纳会议后的第二大重要外交事件。

"维多利亚十字奖章"就是在克里米亚战争中设立的,这是英国政府第一次为英勇作战者设立的国际奖项。而沙俄通过克里米亚战争,看到了自身与英、法两国的差距,促进了此后的农奴制改革与军事改革。

四、劫掠紫禁城

第一次鸦片战争以后,英国强迫清朝政府签订了不平等的《南京条约》,从中国攫取了赔款、协定关税、开放五口通商、领事裁判权和片面最惠国待遇等许多特权。英国资产阶级以为通过这些不平等条约就可以把大量的商品倾销到中国,但据有关资料记载,1850年英国输入中国的商品却比1844年还少了75万英镑。

之所以会有这种情况,一是中国自给自足的自然经济顽强抵制着外国商品的侵入;二是英国增加鸦片贸易与发展合法贸易之间存在着矛盾。由于鸦片战争后,英国等殖民主义者可以大量合法地对华输入鸦片,中国的白银继续外流,这使得中国出口茶叶、生丝收入的大半被其抵消,无力再多购买英国的工业品,这当然对英国是很不利的。英国资产阶级是既要维护给它带来巨大利益的鸦片贸易,又要扩大对华的工业品销售。这样,它就要迫使清朝政府开放更多的商埠,进一步控制中国海关,从而加强对清政府的控制。

为了迫使中国进一步打开大门,英、法等列强便以修改条约为名,企图压迫清政府给其新的侵略权益。1853年5月,英国向中国提出要求修改已订的《南京条约》的有关条款,法国也接踵而来,均遭到清政府的拒绝。英、法等殖民主义者掀起的"修约"交涉未能得逞,就恼羞成怒,决定用发动新的侵华战争来实现其无理要求。

于是,英、法两国组成联合军队再次发动侵华战争,这就是第二次鸦片战争。这次,在维多利亚女王和拿破仑皇帝的双重旗帜下对中国进行的远征,被英、法士兵看做是两国的光荣。1860年8月,英、法联军攻入北京,开始劫掠紫禁城。

地处北京西北部的圆明园初建于明朝。18世纪初，康熙皇帝赐名圆明园，并把其赐给皇子胤禛，也就是后来的雍正皇帝。雍正皇帝后，在乾隆皇帝和嘉庆皇帝等在位的100多年间，花费了大批财力、物力，役使了无数能工巧匠，倾注了千百万劳动人民的血汗，把它精心营造成一座规模宏伟、景色秀丽的离宫。清朝皇帝每到盛夏就来到这里避暑、听政，处理军政事务，因此也称"夏宫"。

圆明园中不仅有不少江南风格的名园胜景，还吸收了一些西方园林建筑的风格，可以说是集当时古今中外造园艺术之大成，是中国人民建筑艺术和文化的典范。不仅如此，圆明园内还收藏有各种式样的无价之宝、极为罕见的历史典籍和丰富珍贵的历史文物，如历代书画、瓷器等，堪称人类文化的宝库之一，也可以说它是世界上最大的博物馆，曾完整目睹过圆明园的西方人把它称为"万园之王"。

火烧后的圆明园

英、法联军侵占、掠夺圆明园

1860年10月6日，英、法两国侵略军从北京城东北部直接开往圆明园。在联军司令的默许下，士兵们开始大肆进行抢劫和破坏活动。在把圆明园抢劫一空后，为了销赃灭迹，掩盖罪行，英国全权大臣额尔金在女王维多利亚和首相帕麦斯顿的支持下，下令烧毁圆明园。大火连烧3昼夜，使这座世界名园化为一片废墟。

此后不久，法国大文豪雨果听说了圆明园的这场浩劫，他痛心疾首地说道："有一天，两个强盗闯进了夏宫，一个进行抢劫，另一个放火焚烧。他们高高兴兴地回到了欧洲，这两个强盗，一个叫法兰西，一个叫英吉利。他们共同劫掠了圆明园这座东方宝库。"一代名园圆明园的毁灭，既见证了西方侵略者野蛮摧残人类文化的罪行，也说明了文明古国落后了就会挨打的道理。

五、强占印度

维多利亚女王统治后期，开始积极支持首相本杰明·迪斯雷利的殖民扩张策略。1875年，英、法两国争夺苏伊士运河的统治权达到白热化的程度，但是英国通过一场阴谋顺利取得了苏伊士运河的控股权，无奈之下，法国只得退让。有了苏伊士运河这条关隘，英国通往东方尤其是印度的航线畅通无阻。

第二年，维多利亚女王即加冕成为印度女皇。于是，在大英帝国的版图中又增加了印度这块殖民地，这可是大英帝国王冠上的一颗明珠。

实际上，英国很早就开始入侵印度了。早在17世纪初，伊丽莎白女王即颁布命令，特许刚刚成立的东印度公司对印度等亚洲国家进行殖民活动。不久，东印度公司便在印度沿海建立了殖民据点。最初只是从事贸易活动。后来公司势力逐渐扩张，不再是一个简单的贸易公司，而成为一个拥有武装的政权机构。

1757年，英、印普拉西战役爆发，此后，英国就开始了征服印度的历史。普拉西是孟加拉地区一地名，这次战斗是东印度公司军队与孟加拉王公军队的较量，实际上也是英国殖民者与印度的第一次正式较量。这次战斗的起因是东印度公司在孟加拉修筑了殖民城市——加尔各答，并在该地区横征暴敛，除了收缴巨额贡赋外，还设立了100多个贸易站和10多个英国代理店，从事贸易和掠夺活动，这引起了孟加拉人民的反抗。

1756年4月，孟加拉王公——西拉吉出军侵占了英国人的代理店，然后进军加尔各答并占领了该地。两个月后，东印度公司为了报复，调集军队，在普拉西与西拉吉的军队交战。当时英国军队的指挥官是罗伯特·克莱武，他利用拉拢、收买等手段，迅速分化、瓦解了西拉吉的军队，仅以3000人的部队，就打败了王公的5万之众。战争结束后，西拉吉被处死，克莱武重新扶植了一个傀儡政权。自此，英国人实际上成了富饶的孟加拉的统治者，并为进一步侵略和控制印度全境作了准备。

然而，当时英国刚经历了"七年战争"，实力被法国损耗了不少，因此其在印度的统治地位并不坚固，实际上控制的地方不大，印度仍有大片领土由一个个的土邦王公统治。1773年，英国颁布《调整法》，把孟加拉、马德拉斯、加尔各答合为一体，由一名总督管理，总督的任命由英国议会决定。1784年，英国议会又颁布了《印度法》，该法规定由英国政府而非东印度公司在印度行使最高统治权，这就把印度直接置于英国政府的管辖之下。《调整法》和《印度法》这两项法律奠定了英国统治整个印度的基础。

18世纪末、19世纪初，英国在印度的势力迅速膨胀。其中，在韦尔斯利侯爵任总督期间，他利用印度各土邦王公的内部矛盾，使用打一派拉一派的手法和分化政策，各个击破，坐收渔翁之利。几年后，英国实际上已经统治了整个印度南方。到1805年，韦尔斯利侯爵期满调任时，印度大部分地区都处在英国的统治之下。对于尚未归顺的印度西北部，英国则采取武力迫使其降服。

工业革命完成之后，英国对印度的经济侵略方式发生了变化，从公开的、直接的抢劫和搜刮改为以商品倾销为主。这给印度社会带来了深刻的影响：一方面，它破坏了印度封建专制制度的基础，即农业和手工业相结合的传统的自给自足的封建自然经济；另一方面，它又为印度走上资本主义道路准备了必要的物质前提。

不管怎样，印度社会的进步是以英国殖民者的压榨、剥削为前提的，是印度人民付出了高昂的代价换来的。对于英国18—19世纪侵略印度，并从印度榨取许多财富的情形，马克思曾评价道，对东印度开始进行的征服和掠夺,这一切标志着资本主义时代的曙光,这些田园诗式的过程是原始积累的主要因素。1849年,英国殖民者宣布把旁遮普省并入英属印度领地,由印度总督直接统治。旁遮普的被吞并,标志着英国已经完成对印度的强占过程。

紧接着,东印度公司开始在印度实行各种各样的西化措施,如开展铁路建设,宣传基督教信仰,设立司法系统等。这些措施虽然客观上加速了印度封建势力的瓦解,促进了印度的发展,但在强硬执行这些措施的过程中激化了殖民统治者与印度原住民的矛盾。此外,东印度公司还不断向印度原住民征收苛捐杂税,并种植鸦片,通过向中国和东南亚一带走私、贩卖鸦片来获取不义之财。

而且,东印度公司为了获取丰厚的利润,巩固其在印度的统治地位,还建立了雇佣军制度。为此,英国在印度专门设立了一所学校来训练军官,军官由英国人担任,雇用兵则主要由印度人组成,称为"西帕衣团"。到19世纪中期时,英国在印度的雇佣军人数已经超越了英国本土的正规军,因为在印度有20万"西帕衣"兵,而英国士兵只有4万人。

东印度公司征收的雇佣兵来自于印度的各种阶层,而非按照印度社会传统的种姓制度来招募。"西帕衣"兵在东印度公司所受到的待遇十分恶劣,工资很低,而且每当被迫参加远征时,如往阿富汗或缅甸等国家时,这些印度士兵还必须自己支付旅途费和行李运费,这使得很多人怨言满腹,最终导致了1857年印度人民反英大起义的爆发。起义被镇压后,第二年,英国政府宣布直接统治印度。1876年,英国女王维多利亚正式加冕为"印度女皇",这标志着英国对印度全面统治的开始。

马克思曾在《不列颠在印度的统治》一书中写道:"英国在印度造成的社会革命完全是受极卑鄙的利益所驱使,而且谋取这些利益的方式也很愚蠢。英国不管干了多少罪行,它造成这个革命毕竟是充当了历史的不自觉的工具。"这主要是指处在工业革命上升期的英国,以它的商品输出为武器,摧毁了印度旧有的社会生产体系。

同样受到殖民帝国英国的侵略,为什么印度会沦为英国的殖民地,而中国则成为半殖民地半封建社会呢?

首先，当时中、印两国所处的封建状态不同。当时的印度处于分裂状态，莫卧尔王朝日趋没落，该王朝即使是在鼎盛时期，也未能完成统一印度的任务。在历史上，从来没有一个王朝统一过现在印度的疆域，尤其是中南部，印度也一直没有一个占主体地位的民族。这种分裂状态为西方殖民者提供了机会，葡萄牙、英国、法国相继在印度南部建立殖民地，而对莫卧儿王朝的利益损害并不太大。因此，毫不夸张地说，没有英国殖民者，就没有统一的印度，印度的统一来自于殖民者。

而与之不同的是，当时的封建中国正处于清王朝的统治之下，经过清代前期几位帝王的励精图治，进入18世纪，清王朝的疆域空前辽阔。虽然从嘉庆帝开始，清王朝实际上在走下坡路，国力也渐渐衰弱，但清王朝在全国建立并始终维持了中央集权制的政治体制，保证了国土的统一。

实际上，欧洲人曾经多次企图在中国建立殖民地。早在17世纪，西班牙人、荷兰就曾相继占领台湾，俄国人侵入黑龙江，但都被中国政府驱逐。这使得欧洲殖民者始终不敢对中国有多少妄想，直到鸦片战争。可以说，中国强大的中央政权的存在，迟滞了欧洲殖民者侵略的步伐。

其次，中、印两国所处的地理位置不同。印度位于亚洲南部，其所处的位置使其更容易受到新崛起的欧洲的影响。欧洲人很早就知道了印度这个国家，早在古希腊时代，亚历山大就曾经入侵过印度，历史上与欧洲相邻的波斯也曾多次侵入印度。在阿拉伯帝国时代，南亚次大陆与阿拉伯的疆土相邻，印度通过阿拉伯中间商与欧洲保持着广泛的贸易和文化上的联系。

到了奥斯曼帝国时期，土耳其人对过往其境的东、西方商人课以重税，严重阻碍了印度与欧洲的贸易。与此同时，欧洲的航海家开始了大航海时代，通往印度的新航线被发现，印度与欧洲第一次实现了直接联系，欧洲殖民者通过坚船利炮相继在印度建立新的殖民地。经过一番较量，英国最终战胜了其他欧洲殖民者独占了印度。

而中国则情况迥异，虽然通过陆上丝绸之路和海上丝绸之路，中国历代均与欧洲保持着经济、文化方面的交流，但双方远隔万里，交流非常不便。欧洲对中国的了解非常有限，虽然《马可·波罗游记》让欧洲开拓了眼界，并引导不少欧洲传教士与商人来到中国，但是双方的交流仍然非常有限。直到十六七世纪，随着新航线的开辟和亚洲殖民地的建立，欧洲人与中国的交流才变得顺畅，欧洲也才对中国有了更多的了解。

再次，鸦片战争后，中国向半殖民地半封建社会的转变有着特殊的成因。鸦片战争打开了中国的大门，此后虽然各帝国主义列强不断侵扰中国，但同时中国内部社会也在发生着变化。一方面欧洲列强初来乍到，在中国的势力并不巩固，而且不同列强国家在中国利益的竞争给中国留下了机会，而印度则始终只有英国的势力和利益。另一方面，中国内部也开始了轰轰烈烈的近代革命运动，从农民起义到革命起义，清王朝在内忧外患中耗尽了自己的历程，逐步沦为了半殖民地半封建社会。

从以上可以看出，无论是印度沦为英国的殖民地，还是鸦片战争后中国沦为英国的半殖民地，还是俄国在克里米亚战争中对英军、法军的惨败，这些都是英国走向殖民帝国中的重大事件。

总起来说，维多利亚女王在位时期，是英国历史上对外领土扩张最鼎盛的时期。为了广泛占取殖民地，英国不惜采取一切措施，从一个普通的欧洲国家成为一个强大的世界性帝国。如英国曾让俄国在1877—1878年与土耳其的战争中的胜利果实几乎化为乌有。当时，俄国军队离伊斯坦布尔只有一步之遥，俄、土双方签订协议，将巴尔干半岛的一部分土地归属俄国。而维多利亚女王不希望看到俄国势力深入到巴尔干半岛，她以武力和外交双重施压，迫使俄国做出退让。

在维多利亚时代，英国虽然确立了君主立宪制度，但女王对大臣们的影响力依然很大。她在位期间，竭尽所能，使大英帝国极度扩张，达到空前的繁盛。直至今天，世界上许多河流、湖泊、瀑布、城市、港口、街道、公园、学校、建筑物等都是以维多利亚命名的，如澳大利亚的维多利亚州、加拿大的维多利亚市、新加坡维多利亚纪念馆、中国香港的维多利亚港和维多利亚公园、塞舌尔群岛的首都维多利亚、非洲最大的湖泊维多利亚湖等。

第十一章
独领风骚

一、不列颠帝国女皇

维多利亚幼年画像

1819年5月维多利亚出生时，人们亲切地把这位出生在5月的公主称为"小五月花"。维多利亚公主从出生起就受到了父亲肯特公爵的绝对重视，因为曾经有一个吉普赛人告诉肯特公爵，这位小公主日后会成为英国女王。于是，命运一直都不济的肯特公爵在这个还没满周岁的女儿身上寄托了所有的希望，把她视为掌上明珠。

肯特公爵是英王乔治三世最不受重视的第三儿子，而维多利亚作为肯特公爵的唯一女儿，原本几乎没有可能登上英国王位。但他的父亲却对那位吉普赛人的预言笃信不疑，从维多利亚一出生起就坚信她将成为一代英国女王。

不过，当时却没有人相信这样的传闻，人们对这个小公主毫不重视。因此，当肯特公爵要求把这个小女婴命名为"伊丽莎白"时，遭到了拒绝，最后，只得给她起了一个毫不起眼的名字"维多利亚"。然而，这并没有阻止维多利亚成为像伊丽莎白一世那样著名的一代女王，也许冥冥之中自有天意，后来的种种机遇还真的就把维多利亚推上了英国国王的宝座。事实上，她创造了更大的辉煌，终于使她的名字"维多利亚"成为一个时代的象征。

维多利亚，这个幸运的公主，从18岁的豆蔻年华到82岁的昏昏迟暮，整整64年，她都在英国国王的宝座上度过，成为迄今为止英国历史上在位时间最长的国王。在维多利亚执政的64年里，她作为不列颠帝国女皇,率领大英帝国取得了前所未有的辉煌。虽然她并非事必躬亲、能力超群,但她却是大臣们最为需要的那种君主。

1.达到繁荣强盛的顶峰

维多利亚是被称为"大不列颠与爱尔兰联合王国女王"的首任英国君主, 也是被加冕为"印度女皇"的首任英国君主。她统治的64年(1837—1901年),是英国历史上最繁荣强盛的时期,即所谓的"日不落帝国"时期。

1837年,正值妙龄的维多利亚公主登基成为英国女王。登基前夕,女王记述道:"既然上帝让我继承英格兰的王位,我将竭尽全力履行自己的职责。我尚年轻,可能在许多方面缺乏经验,但我保证,像我这样怀着为国为民的良好意愿和真切希望无人能及。"

的确,维多利亚女王用实实在在的言行践行了自己的承诺:终其一生,她都称职地负起了英国国王的职责,因此深受国民的爱戴。她还是那个时代道德风尚的楷模,她既是杰出的一代君王,也是贤妻良母。女王生活简朴,勤勉操劳,对臣属又充满责任感。在许多国人眼中,她就是那个繁荣昌盛时代的缩影,也正是因此,维多利亚女王在位时期,才被称做"维多利亚时代"。

登基后,到19世纪60年代,维多利亚女王渐渐明白,废除至尊、削弱王权、追求自由平等正成为这个时代最得人心的潮流,如果她不顺应这个潮流,自己的地位也就无法维持下去。是的,在大英帝国,国王可以拥有荣耀与尊严,但权力却必须受到极大的限制,否则就

1837年,维多利亚接到即位的消息

会轻而易举地被赶下金銮宝座。

因此,女王在晚年的政治立场发生了不少变化,她渐渐向一位具有娴熟政治技巧的立宪君主转变。她开始乐于只做大英帝国精神的象征。她四处巡视,体恤臣民,并乐于在各种呈文上签上橡皮图章一般的名字。她乐于参加各种各样规模宏大的庆典,履行一个君主的职责。

晚年,由于维多利亚女王患上了风湿性关节炎,并不断恶化,迫不得已,她用上了手杖。不久,女王的病情竟严重到坐上了轮椅。这时,她仍有不少出访活动,但已是风烛残年的她很少有力气从轮椅上站起来。一次,女王在访问军事医院慰问伤兵时,为了给他们颁发奖章,她全力支撑着勉强地从轮椅上站立起来,认真庄重地将勋章别挂在伤兵们的胸前。士兵们无不为此感动得热泪盈眶。

英国在维多利亚女王统治的中期,达到了强盛的顶峰。当时,英国的工业生产能力比其余世界各国的总和还要大,它的对外贸易额超过世界上其他任何一个国家。这时,英国的富庶已经使新老世界都为之瞩目。

1851年,一个法国人参加了在水晶宫举办的博览会后说:像英国这样一个贵族国家,却成功养活了它的人民;而法国,一个民主的国家,却只会为贵族进行生产。这一时期的英国是世界的贸易中心,维多利亚时代最显著的特征之一就是它的富庶,直至它结束时都是这样。

不过在维多利亚时代,英国虽然富甲一方,但社会财富的分配一直不均,贫富差距悬殊。一方面,是贵族宫殿式的庄园生活,另一方面则是农人破败的茅屋草舍;一方面是工厂主舒适的生活享受,另一方面则是失业工人绝望的生存挣扎。所以,连这一时期英国著名的保守党首相迪斯雷利也曾把英国说成是一个"两个民族"的国家。

进入工业化社会之后,许多英国臣民沉醉在已取得的成就中,骄傲于世界霸主的地位,他们将这一切成就归结于大英帝国制度的优越性,而很少想到,它的制度仍存在着许多结构性弊病。实际上,19世纪下半叶,当英国越过强盛的巅峰时,许多人本着忧国忧民的心态,已经开始对盛世中的帝国国家制度进行反思,进而开始适时进行调整。因此,一个国家或民族应随时审视自身的缺点与不足，并不断根据时代的需要做出相应的调整，否则优势中存在的隐患会影响全局，这是值得我们思考和借鉴的地方。

总之，英国王室与大英帝国对于荣耀、尊严的共同需要，使得后期的女王与内阁之间的合作变得十分默契。内阁在名义上把女王抬得很高，而女王也乐于不再过多地去干涉内阁的政务。虽然此时的女王相当于一个虚君，没有实权，只是国家的精神象征，但女王仍然是国家机器不可缺少的一环，具有不可替代的作用。英国君主立宪制，经过维多利亚与内阁的反复磨合较量，终于达到一种平衡并基本定形。

2.维多利亚时代

维多利亚时代，上承乔治时代，下开爱德华时代。其间，英国工业革命方兴未艾，达到大英帝国取得辉煌成就的顶峰。它的时限常被定义为从维多利亚女王1837年登基开始，到女王1901年去世为止，即维多利亚女王的统治时期。

在那个时代，大英帝国的政治、经济、社会皆飞速发展，其结果就是产生了大量的生活优裕的中产阶级。而且，充裕的财富及身份的提升激发了中产阶级改变其居室环境和装饰样式的意识，他们争相在住宅和室内装修上表明自己的趣味和风格。于是，以装饰为主的"维多利亚风格"应运而生。事实上，维多利亚样式包括了各种装饰

维多利亚风格

元素、样式的混合和没有明显样式基础的创新装饰的运用,是当时家具和其他用品设计的典型特征。

在建筑上,典型的体现就是欧洲历史上各种建筑式样的复兴,这在当时成为一种风尚。其中,最受欢迎的是哥特式建筑。此外,在工业革命中产生的大批资本家渴慕贵族的生活,因此也仿而效之,经常随机地混合使用几种风格的元素:文艺复兴式、都铎式、伊丽莎白式或意大利风格等。

不过,维多利亚时期对这些风格的重新挖掘并不仅仅是简单的仿造,而是融入了不少现代的元素,并采用新的建筑材料,改进原有的建造方法,从某种意义上说是对原有风格进行改造,是对多种风格的糅合。

同时,因为大英帝国当时在世界的地位以及影响,其很多殖民地如澳大利亚、新西兰、南非、印度,包括美国等地也逐渐开始追捧维多利亚风格。不过,有所不同的是,他们大多因地制宜,根据本地区可利用的材料和制作工艺,并根据本地不同的气候环境来决定住宅的建造风格。例如,这一时期的美国形成了很多种不同的风格,最初有哥特风格和意大利风格,接着是粘贴式风格,到19世纪后期又流行安妮女王风格等。同时,东方建筑特征也融入其中,这些风格在时间上相互重叠,没有特别明显的开始和结束,多数的住宅都是混合风格,个人化的演绎非常丰富。

维多利亚时代,新材料和新技术的发明层出不穷,这也大大丰富了物品的种类,如胶合板、铁与黄铜管能够制造出简单而实用的物件,也适用于装饰设计,这就出现了各式各样的装饰品。当时的家具多采用曲线的形式,住宅内的家具既要舒适,又要显得华丽,如沙发垫子里使用弹簧用以支撑柔软而饱满的表面,而带有精制而艳丽的编织图案则是作为沙发表面的标准。这些家具大多装饰繁复,因为这是房屋主人展示身份的象征。

此外,在维多利亚时代,人们的服饰风格也很有特点。尽量多地运用蕾丝、细纱、荷叶边、缎带、蝴蝶结、多层次的蛋糕裁剪、折皱、抽褶等元素，以及立领、高腰、公主袖、羊腿袖等宫廷款式。随着复古风潮的盛行，这股华丽而又含蓄的柔美风格，带给人们耳目一新的感觉。

其中，有透爽感的蕾丝材质是维多利亚风格的首要代表。虽然上等材质的蕾丝极费手工，而且代价昂贵，但却有专门定做的高贵感。此外，这一时期先进生产工艺的发明，使民间的蕾丝也变得较为柔软、透气、易熨烫，因此很快就被广泛地运用到服装制作上。那时，女士们喜欢在领口、袖口、裙摆处露出装饰性的蕾丝花边。就算是当时流行的下午茶，也要铺上白色刺绣蕾丝的桌布和餐巾，才显得情调十足，可见蕾丝在维多利亚时代的重要性。

维多利亚时代，除了纯蕾丝制作的衣服外，蕾丝也被巧妙地拼接、运用到服装的局部，例如领口、衣襟、袖口、下摆处等，与其他材质混搭出更加华丽、含蓄的效果。而且，在当时盛行的高贵、优雅风格的影响下，纽扣也不再无足轻重，精致、考究的纽扣也成为展现风格的细节表现。当时普遍流行的是包纽，它用与服装同材质的真丝或绸缎将纽扣包住，呈现出浑然一体的装饰感，同时，也体现出犹如手工定制般的精细做工。

不过，总体上来说，维多利亚时代的女性衣着打扮偏于保守，用高超的搭配技术来表现出层次感和华美感，而立领，就是其风格的最佳体现。而且，当时的女性还以高腰的设计强调整体线条的修长感，在胸前和腰部强调曲线的抓褶、抽褶裁剪，这样就同时具备了明显的束腰特征，既显得修长又不失丰满，尽显女性优雅的体态。

这一时代，大英帝国的上流社会大多对饮食非常讲究，他们从遥远的东方国度进口各种异国情调的香料、调料，用于精心烹制食品。正是在当时，人们最早将具体的烹调方法如调料用量等详细写入书中，名厨编写的烹调书籍广泛流传，英国出现了世界历史上最早的烹调学校。不少饮食用的小餐具也流行起来，如开罐器等，维多利亚时代还形成了许多进餐礼仪。

当时英国到处流行下午茶，因为通常上流贵族们早餐丰盛，午餐从简，而晚餐则很晚才进行，因此据说维多利亚女王的侍从官——女公爵安娜每到下午就会觉得很饿,于是便让仆人拿些小茶点来吃。不久,许多人纷纷效仿,下午茶渐渐成为一种例行仪式。事实上,围绕着这种下午茶习俗形成了多彩的茶文化,高雅的旅馆开始设起茶室,街上有了向公众开放的茶馆,茶话舞会更成为一种社交形式,维多利亚时代的淑女小姐们常在那里与男友们会面。

此外,维多利亚时代,英国科学界出现了牛顿之后最著名的麦克斯韦,文学界出现了莎士比亚之后最杰出的狄更斯,可谓人才辈出。这一时代还出现了许多优秀的作家、诗人,他们的作品在后世广为流传,如杰出的英国女作家夏洛特·勃朗特,其代表作有《简·爱》;著名的现实主义小说家查尔斯·狄更斯,其代表作有《雾都孤儿》等。

当时的英国民众以推崇道德修养和谦虚礼貌而闻名。这是一个科技、文化都得到很大发展的繁荣昌盛的太平盛世。印刷术的发展促进了文学艺术的空前繁荣。这一时期还形成了男女平等和种族平等的进步观念,美国的废奴运动正是这一进步思想的体现。

这一时期,大英帝国的科技发明一浪接一浪,人们普遍相信科学进步,对于人类社会的发展充满了乐观和信心。其中,汽船的出现使得运输和贸易达到了前所未有的繁荣兴旺,四通八达的铁路交通贯穿东西南北。

总之,这是个令人神往的时代。它并没有随着维多利亚女王的去世而结束,很多历史学家认为,所谓"维多利亚时代"的真正结束,是在第一次世界大战结束以后。而第二次世界大战前后,第一届万国工业博览会时期建造的"水晶宫"的倒塌,则宣告了维多利亚时代的最终结束。

二、万国工业博览会

1851年,世界上第一次国际工业博览会在英国伦敦的海德公园举行,又称万国工业博览会。因为这次博览会的展览馆是一个"水晶宫",因此也称之为"水晶宫"国际工业博览会。这次博览会在工业设计史上具有重要意义,它全面地展示了当时英国工业发展的成就。

博览会最初源于西欧封建社会的商人定期举行的市集。刚开始时，市集主要只是经济贸易。随着社会的发展，商业贸易越来越重要，市集的规模渐渐扩大，商品交易的种类越来越丰富，参加者越来越多，影响也越来越大。到19世纪20年代，这种已颇具规模的大型市集便称为博览会。

终于，在维多利亚女王统治中期，在伦敦举办了万国工业博览会，这与两位人物密切相关。一位是维多利亚女王的丈夫——阿尔伯特亲王，其于1843年任英国艺术学会主席(1847年，该学会被授名为皇家艺术学会)，另一位是亨利·科尔先生，其是1846年加盟艺术学会的骨干。他们决定从1851年开始，每5年举办一次大型展览会，阿尔伯特亲王还坚定地提出，展览会必须包括外国产品，并特地书写了"国际"两字。由此，伦敦展览会决定面向世界各国，展览会的名称特别强调了万国。这些颇具历史远见的决定，把展览会从国内推向了国际，开创了世界博览会的先例。

当时，不少英国人已习惯艺术学会的小型展览会，难以接受国际性的大型展览会，对各种外国人进入英国并带来各种产品顾虑重重。《泰晤士报》率先掀起了对万国博览会的反对浪潮，来势凶猛。其认为外国人来到英国，会掀起革命，会刺杀女王，还顾虑外国低劣产品冲击英国市场。一些保守派人士也担心大量的游客可能导致社会混乱甚至革命暴动。不过激进派人士，如共产主义代表人卡尔·马克思却视此博览会为一种对于商品资本主义崇拜的象征。

当时，阿尔伯特亲王不顾来自各方的巨大压力，仍然决定推行这一计划。为了使博览会具有更强烈和更广泛的号召力，英国皇家委员会亲自挂帅，吸收了5000名各界知名人士为宣传员，为博览会摇旗呐喊，大造声势，还公开征集博览会展馆的设计方案。

为了激发英国民众对这次博览会的热情，组织方采用演说、传单、宴会和个人呼吁等方法来鼓励各界人士的捐助。刚开始，捐助宣传似乎没有多大成效，不过很快，情况便有所改观。其中，铁路承造商萨穆尔·皮托允诺捐赠了5万英镑，女王与王储则各捐赠了1500英镑，随后更多的资金开始注入，其中也不乏普通老百姓的积蓄。总共有大约5000人参与了此次捐助。

同时由于时间有限，举行博览会的展馆无法以传统方式建造，因此组织方采用了园艺家帕克斯顿的"水晶宫"设计方案。帕克斯顿以在温室中培养和繁殖维多利亚王莲而闻名，并擅长用钢铁和玻璃来建造温室。帕克斯顿曾经率领花园园丁，试验以玻璃与钢铁建造巨大温室的可能性，所以见识到了这些建材的强度与耐久力，故他以这项技术知识申请世界博览会的建筑设计。最终，帕克斯顿采用装配温室的方法建成了"水晶宫"式的玻璃铁架结构的庞大外壳。

"水晶宫"室内景致

"水晶宫"的整体外观为阶梯形长方体，有一个垂直的拱顶。此外，其线条简单，在各个面上只能看到铁架与玻璃，没有其他繁杂的装饰，目的是为了体现工业生产的机械特色，也代表着工业革命的成就。它占地面积为7.4万平方米，有3层楼那么高。在整座建筑中，只用了铁、木、玻璃3种材料。

整个工程施工从1850年8月开始，到1851年5月结束，总共花了不到9个月时间，便全部装配完毕。水晶宫展现了园艺师帕克斯顿的天赋，这位设计者也因此而受封为骑士。

对当时的人们来说，"水晶宫"璀璨而华丽，里面展览着来自世界各国的工业品，它不仅代表着英国工业革命的成就，也代表着英国雄厚的国力。因此，"水晶宫"不仅作为一个展览场地，更作为博览会的主要科技成果之一，引起世界各国不小的骚动，当时的参展者共计25个国家。

这次博览会的主题是世界文化与工业科技，其名字中的"Great"在英文意为伟大的、很棒的、壮观的。通过博览会，英国主要展示了工业革命后，其技冠群雄、傲视全球的辉煌成果，因此被视为维多利亚时代最重要的里程碑。

在维多利亚女王批准的大量优惠政策的鼓舞下，世界各地的人们接连不断地来到伦敦，他们有生以来第一次坐上了火车，第一次见到了这么多先进的工业品。英国人则在这次博览会上充分显示了大英帝国的富足，这时的英国作为"世界工厂"已经崭露头角。就连英国人自己也为自己征服自然的显赫成就所陶醉，整个博览会的全过程都那么令人激动，很多英国人的眼里都噙着骄傲的泪水，他们感到在那些前来参观的人们面前，作为大英帝国的一员，有着无上的荣耀。

这次盛会展出了英国工业革命带来的经济成就和先进的工业品，如高效率的农业机械、印刷机械、自动链式精纺机、大功率蒸汽机、轨道蒸汽牵引机、高速汽轮船、气压机、起重机、机床以及先进的炼钢法、隧道和桥梁模型，甚至武器装备等。"日不落帝国"在这次展览会上显示了它强大的实力，出尽了风头。

同时，展品上的工艺美术设计也让慕名前来参观博览会的人们流连忘返。

在"水晶宫"中的中国展区，人们可以看到高高悬挂的宫灯，还有层层摆放着的瓷器，而充满中国韵味的刺绣屏风则好像一只正在开屏的孔雀；在印度展区，华贵的宝石、充满异域风情的服饰吸引着一群群的欧洲女士……

不过，当时的英国民众普遍有着对本国成就的骄傲思想，很多人为大英帝国发达的政治与经济、文化成就而洋洋自得，而维多利亚女王也试图强化英国人民对其政权的满意度。因此，这次博览会之后不久，英国出现了"Victorian"的字眼，用来传达这一时期英国民众的自我国家意识。

有趣的是，在展览会上，一个中国人在合唱队里齐唱《哈利路亚》的时候，不经意间成为众人瞩目的焦点。只见他身着华服，向维多利亚女王深深地一拜，后他被授予外交官的待遇。原来他只是一艘停在泰晤士河上的中国帆船的船主，仅仅花了一便士来参观而已。

尽管出现了一幕幕闹剧，博览会还是成功地闭幕了。这次万国博览会，从1851年5月至10月，历时5个多月，吸引了600多万名参观者。许多来自欧洲各大城市的游客涌入伦敦，带来的获益相当可观。据记载，这次博览会收入净赚18.6万英镑，这笔款项后来被用于成立维多利亚与阿尔伯特博物馆。

进入20世纪后，人们普遍认为这次伦敦万国工业博览会，代表着英国历史上维多利亚女王统治下的繁荣昌盛的时代，代表着当时工业、经济、军事均高度发展的大英帝国的辉煌成就。英国《泰晤士报》曾评论道："创世以来，全世界各族群第一次为同一目的而动员起来。"

博览会的另一项成就是，柯尔主持创建了一所博物馆来满足英国设计界的需要，这就是亨利·柯尔博物馆。一个包括帕金在内的委员会负责从博览会的展品中为博物馆挑选藏品，在价值5000英镑的藏品中，印度藏品是英国藏品的2倍。在英国政府支持下，这批藏品与产业博物馆合并，改称为维多利亚·阿尔伯特博物馆。

举办万国博览会前后，"水晶宫"的建造曾惊动一时，人们纷纷认为这是建筑制造业的奇迹。新闻媒体也纷纷撰文给予褒奖，大英帝国社会各阶层人士都对之充满了赞美之声，强烈要求永久保留。但水晶宫还是按原计划于1852年拆除，后移置辛顿汉姆，重建的水晶宫比原先要简易些。它作为举办展览、音乐会、足球比赛和其他娱乐项目的活动中心存在达85年之久。

1936年12月，"水晶宫"毁于一场大火，只留下2座水塔。第二次世界大战期间，人们认为这2座水塔可能会成为入侵德国战机的目标，而于1941年拆除。今天，人们只能从早期图片上目睹到"水晶宫"那雄伟而又独特的风姿。

三、涉入普法战争

普法战争是德意志强邦普鲁士为了统一德国，并与法国争夺欧洲大陆霸权而进行的战争。但这次战争最初是由法国人发动的，不过最后以普鲁士大获全胜,建立德意志帝国而告终。在德、法两国,这次战争又被称为德法战争。

19世纪60年代,普鲁士王国已经发展成为德意志最为强大的邦国。为了扫清资本主义发展的障碍,就必须进一步实现德意志的统一。因此普鲁士自觉担负起统一的重任,积极推行首相俾斯麦的"铁血政策",先后击败丹麦和奥地利,并在1867年成立了以其为首的北德意志联邦。

接着,普鲁士便把矛头转向宿敌法国,企图削弱法国势力,并占领矿产丰富的战略要地阿尔萨斯和洛林。法国为保持其在欧洲大陆的霸权,仍然在幕后操控着南德意志诸邦,竭力阻止德意志统一,并企图占领莱茵河左岸的德意志领土。双方矛盾激化,战争一触即发。

普奥战争结束后,法国皇帝拿破仑三世要求俾斯麦履行之前两国秘密签署的协议,把莱茵河西岸的巴伐利亚和黑森–达姆施塔特的部分领土送给法国,作为对法国在普奥战争中保持中立的报偿。俾斯麦断然拒绝,并立即把拿破仑三世的这个意图告知了巴伐利亚国王及南德意志诸邦政府,从而在南德诸邦造成了恐惧法国的心理。

俾斯麦正是利用南德意志诸邦的这种心态,遂与它们缔结了秘密的攻守同盟条约。在这种情势下,只要打一场普法战争就可以激发南德意志诸邦的民族感情,就可以推动它们与北德意志联邦合并。为此,在普鲁士首相俾斯麦的策动下,以西班牙王位继承问题制造争端,令法国皇帝拿破仑三世对普宣战,普鲁士借此团结德意志民族,进攻法国。

在老谋深算的俾斯麦的策划下,其故意以西班牙王位继承问题为由来制造争端,使法国皇帝拿破仑三世首先对普鲁士宣战,普鲁士则借此团结德意志民族进攻法国。企图保持多年欧洲霸权地位的法兰西第二帝国,对于普鲁士的挑衅,不但没有回避,反而迫不及待地向普宣战,结果招来了战争惨败、帝国灭亡的厄运。

在这场战役中,法军损失12.4万人,普军只损失了9000多人。法国举国哗然,资产阶级趁机于法国国内发动政变,推翻帝制,成立国防政府。

普法战争沉重打击了法国,很快,法兰西第二帝国倒台,法国资产阶级政府投降。而1871年1月18日,普鲁士国王威廉一世在法国的凡尔赛宫宣告德意志帝国成立,他本人成为首任皇帝,德国遂告统一。1月底,法、德两国正式签署停战协议,协议规定法国投降,解除正规军武装,并尽快召开国民议会、批准条约草案等。

作为欧洲大陆两大强国之间的战争,普法战争大大改变了欧洲政治、军事格局。法国受到严重削弱,国际地位一落千丈。统一的德意志国家建立,成为强国,开始在欧洲拥有优势。德、法两国于这次战争中的结怨,为日后的第一次世界大战的爆发埋下伏线。

而与欧洲大陆一水之隔的英国,在普法战争中,维多利亚女王统治下的英伦三岛始终坚持光荣孤立的传统政策,一方面利用德国压制法国,使自己在和法国争夺殖民地的过程中占得上风;另一方面又不希望过分削弱法国,以免失去对德国的牵制,破坏欧洲大陆的局势。

四、黄金时代庆典

在维多利亚女王统治期间,英国从一个普通的欧洲国家,成为一个强大的殖民帝国。英国于1887年和1897年,两次举行隆重大典,庆祝女王维多利亚登基50周年和60周年。大典期间,英国各殖民地代表聚集伦敦庆贺,而英国政府则借此召开帝国殖民地会议,企图以女王个人的声誉,来加强大英帝国的统治和内部团结。

此外,维多利亚女王和阿尔伯特亲王共育有9个子女,几乎都嫁给了当时显赫的王室贵族,而这9个子女的孩子们几乎遍布整

维多利亚女王和阿尔伯特亲王及其家人

个欧洲的王室,因此维多利亚女王也被誉为"欧洲祖母"。

维多利亚长公主,嫁给了普鲁士太子为妻,其儿子就是20世纪初威名远播的威廉二世,女儿索菲后来成为希腊王后;威尔士王子爱德华——即后来的英国国王爱德华七世,娶了丹麦国王克里斯蒂安八世的大女儿亚历山德拉公主,他们的二儿子是后来英王乔治六世,女儿莫德公主是挪威王后;爱丽丝公主,嫁给黑森达姆斯塔特大公路德维希,他们的小女儿是俄国末代沙皇的皇后;阿尔弗雷德王子,娶了俄国沙皇亚历山大二世的女儿玛丽公主,他们的女儿玛丽是罗马尼亚的王后;比亚特里斯公主,嫁给了巴登堡的亨利王子,他们的女儿维多利亚公主嫁给了西班牙的阿方索十三世,成为后来的西班牙王后。

不过,由于维多利亚女王和其丈夫阿尔伯特亲王是近亲通婚,所以4个王子中的3个都是血友病患者,5个公主则都是血友病基因携带者,她们与欧洲王室联姻的结果是,血友病这一可怕的疾病在欧洲王室中蔓延。

据一份调查结果显示,在2007年在位的欧洲国家君主中,与维多利亚女王有着血缘关系的有:英国女王伊丽莎白二世以及她的丈夫菲利浦亲王、挪威国王、西班牙国王、瑞典国王和丹麦女王等。由此可见,维多利亚女王"欧洲祖母"的称号是名副其实的。

五、"日不落"的神话

"日不落帝国"一词最初是指16世纪时的西班牙帝国的,它命名起自当时的西班牙国王卡洛斯一世的一段论述:"在朕的领土上,太阳永不落下。"而到了19世纪,"日不落帝国"一词则被普遍作为大英帝国的别称,尤其是指维多利亚时代。

自1588年英国一举击溃西班牙的无敌舰队后,英国就开始不断扩张海外殖民地,逐步代替西班牙,成为新兴的海上霸权国家。之后,英国相继在英荷战争和"七年战争"中打败最强劲的对手荷兰和法国,夺取了两国的大片殖民地,确立了海上霸权。

1815年，英国在拿破仑战争中取得了胜利，这又进一步巩固了它的国际政治、军事强权地位，工业革命更让英国成为无可争辩的经济强权。到维多利亚时代，大英帝国步入了鼎盛时期。当时，全世界大约4亿—5亿人，也就是当时全球人口的1/4左右都是大英帝国的子民，其领土面积约3000万平方公里，占世界陆地总面积的20%。

这个时候，从英伦三岛到冈比亚、纽芬兰、加拿大、新西兰、澳大利亚、马来亚、中国香港、新加坡、缅甸、印度、乌干达、肯尼亚、南非、尼日利亚、马耳他等无数岛屿，地球上的24个时区均有大英帝国的领土。英国出版的大英帝国全球地图，通常用红色把帝国的领土标出，因此在地图上就可以清晰地了解到这个庞大的帝国在全球的影响力。

说起老牌殖民主义国家，一般是指葡萄牙、西班牙、荷兰、俄国、法国和英国。但只有英国，从事殖民掠夺的时间最长，占领的殖民地最多，维持殖民统治的时间最久，成就了"日不落"的神话。那么，英国是怎样占领如此之多的殖民地的呢？

纵观英国历史可以看出，"日不落帝国"的发家史实际上是走过了一条火与血的路程，上面竖着3个路标：海盗起步、战争开路、工业革命。早在资本原始积累时期，英国就依靠商业冒险家、远征队到各地建

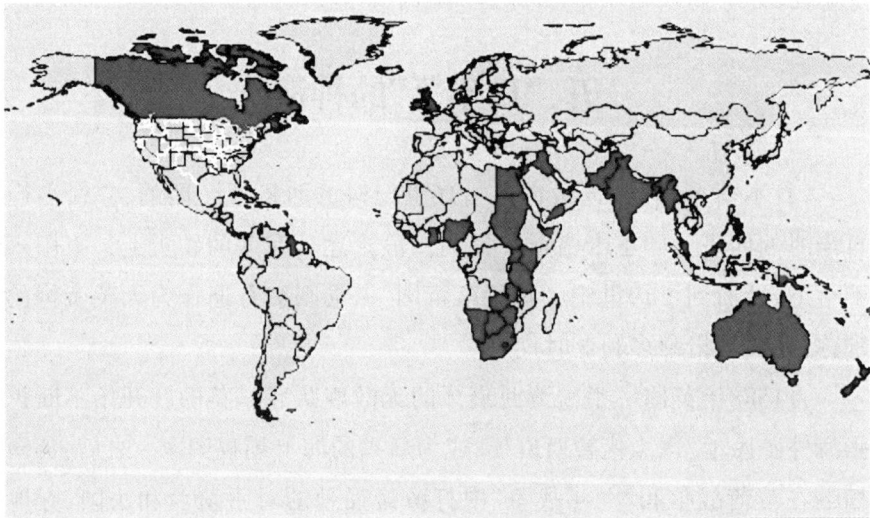

"日不落帝国"地图

立"贸易据点"。比较早的殖民据点建立在美洲、印度和北爱尔兰的一些地区。

英国走上争夺殖民霸权的征程后，先后发动了近200次的战争。如1588年的英西战争，摧毁了西班牙殖民霸主的宝座，夺得了从非洲贩卖黑奴的贸易垄断权；17世纪50—70年代的3次英荷战争，摧毁了荷兰的殖民霸权，夺得了东、西方贸易和对亚洲进行殖民掠夺的优势；1756—1763年因争夺殖民地和欧洲霸权而与法国进行的"七年战争"，战火遍及欧、亚、美三大洲，结果摧毁了法国在欧洲大陆的霸权，也使得英国夺得了北美殖民地和南亚次大陆的势力范围。这80年的战争历程，奠定了英国海洋霸权和殖民霸权的基石。

到19世纪中期以后，英国进入了资本主义发展黄金的时代，成为"世界工厂"、世界贸易中心和金融中心。这种第一工业强国的地位，为它向外扩张创造了雄厚的经济基础，所以19世纪60—80年代是英国巩固、扩张殖民地的高潮期。到20世纪初，英国已经占领了世界上最多的殖民地。英国的国旗飘扬于各殖民地的上空，不管是东半球还是西半球，都能受到阳光的普照，也因此英国自称为"日不落帝国"。

那时的英国相比于其他西欧列强，占领着世界上最多的殖民地。这不仅因为它是当时世界上经济最发达的国家，还因为它是世界上海军最强大的国家。作为一个四面环水的岛国，英国必须建立强大的海军来保卫它的疆土，而侵略他国、占领殖民地更为需要。也正因为如此，英国历代国王都非常重视海军建设。伊丽莎白一世时代，曾打败了当时一流海军强国的西班牙，自此以后，英国海军称雄一方。17世纪时，"护国公"克伦威尔又与"海上马车夫"荷兰开战，结果当时的海军强国荷兰战败。至此，海上霸权完全落入英国之手。

成为海上军事强国后，英国就开始通过各种各样的方法来占领、掠夺殖民地。它依靠本国雄厚的经济实力，或低价购买落后民族的领土，或进行经济渗透，或采取借贷手段逐渐控制弱小国家的政治和经济；而对那些不愿打开闭关自守、商业大门的国家，则用坚船利炮炸开这些国家的大门，然后在控制这些国家经济命脉的基础上实行军事占领。对有些殖民地则是直接派海军打败弱国,强行占为己有。

此外,英国是世界上最先进行工业革命的国家,这就为海军提供了经济和科技上的有利条件;如其最早用钢铁船代替木帆船,并装备有最先进的武器,这也使其他殖民列强在争夺殖民地的过程中,无法同英国抗衡。

纵观维多利亚女王统治的60多年,大英帝国牢牢掌控着全球海权,在世界贸易中起着主导作用,其殖民地、半殖民地遍布各大洲,"日不落帝国"俨然可以与世界抗衡,也因此成就了"日不落"的神话。

帕默斯顿这个名字可能现在很多人并不知晓,不过他的那句名言相信很多中国人并不陌生:"大英帝国既没有永恒的盟友,也没有永恒的仇敌,只有永恒的利益。"在19世纪中叶的欧洲,帕默斯顿勋爵可以说是无人不晓。其于1830年首次出任英国外交大臣,先后担任外交官长达16年之久;又在1855年和1859年两次出任英国首相,直到他于1865年去世为止。

在这30多年中,维多利亚女王统治下的大英帝国的对外政策深受帕默斯顿的影响。其谋略之深远、手法之高妙、算度之精密,纵观几百年来世界外交史,能与之相提并论者寥寥。

以坚船利炮打开了中国的大门、让中国人永远铭记的鸦片战争,正是当时担任外交大臣的帕默斯顿所发动的。1839年,林则徐铁肩担道义,下令进行虎门销烟,展现了其精忠报国的英雄气概。然而,以林则徐的精明强干,只要他对当时世界的政治和军事局势有个基本的了解,就决不会选择在1839年来查禁鸦片。林则徐的失败就在于他没有意识到,他真正的对手不是广州的那群鸦片贩子,而是远在伦敦的帕默斯顿。

历史发展的进程常常蕴含着必然性和偶然性。英国不远万里来到中国,直至用坚船利炮轰倒没落清王朝的大门是迟早会发生的事,蕴含着必然性;但这场战争爆发在1839年却又有其偶然性。1839年,英国杰出的外交家帕默斯顿做了一件在欧洲外交史上影响深远的大事:他创建了一个国家——比利时。

在法国东北部和荷兰南部的滨海地区,有一块无险可守的平原,如果任何国家控制了这块平原，都将成为英伦三岛的巨大压力。19世纪初，正是在这块平原上的滑铁卢，英国的威灵顿公爵击败赫赫有名的法国皇帝拿破仑，解除了有史以来对英国最大的威胁。自此之后，确保这片土地不落入任何欧洲大陆强权之手，便一直是英国的目标。不过，英国的第一次尝试失败了。维也纳和会把这片土地划归荷兰的结果是造成1830年革命的爆发。一时间，法国、普鲁士、俄罗斯和奥地利各国军队云集，眼看一场大战就要到来。

足智多谋的帕默斯顿刚刚出任英国外交大臣不久，就清醒地认识到要想永久保证这块平原不成为反英势力的踏脚石，唯一的办法就是让它成为一个独立的国家。这个国家不仅要独立，而且要中立，此外，它的中立还必须得到欧洲各国的一致承认。

随后，经过整整9年接连不断的积极斡旋、合纵连横，并且多次于重要时刻在英吉利海峡陈列英国主力舰队示威，一番辛苦努力终于使帕默斯顿缔造了奇迹。1839年，欧洲五大强国英、法、普、奥、俄缔结条约，承认比利时独立，并庄严地宣誓公认比利时为永久中立国，未经比利时的请求，缔约国军队不得踏入比利时一步。

《比利时公约》对于俄、奥两国影响不大，因此他们乐得顺水推舟；法、德两国却都受到了这片缓冲带的限制；而占了大便宜的只有英国一家。帕默斯顿的这次成功一举奠定了英国"欧洲大陆势力均衡"的外交政策，大英帝国的国家利益变成了欧洲的"正义与公理"。1870年普法战争期间，英国首相格莱斯顿即援引这项公约，要求交战双方不得侵犯比利时的中立，俨然是欧洲秩序维护者的派头。

如果林则徐虎门销烟早发生几年，而正全力周旋比利时事务的帕默斯顿就极有可能无暇东顾，被集中在英伦三岛附近的英国舰队也根本无暇不远万里来到中国。而1839年，《比利时公约》刚刚签署，整个欧洲一听到帕默斯顿勋爵的大名就会发抖。

中国恰恰在这时进行了虎门销烟，帕默斯顿哪能容忍？他认为"这不仅关系到英国商人的利益，而且关系到女王陛下的尊严"。于是，发动鸦片战争的决策就这么定下来了。当然，帕默斯顿之所以敢于发动鸦片战争,也还因为英国海军部曾告诉他:"只要英国一艘战舰,半个夏天就能消灭清朝的全部水师。"

维多利亚女王的统治,在1865年帕默斯顿逝世之际达到了顶峰。英国经济学家杰文斯在1865年曾这样描述道:"北美和俄国的平原是我们的玉米地,加拿大和波罗的海是我们的林区,澳大利亚是我们的牧场,秘鲁是我们的银矿,南非和澳大利亚是我们的金矿,印度和中国是我们的茶叶种植园,东印度群岛是我们的甘蔗、咖啡、香料种植园,美国南部是我们的棉花种植园。"

不过,当维多利亚女王在1901年去世时,又有多少英国人能意识到大英帝国将近百年的全盛时期也即将随她而去,能预见到了即将到来的那两场可怕的战争?事实上,维多利亚帝国兴盛的缘由恰恰正是其必然衰落之所在,大国的兴衰又岂是人力可以左右的?

维多利亚女王统治时期,英国无可匹敌的制造业、雄霸世界的海上优势和独一无二的金融体系构成了"日不落帝国"存在的三大支柱。1860年时的英国,以全世界区区2%的人口,却生产了全球53%的钢铁和50%的煤炭,消耗了世界一半的原棉,控制着世界1/3的海运。大英帝国一年的能源消耗竟然是俄罗斯的155倍!据学界估计,当时英国一国的工业在欧洲约占60%,在全世界约占45%,可谓是不折不扣的"世界工厂"。

强大的生产能力和英国得天独厚的地理条件,给予了大英帝国稳占海上霸权的地位。作为岛国,英国的安全不像欧洲大陆国家那样依赖于强大的陆军。当拿破仑的大军所向披靡之际,英国近乎于疯狂的造舰运动使得皇家海军的实力比其主要对手的总和还远为强大。

因此,在克里米亚战争中,英国参战之前俄国舰队的耀武扬威和英国参战之后俄国人在远程大炮轰击下的东躲西藏,在整个欧洲都留下了深刻的印象。海权的垄断也让英国人得以放手扩展自己的殖民地,大英帝国的"海外属地"在维多利亚时期以每年10万平方英里的速度增加。所以当英国第一枚邮票发行时,世界上只要是太阳照得到的地方,就有维多利亚女王的肖像。

在强大海权保护下的英伦三岛也成了欧洲的安全之所，发达的工商业和广阔的殖民地则提供了理想的投资场所，日益完善的君主立宪制下的议会又制定出一项项法律来保护投资者的权益。因此，从19世纪中叶起，伦敦的金融业进入空前的繁荣时期，英国成为制造业、贸易和资本流动的中心。可以看出，英国这三大优势相辅相成，组成周而复始的良性循环，支撑着"日不落帝国"的太阳。

不过，太阳也有西落之时。1837年的世界经济大萧条之后，维持"日不落帝国"的三大支柱迅速动摇，其动摇的速度之快似乎也和英国睥睨世界的统治地位成正比。在大萧条的冲击下，自由贸易体系土崩瓦解。后起之秀美国和德国相继筑起关税壁垒，沉重打击了英国的出口业，且美、德企业迅速吸收最新的技术和管理而后来者居上。

在技术领域，英国原本遥遥领先的优势也已不再：欧洲人最先发明的汽车却是在美国实现了大规模生产，以严谨认真著称的德国人则在化学工业上占据了领导地位。技术的进步也迅速扩展到了军事领域，空军和潜艇的研发和开始投入战场对大英帝国的海上霸权构成致命打击。过去以一支训练有素的舰队来维持英国的安全绰绰有余，而现在，欧洲大陆上的军事强国既可以从空中威胁英伦三岛，也可以从水下攻击英国的海上生命线。

因此，英伦三岛作为"欧洲避难天堂"的时光快要结束了，英国本土"绝对安全"和制造业领先地位的丧失，毫无疑问地冲击到英国的金融体系，大批资金从英国流向正冉冉升起的北美。此外，后起的军事强国德国要求重新瓜分世界，严重削弱了英国的殖民利益。总

1897年的维多利亚女王

之,一连串的连锁反应开始把大英帝国推进了危险的下坠螺旋。

早在1897年,在维多利亚女王登基60周年的庆典上,桂冠诗人拉迪亚德·吉卜林就已有预言,他为"日不落帝国"写下了一首名为《曲终人散》的、伤感的挽歌:

> 远去了,我们的军舰消隐;海滩和沙丘上的烟火低沉;啊,我们昨天所有的显赫与尼尼微和推罗一同消尽!

1901年,维多利亚女王逝世。此后不久,吉卜林的话果真应验了。大英帝国迅速倾斜,辉煌难再。到20世纪中叶,尤其是"二战"结束后,随着全球民族主义运动的兴起和英国国力的日渐式微,英帝国的殖民地纷纷独立。与此同时,新兴霸权国家美国的崛起,也促使大英帝国的逐渐瓦解。

现如今,英国和它的大部分前殖民地国家组成了英联邦,以取代大英帝国。然而与维多利亚时代不同的是,英国再也无法在政治、外交和经济等各个方面直接影响英联邦的其他成员了。总之,维多利亚时代结束后,昔日的"日不落帝国"终于开始看到了日落。

第十二章
大战磨难

历史的命运女神从来不会一直眷顾和垂青同一个民族，世界历史进程中充满了不同民族从先进沦为落后以及从落后上升到先进的事例。正所谓此一时，彼一时。16世纪至20世纪初叶，英国对外侵略扩张，一度成为近代最大的殖民国家，其领地在1914年时为英国本土的137倍，号称"日不落帝国"，而当时的女王维多利亚也多了一项头衔——"不列颠女皇"。英国的君主制从最开始被立法确认，到如今日渐式微，它交织着皇室太多的悲哀与喜悦、兴奋与绝望。

大体说来，英国的历史可以分成两段。近代以前，英国的历史只是一部地方性和区域性的历史；而近代以后，随着不列颠一度成为欧洲和世界的中心，英国的历史演变成一部世界性的历史。较之于英国整体历史演进态势，英国王室的地位消长呈现出一种反方向的运动。在古代，英国王室居于王国政治统治的中心地位，国王或君主是英格兰王国政治生活的主宰；近代之后，王权地位日渐降低，王室政治影响日趋淡化，王座最后变成了一个不具有治理权力的纯粹象征符号。不难看出，王权由盛到衰的进程与英国议会制度的成长同为一体，从封建时代的"贵族议事会"到近代的议会，英国国王权力开始受到限制，尤其受到由贵族和骑士、市民代表组成的议会的制约。为了改变这种状况，两次世界大战当中，英国国王也试图努力重塑国王形象，防止王权再度弱化，此间与议会几乎酿成立宪危机。

一、乔治五世与"一战"

1897年是维多利亚女王登基60周年。在节日庆典活动中，接受女王检阅的英国海军军舰多达165艘，各国军政宾客对这一前所未有的壮观场面印象深刻。对于目睹这一盛景的世界各强国派来的舰只来说，《泰晤士报》评论指出，"可以毫不夸张地说，他们上了刻骨铭心的一课。"这幕场景同时折射出两个信息：第一，英国似乎到了盛极而衰的临界点；第二，英国依靠强大海军所享有的海上霸主地位必将遭到新兴的竞争敌手的挑战，而这种挑战足以改变英国的历史命运。事实表明，因为争夺殖民地和海军军备竞赛而引发的第一次世界大战，是英国后来由盛到衰的转折点。

1901年，81岁高龄的维多利亚女王去世，汉诺威王朝寿终正寝。年近60的爱德华成为国王，史称"爱德华七世"，开始了塞克斯－科堡－哥达王朝。这个带有德国意味的王朝的名字是为了纪念维多利亚女王的丈夫、来自德国的阿尔伯特亲王确定的。同一年底，巡视大帝国各殖民地归来的乔治王子（即后来的英王乔治五世）已经嗅到了某种气息，带回一个令沉浸在"日不落"迷梦中的英国人感到不妙的消息：英国在帝国内的传统地位正受到其他国家的侵蚀，进而发出"古老的国家必须醒来"的呼唤。数据显示，跨入20世纪的英国在世界经济中的地位继续下降，往日"世界工场"的荣耀正在成为历史。

10年之后，爱德华七世去世，由于长子阿尔伯特已经先他去世，次子乔治即位，史称"乔治五世"。

乔治王子青年时代曾经在英国皇家海军服役长达15年，随舰队去过地中海、西印度洋、南非和澳大利亚。军人的经历使他养成了处事严谨、作风朴实的作风。即位后的乔治五世面临两大紧迫性的问题：爱尔兰民族独立和欧战逼近。这两大危机并不直接危及英国君主地位，但足以关涉国王对其在英国政治体制中功能作用发挥的阐释。灵巧应对欧战和爱尔兰问题成为考验乔治五世政治智慧和才能的两个重要任务。

乔治五世

爱尔兰问题因为涉及国家统一和内战，最令国王焦虑不安。国王乔治五世尽一切可能避免内战威胁，在他的斡旋和建议之下，1914年7月，英国政府代表、反对党的代表以及北爱尔兰和爱尔兰国民大会的代表，共同会集在白金汉宫。虽然没有达成任何实质性的协议，但毕竟创造了一种进行协商式谈判、和平解决争端的富有成果的氛围。1916年，爱尔兰共和军试图利用英国政府主要兵力投放在欧洲大陆无暇顾及后院之际，企图用武力谋求独立。1918年大选中，新芬党获得73个爱尔兰席位，拒绝服从伦敦。1919年1月通过国家独立宣言，建立了临时政府。英国曾一度考虑派军队强行镇压，但是在乔治五世的积极斡旋之下，1920年12月国会通过新自治法案，扩大爱尔兰自治权，南北爱尔兰各设议会和政府，一个在贝尔法斯特，一个在都柏林。新教徒占多数的北爱尔兰接受了该法案，但天主教徒占多数的南爱尔兰坚决拒绝。1921年6月22日，乔治五世和王后出席贝尔法斯特的集会，为北爱尔兰议会揭幕。他在富有历史意义的演讲中，号召"全体爱尔兰人伸出容忍和敦睦的手，宽恕和忘记过去，而共同为你们全体所热爱的这片国土缔造一个和平、安分守己和亲善的新时代"。1921年12月，英国和爱尔兰签署协议，英国承认由南爱尔兰26郡组成的爱尔兰自由邦为享有自治自决的全权自治领，北爱尔兰（东北6郡）留在英国。随后，英国将统治权移交给爱尔兰民族政府。这样，大英帝国的名称也改称为大不列颠及北爱尔兰联合王国。

与对待国内问题态度截然相反，在欧洲危机问题上，国王配合英国政府极力鼓动怂恿，图谋把自己的新兴竞争对手德国拖入战争并打垮对方，以此维护其世界霸主地位。英国对于当时国际局势心知肚明，判断明确，出于本国利益，在对德、对奥和对俄的外交政策方面，却玩弄伎俩。大战爆发前，乔治五世还若无其事地、郑重地把德皇威廉二世请到伦敦白金汉宫参加维多利亚女王塑像揭幕典礼。乔治五世本来是德皇凯塞尔的表哥，但他把维多利亚的荣耀更多地与这位"表弟"联系在一起，恭维对方是"维多利亚的最大的长孙"。1913年5月，乔治五世还对德国进行"亲善、友好"访问。"萨拉热窝事件"发生后，乔治五世又摆出欧洲危机调停人的姿态，亲自出席德国大使馆的宴会。7月9日，外交大臣格雷在接见德国大使时还信誓旦旦表示,英国与俄、法没有任何同盟义务的关系,英国的行动是完全自由的,还保证"尽一切可能来防止大国间的战争"。另一方面,格雷于8日接见俄国大使,故意夸大事态的严重性,坚称奥国出兵大有可能,并极力渲染德国对俄国的仇恨。英国鼓励俄国备战和德国侵略的做法,无疑激化了这两个国家的矛盾。

不仅如此,在对待奥国的态度上,英国政府也是采取两面派做法。7月20日,国王接见奥国大使,向奥国大使展示出"一如素常的冷淡客观",让奥匈帝国以为英国对他们"抱友好心理而不无同情之意"。这就给德、奥造成一种英国不会卷入战争的错觉。俄国沙皇得到塞尔维亚摄政王要求保护的恳切要求,看过奥国的最后通牒,直觉告诉他们"这是欧洲大战"。外交大臣萨佐诺夫随即召开大臣会议,决定"视事态发展情形"而在俄国境内进行局部战争动员。他还加强外交活动,两次与英、法大使会谈。英使非常清楚,面对自己给俄国和德国制造的中立假象,英国只能二者择一,"或给予俄国以积极支持,或是牺牲它的友谊"。

正如比利时驻柏林大使馆的报告中一针见血所指出的,"一当英国国王关心维护欧洲和平的时刻,欧洲和平就面临最严重的危险"。塞尔维亚"七月危机"中,英国采取积极鼓励战争的政策,并未流露出参战的任何意向。但是,英国已经为战争做好了充分准备。在它看来,这场战争必将到来。如果更早一点打起来,形势对自己或许更为有利。因为从海军实力方面看,当时英国海军保持足够的强大的海军优势,如果拖延,德国在海军军备竞赛中势必迅速赶上英国。不过,英国就算满心希望参战,它还须克服重重困难。首先,它要合理地把战争责任推到对方身上,摆脱战争发起国的罪责;其次,要说服当时议会和内阁中的亲德派,至少让他们成为少数派;再者,要对反战的工人阶级和自由党人有个交代。因为他们多次在特拉法加广场上集会,强烈要求英国宣布中立。

按理说,上述困难和声势浩大的和平运动的压力足以让英国在通向战争之路上止步,但事实是英国政府和英国王室继续玩弄两面派的外交手法。7月26日,英王乔治五世针对奥、塞纠纷问题对德皇之弟普鲁士亲王亨利保证,"我们(自己和英国政府)尽一切努力,不使自己牵入战争而保持中立"。同日下午,格雷提议在伦敦举行英、法、德、意国会议,共商保持"和平"的方法,实则是拖延开战,为俄、法两国赢得更多作战准备时间创造机会。英国极力怂恿法、俄对德、奥作战,并保证给予支持,这就在客观上麻痹了奥匈和德国,而有利于法、俄。

奥匈向塞尔维亚宣战的第二天,英国意图参战的真正面目公开暴露出来。7月29日,格雷接见德国大使,明确表示,如果冲突仅仅限于俄、奥之间,英国可以保持中立;如果德、法两国卷入,"那么局势就会立刻发生变化,英国政府在一定条件下,将被迫作出紧急决定。在这种情况下,就不能长期作壁上观了"。当德国皇帝威廉二世最终获知英国参战的真正意图之后,怒不可遏地谴责英国:"这个下贱的唯利是图的恶棍,拼命用各种盛宴和花言巧语来欺骗我们。在英王同亨利谈话时对我所许下的'我们将保持中立并且尽可能长期袖手旁观'的诺言,现在变成了赤裸裸的欺人之谈。"气急败坏的威廉二世试图就此止步,于7月30日把英国打算参战的意图告诉奥匈帝国,劝告奥匈接受英国的调停。可是,奥匈军队已经开进塞尔维亚境内。箭已经射出,再无可能挽回。而于英国来说,挑起战争以对付自己的主要竞争者的图谋成功了。

8月2日,英国方面对入侵比利时的德国发出最后通牒,重申德国必须尊重比利时中立地位以及英国负有保护比利时中立的义务。德国这时候才意识到,它被这个"血亲民族"耍了。

一直等待回复的英国内阁看到英方限定时间已过,德国复文未来,便迫不及待地宣布,从8月4日夜11时起,对德国进入战争状态。

英国参战,具有非同寻常的意义,除了它是当时的世界霸主国之外,更在于,整个大英帝国,首先是它的自治领,如南非、加拿大、澳大利亚、新西兰等,都相继加入战争,使得这场本来是东南欧地区局部性的战争扩大为真正意义上的世界大战。

英王乔治五世知道,如果英国在战争中战败,就意味着君主制将会覆灭。战争期间,英国实行"战时内阁制",在经济上实行政府监督国民的经济生活、放弃自由贸易,军事上实行义务兵役制。这种由5—7个内阁成员实行的寡头统治形式,大大提高了政治决策的效率,强化了战争机器,有效地推动了战争进程。1915年,乔治五世为了给民众做出榜样,下令在战争期间宫廷内禁止饮酒。作为英王,乔治同王后亲自参与了力所能及的对英军的鼓动和慰问工作。他们夫妇曾先后到过300多家野战医院慰问伤员,足迹踏遍英伦三岛,甚至5次亲赴硝烟弥漫的法国前线,为数万名立功将士颁发勋章。这种做法的象征意义丝毫不亚于国王亲自带兵上场杀敌。乔治五世不仅个人率先垂范,遵守战时经济政策,还配合军事动员,将两个儿子送到军队服役。为了表示弃绝与德国"远亲"的关系,乔治五世甚至在1917年将带有德国意味的王朝名称改为"温莎王朝"。战争后期,在得知他的内兄、沙皇尼古拉二世被迫退位,寻求到英国避难时,乔治五世在郑重考虑到由此可能带来的严重政治后果和不良影响后,坚决拒绝。总之,国王为支援战争赢得胜利可谓殚精竭虑、鞠躬尽瘁。在一战时期乔治五世的政治外交抉择中,维多利亚时代靠血亲纽带联系起来的欧洲国际体系瓦解了。

虽然战争结束后英国实现了它的主要目的,如削弱德国,夺得其多数军舰,获得其在世界上的主要殖民地,但是在赢得战争的同时也欠下了大量外债,人力、物力、财力遭受到重创和削弱。伦敦的世界经济中心地位已经动摇,大洋彼岸美国的纽约有取而代之趋势。而且,在战争中壮大的各自治领地的资产阶级开始提出民族自治的要求。

1923年,构成对乔治五世政治智慧的一个严峻考验来自于政党制度方面,乔治五世需要决断是否给工党一次执政机会。长期以来,英国实行的是自由党和保守党交替执政的两党制。这种政治制度曾经被认为是英国在近代以来取得辉煌成就的政治保证。但随着时势的变化,代表工人阶级利益的工党力量逐渐壮大。英国工党运动初期遵循马克思的阶级斗争学说,以建立社会主义社会为政治目标,后来改变了策略。1910年,当时的工党领袖曾经称赞英王爱德华七世是"世界上最伟大的政治家"。1911年工党领袖麦克唐纳把共和制称为"仅仅是一个抽象概念","社会主义不一定必须是共和制"。1917年十月革命在英国国内引起强烈的政治反响,但是1923年英国工党就君主制是否有必要继续存在进行投票,结果是10:1赞成君主制。鲍德温拒绝成立由工党参加的联合政府,而阿斯奎斯拒绝支持保守党,最后,乔治五世还是决定让工党组阁,他对于不理解的人说了一句话:"应该给他们一个机会,让他们试试。"1924年善意而且公开地接受工党政府,这被认为是乔治五世对英国政治的一个最重要的贡献。20世纪后半期的一系列事实表明,乔治五世这项具有开创性意义的决定的确是非常英明的。

二、爱德华八世逊位

在世界历史的长河中,君主政体的确立构成了稳定王国政治的保障,君主同时也是国家权力中心的象征。与其他有君主政体存在的国家一样,英国历史上围绕王位争夺而展开的钩心斗角、你争我夺,甚至血腥厮杀,并不少见。直到18世纪,英国君主政治最引人注目的特点之一就是复杂多变。即便是君主立宪制度确立之后国王成为"统而不治"的虚君,但单就其象征着英国民族引以为自豪的传统文化和历史文化而言,白金汉宫的宝座,依然放射着强大的迷人魅力,何况每年还有巨额的财政预算支出可以供给王室支配。

"一战"后期,在战乱和革命摧枯拉朽之势的作用之下,欧洲的霍亨索伦王朝、罗曼诺夫王朝和哈布斯堡王朝等延续数百年的君主统治纷纷土崩瓦解,重创之下的大英帝国王室却因为维多利亚女王时代带来的"崇高威望和普遍热情"而享有很高声誉。加上乔治五世在战争中呕心沥血,与人民同甘共苦,赢得了人民的爱戴,使得英国君主制依然延续,岿然不动。但是,乔治五世之后的君主制却面临着一场空前的立宪危机。而危机的原因,既非源自于英国外部的军事挑战,也非源自于英国内部的经济和政治斗争,而是与国王的一桩离奇的婚姻纠缠在一起。这场危机最终以国王宣布逊位而收场。虽然这场危机不像1649年那场危机那样惊心动魄,但也绝非乏善可陈,其中包含着一些耐人寻味的故事。

1936年1月20日中午,乔治五世撒手人寰,长子威尔士亲王爱德华即位,史称"爱德华八世"。据说,临终前一段时间,乔治曾对未来王位继承问题忧心忡忡。他曾经对坎特伯雷大主教说过，"在我死后，这孩子将会在12个月内把自己毁掉"。或许这在听者觉得是个不可能实现的预言。因为当时的威尔士亲王即后来的爱德华八世正年富力强，"国际威望与日俱增"，而且因为主张改革、同情人民生活疾苦而颇受爱戴。但不幸的是，老国王的预言还是应验了。1936年12月10日上午，爱德华八世正式向枢密院提出了自己的"退位声明"。从即位称王到辞去王位，爱德华八世在位时间总共只有325天，甚至还未来得及行加冕大典。

爱德华八世生于1894年6月23日，全名叫"爱德华·艾伯特·克里斯琴·乔治·安德鲁·帕特里克·戴维"，家人多喊他的教名戴维（或大卫）。他是约克公爵（即后来的乔治五世）的长子，爱德华七世的长孙。1910年5月6日，戴维以其嫡长子的身份被封为威尔士亲王，成为未来王位的法定继承人。

童年的爱德华生活在一种对父亲的恐惧和母爱的缺失的氛围中。幼年的爱德华对学习并不感兴趣，进入牛津大学摩德林学院学习，爱德华认为那是一项"沉闷的劳务"，倒是对网球、高尔夫运动兴趣甚浓。"一战"时期，爱德华投笔从戎，以自己兄弟4人牺牲一个不影响王位继承为由，请赴法国前线作战。拗不过他的执意要求，军方只好安排他担任一个危险性不大的参谋。但有一次他几乎和死神擦肩而过。他驱车巡视部队战斗情况，刚下车不久，一颗炮弹恰好落在他的汽车座位上，司机当即殒命，而他安然无恙。这段有惊无险的经历改变了他的性格，他讲起话来更为幽默风趣，高大亲和的他也更具魅力。

成年之后的爱德华代替父王频频巡视大英帝国的殖民地，从加拿

"不爱江山爱美人"的爱德华八世

大到美国,从印度到澳大利亚、新西兰,这些活动让他有机会接触了英国以外丰富多彩的生活,极大地丰富了他的阅历,也培养了他的处世能力和政治管理能力,提高了他的政治威望。

爱德华个性自由,生活不拘小节,开创了王室历史上的许多第一。比如,他是王室成员中第一个在电台发表演讲的人,也是第一个被拍下吸烟镜头的人。年轻时曾经一度热衷于障碍赛马和飞行,但是终因这两项运动风险太大而遭到父王的禁止。在感受到不被父王信任的苦恼之后,本来就率性直为的他,更加注重享乐,追求刺激。

待到爱德华即位之后,他更愿意摆脱王室的生硬机械而繁琐的礼仪,活出一个率性真实的自我。例如,他弃绝了一年一度的巡游王室的规定;1936年8—9月,他出访欧洲时候,公然将衣服脱到最少的程度,直接挑战当时的衣着规范;在穿过科林斯运河的希腊游轮上,他穿着短裤在甲板上漫不经心地走来走去,偶尔拿起望远镜向远处眺望,在1936年,这样的举止与一个上等人物的身份是极不相称的,更何况他是英国人心目中威仪凛然的国王。不仅如此,在陆路返回时候,他竟然赤身裸体出现在维也纳的一家浴室内。这种肆无忌惮的行为足以让人们对他和英国王室刮目相看。

个人生活中的反传统倾向也同样体现在他的政治生涯中。例如,他对桑德林厄姆时间的更改就是一例。桑德林厄姆是英国王室设在英格兰东部诺福克郡的一片宅邸,当地的时间比正常时间早半个小时。这源于爱德华七世时期的做法。当时这样设定是为了让客人早点起床,赶上早晨打猎的最佳时间。这种"早时制"在实际上很容易造成时间上的混乱。乔治五世在位时即已感到许多不便,于是就命令将桑德林厄姆时间校正到格林尼治时间上来。

20世纪30年代的英国与其他资本主义国家一样,在世界性经济危机的严重打击下,人民生活极端困苦。当时还是王子的爱德华对日趋严重的失业状况极为不安,对广大群众的贫穷困苦深表同情。他多次公开发表演说,批评国家和市政当局在就业问题上的错误,并支持进行社会改革。1936年11月18日,爱德华八世赴南威尔士视察,看到当地人民处于严重的失业和贫困的折磨下，生活无着，他脱口而出："必须做点什么了！"并且庄重承诺，"你们可以相信，我将为你们做我能做到的一切。"没有丝毫的矫揉造作，完全是心中感情的自我迸发，这种举动与政府的冷漠形成了对比，赢得了一些报刊的赞赏。爱德华的行为显示，他是真正关心人民的国王，是不仅代表、而且还有切实行动的代议制君主，而不是高高在上的冷冰冰的权力和威仪的象征符号。

客观而论，有时爱德华八世的率性已超出社会可容忍的范围，沦为荒唐。他根本不懂得国王言行的意义，处理国际关系随心所欲，甚至为个人一时兴之所至而置极端严肃的关系于不顾。例如，他听说在土耳其的伊斯坦布尔有一个很棒的高尔夫球场，就想撇开官方在那里痛快玩上几天。当他通知英国大使珀西爵士后，他得到的答复是，如果英国国王为了打高尔夫球而偷偷进出这个国家，该国的最高领袖凯末尔将会非常生气。尽管珀西爵士表达上述意思的口吻相当委婉，爱德华八世还是迁怒于他，责令这位大使辞职。一时之间，围绕爱德华八世的这次出访，西方新闻记者争相追逐报道，闹得满城风雨。

但是这一切似乎在爱德华八世的政治生涯中都无足轻重，真正决定他的政治命运的却是他的婚姻，是他与一个美国离婚女人的情感纠葛引发的立宪危机。

第一次世界大战中英国被迫与维多利亚的各种血亲盟国作战，由此也把皇亲间联姻的大门牢牢堵塞了。1920年，内阁明确告诉英王乔治五世，不能再利用威尔士亲王的婚姻与欧洲的王室进行政治联盟，希望亲王在英格兰或苏格兰的贵族中挑选配偶。对此，威尔士亲王爱德华没有完全反对，因为有一点与他的愿望是一致的，他不希望像以往的国王那样，过那种没有感情的政治婚姻生活。在遇到辛普森夫人之前，没有迹象显示亲王对于美国女人有什么特殊情感，只是发现他的异性亲密朋友中已婚女人为数不少。一次美国之行中，一位女记者问他是否愿意考虑娶一位美国姑娘，他不假思索地回答："是的。"或许当时亲王只是出于恭维受访国的礼貌而做了这样的回答。但后来的情形是，他的确爱上了一位美国女人，而且爱得如此深情、痴迷、沉醉以至甘愿为她抛弃众人仰羡的王位。

直到1936年即位前，几近不惑之年的这位亲王仍然孤身一人，但他身边不乏各种情人，而且多是已婚妇女。这让当时的国王乔治五世深感蒙羞。但更让老国王愤懑的是他竟然与一位美国已婚女人亲热到极端的地步。这位美国已婚女人就是后来传为佳话的"不爱江山爱美人"的女主角辛普森夫人。

1931年1月，在弗内斯夫人举行的宴会上，爱德华与辛普森夫人首次相识。这次见面，辛普森夫人给爱德华的印象是，聪明伶俐、妩媚动人，而且情趣横溢、个性鲜明，与传统英国女性尤其是贵族女性的矜持、刻板迥然不同。辛普森夫人在回忆录中也描述了她对爱德华的印象："他有一种特长，会自然而然地把周围的气氛变得非常温暖……永远是那么谦虚……"此后彼此逐渐熟识起来，辛普森夫人应邀到亲王行宫参加过舞会。1933年6月19日，爱德华还曾为辛普森夫人专门举办了生日晚会，这让辛普森夫人颇为感动。

据辛普森夫人回忆，让他们感情升华的是一次舞会上偶然的敞开心扉的谈话。在弗内斯夫人去美国之前，她嘱托辛普森夫人要照顾好这个孤独的"年轻人"。那天晚上，亲王例外地大谈特谈他的工作、他要做的事情，包括对于新时代王室所能发挥的作用的设想，甚至暗示出他遭受的挫折。话语间流露的更多的是无人理解的孤独和寂寞。而辛普森夫人在试图岔开话题没有成功后便静静地耐心倾听。她感觉到对方对工作的热诚以及希望获得成功的雄心，更重要的是，她敏锐地意识到亲王身边缺乏可以倾诉心声的人。亲王在一番诉说之后表示，"沃丽丝，你是对我的工作感兴趣的唯一女人"。此后，为了显示自己对亲王的理解，辛普森夫人广泛了解亲王喜爱或厌恶之事，尤其是他特别关心的领域。同他谈话前会做好充分的准备，投其所好，使亲王产生"终觅知音"的感觉。而自从拜倒在辛普森夫人的石榴裙下之后，亲王干干净净地断绝了与以前所有情妇的关系。

此后的一切似乎就顺理成章了。亲王大量赠送珠宝首饰给辛普森夫人，甚至包括"女裁缝"式绿宝石，那是国王的母亲亚历山大德拉王后的无价珍宝的一部分,她曾亲手将这些珍宝传给了威尔士亲王,留待给他未来的妻子佩戴。面对着辛普森夫人公开炫耀这些英国王室种种价值连城的传家之宝的行为,乔治五世夫妇痛心疾首,却又无可奈何。1934年,经亲王介绍,辛普森夫人与乔治夫妇有过一次见面也是唯一的一次见面。亲王否认自己与辛普森夫人的情妇关系,直到老国王去世他都没有向国王提出与辛普森夫人结婚的请求。或许,亲王心知肚明,即使提出这个请求也不会被应允,干脆不如等到自己继承王位后自己说了算时再来了结。

1934年之后两人的感情如胶似漆,对亲王来说,离开辛普森夫人的每一刻都是备受煎熬。1935年秋,亲王越发感觉到辛普森夫人对于自己的珍贵,他已经决意要与对方以夫妻身份共度余生。辛普森夫人究竟有怎样的吸引力让爱德华欲罢不能,亲王的好友温斯顿·丘吉尔先生的答案是:

> 他喜欢同她在一起,并且从她的品质中获得他所需要的幸福,就像他需要空气一样。十分了解他和留心观察他的人们注意到,许多特别的习惯以及神经质的烦躁从他身上消失了。他变成了一个完整的人,而不是一个病态和烦恼的人。许多人在青春时代已经有的感受,对他说是姗姗来迟,因而也就更加珍贵,更加带有强制性;这是一种精神的而不是性的结合,除偶然情况外当然也不是什么耽于声色的结合。

亲王的另一位好友芒克坦则这样表达他对亲王和辛普森夫人关系的认识:

> 对他来说,她是一个完美的人。她坚持任何时候他都应该处于最佳状态和竭尽全力去工作,而他则把她作为鼓舞他的源泉。那种认为他单纯是在肉体意义上同她相爱的想法是大错特错。他们之间存在着一种理性的交往,孤独的他无疑在她身上找到了精神

支柱……

近年来人们得以有机会阅读爱德华和辛普森夫人之间的私人通信信件，透过那些涉及历史、文学甚至心理方面问题的深入交谈，人们发现两人关系有着远为丰富的内涵：他给她的信饱含稚气、崇拜和信任感，使用了许多孩子式的语言，信中祈求的是感情保护。她给他的信理智而又深情，具有告诫和占有性质，酷似一位聪明而又舐犊深情的母亲写给一个住在寄宿学校、孤独而又敏感的孩子的信件。

威尔士亲王与辛普森夫人的暧昧关系在西方招致指指点点的批评，不过似乎尚无大碍。但当他们一起在爱琴海度假的大幅照片刊登在欧美各个报纸上时，一切都变得非常明了。待到亲王即位称王并执意与之完婚之时，矛盾全面爆发。一时之间，爱德华受到来自内阁、主教、私人秘书、王室内部甚至自治领领袖、辛普森先生等各方的压力，形势急转直下。

保守党领袖、英国首相鲍德温曾经在1936年5月第一次见到辛普森夫人与爱德华在一起，当时并未察觉到这意味着什么。但这一次，这位正直的卫理公会教派信徒决定亲自出面，直言相告。8月的一天，他来到雷根公园爱德华国王为辛普森夫人租的住处找到夫人，要求她在10月27日之前必须离开。3个星期后爱德华召见鲍德温，告知他自己想娶辛普森夫人为妻的愿望。鲍德温听后礼貌地提醒国王："陛下，请允许我提醒您，英国君主制是一个独一无二的政体。今天，它比历史上任何时期都更为重要。它是大英帝国的根基所在。在英国，它是抵制那些曾滋扰过别的国家的邪恶异端的保证。""最近三代以来，人们对王室的崇敬日益增长，如果听任此类谣言惑众，这种尊重就会减少，多年的辛苦便会毁于一旦。"

恰在此时，辛普森先生以通奸为理由，同意了妻子的离婚要求。工党领袖艾德礼声称国王的行为与全国清教教徒的精神背道而驰，是不能容忍的。各个自治领也对此表示强烈不满，澳大利亚国会强调，"这种婚配是会导致人们对他(国王)的反感和对他的废黜"。如果国王不理睬内阁的警告,鲍德温政府就只能辞职了。

面对着来自外界的一系列打击和压力,爱德华八世"感到震惊,也感到愤怒"。"之所以震惊是因为这种打击来得如此突然,之所以愤怒是因为人们向我提出如此惊人的建议,要我把我准备与之结婚的女人从我自己的土地上,从我自己的王国里打发出去。"如果说昔日查理一世为了捍卫自己神授的王权地位而不惜发动内战,结果落得喋血断头台的下场是咎由自取,将近300年后,一位大英帝国的国王竟然没有权力选择与自己心爱的女人结婚的自由,这委实让人无法理解,即便任何一位国王或许都按捺不住愤怒,也不禁让人感叹王权弱化到了何以复加的地步。

11月16日,鲍德温应邀来见国王。他更尖锐地指出,如果国王做出这个史无前例的婚姻决定,那么辛普森夫人将不可避免地成为王后,而他确信,依照他对于英国民众态度的了解,民众是不会接受这么一个离过两次婚的美国女人成为王后的。但是,爱德华国王表示,他结婚后会感到"幸福",并"努力成为一个好国王",并且声称即使退位也在所不惜。

当天晚上,爱德华八世驱车去马尔博罗宫与玛丽王后共进晚餐。他开诚布公地向母亲谈了自己的打算。王后对他的决定感到吃惊,严厉地指责儿子:"你口口声声说你让位是为了爱她,难道你就不爱你的妈妈和你死去的父王吗?在那4年可怕的战争中,无数忠心耿耿的贵族和平民为国家做出了巨大的牺牲,现在你,他们的国王,连一点儿小小的牺牲都不愿做出吗?在那些年头,你父亲对臣民表现了真正的爱。可你现在却在侈谈什么对一个异国女人而且已经结过两次婚的女人的爱,这不是什么真正的爱情,是临阵脱逃,是叛逆!"

9天后,爱德华国王和鲍德温达成了一个折中方案,让辛普森夫人仅仅成为国王配偶而不是王后,而且他们的子嗣也无权继承王位和王室的财产,企图通过这种欧洲流行的处理门户悬殊婚配的方式来使这门婚姻成为可能。但遗憾的是,两天以后,内阁拒绝了这项提议。爱德华国王现在只剩下3个选择:要么和辛普森夫人断绝关系;要么让本届内阁辞职；要么宣布退位和辛普森夫人结婚。而爱德华国王自然知道，他实际上只有一条路可走，就是逊位。

经过几个星期的痛苦煎熬，爱德华国王决定退位。12月9日他曾接到要他再次考虑的建议，爱德华国王坚持不再更改。10日上午，爱德华国王向枢密院提出了自己的退位声明：

> 朕，爱德华八世，大不列颠、爱尔兰及英国海外领地的国王、印度的皇帝，郑重声明，朕本人以及后嗣放弃王位，决不反悔，此约自签。

当天下午，首相在下议会郑重宣读了国王的声明。

声明中国王表示自责和遗憾，要求人民给予理解。12月11日，爱德华八世以"爱德华王子殿下"的名义通过BBC电台宣布了他的决定。爱德华国王的讲话让内阁成员松了一口气，也让一部分支持他的人潸然泪下，而在大洋另一端的辛普森夫人则泣不成声。当晚，他的弟弟约克公爵接替就任王位，成为"乔治六世"。

退位后的爱德华于1937年6月3日在法国和辛普森夫人完婚。他当时的身份是温莎公爵，而他的妻子并没有获得相应的公爵夫人的封号。英国王室没有派人参加婚礼，只是送来了象征性的贺礼。参加婚礼的正式客人只有15人，包括5名记者，其余都是仆人。主婚的是英国国教达林顿教区的牧师，他无视整个英国圣公会对公爵婚事的一贯反对，未与上司商量，擅自穿越英吉利海峡，代表

逊位后的爱德华和辛普森夫人

圣公会来为公爵证婚。从那以后温莎公爵仅回过英国2次。

退位之后，温莎公爵夫妇过着一种无拘无束的生活，自愿远离欧洲，在美国享受游艇、高尔夫、鸡尾酒派对的惬意生活。他们已经淡出了政治，尽管英国人的冷漠会使他们感到一丝的不快，但对于他们来说这些都算不了什么，他们过得自由、幸福、开心，这比什么都重要。

1972年温莎公爵在巴黎病逝，他的妻子悲痛欲绝，一直没有从痛苦中走出来。1986年她去世后与温莎公爵合葬在一起。英王伊丽莎白二世出席了葬礼，这是对逝者生前展示的伟大爱情精神的巨大尊重和褒扬，或许是代表英国王室做出的忏悔和给予的迟到的补偿，或许是一种请求逝者原谅的赎罪。

仔细思之，爱德华八世与辛普森夫人的婚恋悲喜剧，已经远远超过了辛普森夫人是否适合做一位英国王后或帝国皇后的问题，在它之上承载了太多的矛盾。

一方面，现代化的大潮已经开始涌起，它强烈地冲击着一切陈旧的礼教和习俗，追求个人幸福和自由、主宰个人命运已经逐渐成为趋势。这一点在开放的正处于上升地位的美国已经开了先河，而身处君主制和教会礼教重重限定的英国王室成员只能在英国以外感受到这种扑面的微风。但是包括国王在内的每一个王室成员凭借个人的力量都无力撼动千年造就的禁锢的铁窗。王室不能与平民通婚，这是王室的家规；国王不能娶离过婚的女子为王后，这同时是教规。单凭这两点，已经成为拥抱个人幸福至上精神的爱德华八世难以跨越的障碍。

另一方面，王室与宪法和政府之间的关系也在经历复杂的嬗变。爱德华八世不顾劝告与压力，执意要与辛普森夫人结婚，在客观上提出了一个尖锐的问题：国王和议会，谁最有权力来决定国王的婚姻或其他大事。爱德华不愿做一个虚君，而是要当一个真正的国王。以反传统而自居的爱德华八世认为，其父王对君主制度的一套礼仪完全继承、丝毫不加变更地带到20世纪，这是国王的失败，也是王室的悲哀。重树国王形象，简化王室礼仪，干预政府决策，实现自己的抱负，这是新时代的国王的任务和职责。而他也清楚地认识到，要实现这样的抱负只有依靠普通的下层人民的支持。为此,他批评政府在应对经济危机中就业问题上犯下的错误。他视察贫民区,并不仅仅是为了展示怜悯之心和组织慈善慰问,他表示在改善穷人生活方面要有所作为。而这些已经超出了内阁的容忍范围,这种行为势必遭到保守党的反对。因此,一种观点认为,鲍德温及其政府在逊位危机中所持的态度,实则反映出他们背后的深层愿望,即要毁灭这位为了普通工人无所畏惧地进行战斗的人。

从更深层次上来看,爱德华八世的行为是蔑视他那被选举出来的政府的愿望,无视整个国家,或者说无视这个国家大多数人民的反应,贪图个人的享乐。显然,爱德华八世想要当的不仅仅是一位代议制君主,他还要主宰他自己,不愿做一个类似于他父王的"虚君",而要当一个真正的国王。然而,在立宪君主制下,这绝无可能。爱德华曾试图争取民众的支持来纾解自己的困难和压力,却遭到内阁反对。鲍德温认为国王此举是一种违宪行为。

与历代国王相比,乔治五世是第一个使国王成为凡人的英国君主。他的祖母维多利亚继承伊丽莎白一世的传统,曾经雄心勃勃地发挥其政治影响;他的父亲爱德华七世,也同样劲头十足地要支配国家的命运。而乔治五世则谦恭多了。在他身上体现了他的人民最容易接受的所有品质,同时,他还创立了一种为以后的英王所遵循的英国君主政体的风格。

但是,客观的事实是,"一战"之后的王室的实际权力已基本丧失殆尽,甚至君主制的存在本身已经成为问题。当此之时,君主政体只有恢复到它最初的形态——一个象征性的机构,才能找到它的本质意义。与其说是君主制仍然起到政治上的或立宪的作用,倒不如说它是一种象征性的社会存在物。无疑,乔治五世是这个社会存在物的完美象征,他成功而完美地履行了这一职责。他也为当代国王和王后们找到了一种新的工作——充当政府代言人的角色。

爱德华八世没有沿着他父亲重新开辟的道路前行,而是想在自己选择的道路上奋勇向前,他不顾议会和内阁的反对,有逆历史潮流而动的一面,这是导致他在主宰自己命运方面失败的根本原因。

再者，爱德华八世为婚姻而逊位，某种意义上是日益下降的英国地位的牺牲品。在逊位危机中，鲍德温在下院的一次讲话中指出："几个世纪以来，这个国家的君权已经丧失了许多特点，然而在今天，在上述情况下，它具有比历史上任何时候都多的象征意义。毫无疑问，保持君权的完整的重要意义比以往任何时候都大——只要君权还完整地存在，那么就可以在这个国家防范许多邪恶。"国王是维系大英帝国民族和文化的经典魅力的现实偶像所在。即便现实中这个偶像所指向的或代表的对象已经千疮百孔或者说脆弱不堪，但是，英国人民和英国政府还需要它，需要它去履行道德方面"防范邪恶"的职责，希望它维持英国传统旧贵族的虚荣的绅士态度，所以进一步收紧了关于国王不可以的种种清规戒律。

从另外一个意义上看，爱德华八世逊位，是以个人政治生命的牺牲来成就新时代对于过时的王权和君主制的继续认可和尊重。英国政府以投票赞成君主制而为这场危机画了个句号。独立工党的下议院议员詹姆士曾经建议，利用这个机会用"一个共和性质的政府"取代王权，该提案在下议院中以绝对多数票被否决。约克公爵也以另一种方式表示了对君主制的忠诚：他是以乔治六世而不是阿尔伯特一世继承王位的，他希望在父王和本人之间保持政策和观点上的连续性，因而得到了英国政府的承认，并受到好评。"他将会受到人民的热爱，因为他在性格和精神上比他的兄弟们都更像他的父亲。"乔治六世登基结束了一场立宪危机。因为《威斯敏斯特法》已经使国王成为帝国连锁上的主要的有效环节，但这个环节能够改变这场突然降临的危机吗？乔治六世的登基是一个明确的答案。用一位加拿大政治家的话来说，不列颠联合王国的举国一心已经把"蕴藏在不列颠王位中的不列颠宪法的花岗石般的力量"昭示于人。

世易时移，若以20世纪后期女权运动和感情至上的价值观来判断，爱德华八世将个人幸福置于王室责任之上的做法有它情有可原甚至值得推崇的一面。然而无论如何，相对于他那短暂的325天的国王生涯而言，他此前40年和此后36年的人生历程中，无论遇到什么悲喜忧乐，那毕竟是一个人的事情,而不是一个国家的事情;而如果他在1936年12月10日的抉择中勇敢地挑起王室赋予他的重任, 或许他的人生风景将会更加壮丽、更加精彩。

爱德华八世的逊位及其影响不可低估。它在整个英国乃至世界掀起的价值标准的争论一直还在持续。君主政体在这个时代应当承担什么样的政治角色和社会角色,他们该以什么样的姿态身负传统走进这个日新月异的社会,着实耐人寻味。大约半个世纪以后,查尔斯王子和戴安娜王妃之间的爱恨情仇无疑是另一版本的温莎公爵悲喜剧。而且,可以肯定的是,故事绝不会到此为止。

三、积极抗战的"好国王"

人类的文明历程中总是不乏进步与愚昧、和平与战争交替作用。人类从每一次的严酷战争中摆脱出来之后总会获得不同程度的进步。20世纪三四十年代,一场战争差一点儿将整个世界推向覆灭性的边缘,人类文明几乎未能从那场可怕的战争梦魇中苏醒过来。

资本主义自从16世纪形成以来,先后经历了一系列发展阶段,从商业资本主义、工业资本主义,到20世纪上半期,逐渐发展为金融资本主义阶段。按照列宁的划分,20世纪以前的资本主义是自由资本主义,而此后的资本主义属于更高级的资本主义即垄断资本主义阶段, 又称帝国主义阶段。资本主义在经济领域实行自由贸易, 在政治上笃信民主制。可是到20世纪上半期,却从民主资本主义的母体中生长出一个怪胎和毒瘤——法西斯主义, 而且这个怪胎的毒害之大几乎毁掉了整个资本主义世界乃至世界文明。

20世纪,在工业革命极大地改善了人们生活的同时,工业革命的成果也同时渗入到军事生产领域,形成了强大的军工复合的生产模式。这种模式极大地解决了人们的就业需求,同时也埋下了巨大的战争隐患。法西斯主义的兴起及其推行的世界性的侵略战争,则是这种隐患彰显出来的明证。而应对这场有史以来最为严峻的极端挑战,着实让人类付出了惨重的代价。

1936年12月10日,爱德华八世逊位后,他的弟弟约克公爵继任王位,是为"乔治六世"。

乔治六世生于1895年12月14日,自幼患有胃病,并且口吃。1909年参加海军,成绩平平。"一战"期间,由于胃病复发,参加战斗的希望破灭。1916年回到"科林伍德号"军舰上,出任海军中尉,参加了后来的日德兰海战。1917年由于健康原因,转而任职于皇家海军航空兵,第二年转入新成立的皇家空军,并成为一名合格的飞行员。"一战"结束后,曾经在剑桥三一学院攻读一年。1920年受封为约克公爵,代表父王执行部分公务。他还担任过工业福利协会主席,对于当时英国的工厂状况了如指掌。

1923年,约克公爵与斯特拉斯莫尔伯爵之女伊丽莎白·鲍斯-莱昂小姐结婚。妻子通情达理,处理事情落落大方,有着良好的音乐和艺术修养。这为约克公爵的政治生活和家庭生活增色不少。父王多次派他们夫妇出国进行亲善访问。3年后,他们的爱女伊丽莎白公主出生,这位公主正是后来赫赫有名的伊丽莎白二世。1930年,玛格丽特公主出世。此间,甜蜜美满的生活竟然奇迹般地医好了约克公爵的口吃。爱德华八世的逊位让他们猝不及防,从事发到即位称王,时间短暂,约克公爵几乎没有任何适应期可言。而且从自身性格上看,他也不愿意接受国王之尊带来的种种宫廷礼仪的约束。但为了挽救立宪危机中的英国王室,约克公爵还是挺身而出,像他父亲一样,果断地挑起重负,并全力以赴地演好这个角色。

1936年底,英国国内受资本主义形成以来最严重的一次经济危机影响,失业人口达到400万之众,创历史最高,贫困生活驱使人民走上街头,罢工运动此伏彼起。而爱尔兰的民族独立运动乘时再起。虽然在1937年获得独立,但由于北爱尔兰仍属英国,爱尔兰共和军仍然积极从事分裂活动,从1936年到1939年,在伦敦和英国各地制造一系列爆炸事件,人心惶惶。

国际上,欧洲上空已经是战云密布,德意法西斯加紧扩军备战。此前一年,希特勒悍然出兵占领莱茵兰非军事区,推行普遍兵役制,加速推进航空工业发展,1939年德国飞机总量已经上升到8295架,德国这一年的军火生产量已经超过英、法两国总和还多一倍。当英国国内困于立宪危机的时候,法西斯支持的佛朗哥叛军政府在西班牙开始夺权,希特勒依靠恫吓不费吹灰之力轻而易举地突破了英、法《凡尔赛和约》的栓梏,并且实现与意大利和西班牙的结盟,摆脱了先前的孤立状态。

乔治六世可谓受命于危难之际,尽责于多事之秋。这个貌似平凡的国王自有他性格中不同寻常的一面,他与英国人民一起,同仇敌忾,书写了英国历史上英勇顽强地抗击法西斯专制入侵的壮丽一页。

但是,立宪君主制下的国王毕竟只是国王。1936年底,在他就任初期,他深深信任的张伯伦政府却推行了极端错误的绥靖政策,结果,不但没有实现祸水东引、争取欧洲和平的目的,反而大大助长了法西斯的力量,最终落得害人害己的下场。

张伯伦是继鲍德温之后的英国保守党领袖,在乔治六世加冕的同一个月,亚瑟·涅维尔·张伯伦出任王国政府首相。这位极端的反共分

乔治六世

乔治六世的王后伊丽莎白·鲍斯-莱昂

子,面对德意法西斯的穷兵黩武、扩张成性的行径,却采用一种"绥靖"的投降政策。1938年3月,德国以"应奥地利临时政府的紧急要求维持秩序"为名,出兵武装占领奥地利。大英帝国和法国以及他们主导的国联没有采取任何行动来制止这一对和平邻邦的侵略。张伯伦甚至认为这纯属德、奥之间的事情,和英国没有关系。外交大臣艾登因与内阁意见相左被迫辞职。当时提出强烈谴责的还有英国工党领袖艾德礼和议员丘吉尔。他们的呼吁和建议被粗暴地拒绝了。

"绥靖政策"在慕尼黑阴谋事件中达到顶点。1938年4月,希特勒走狗建立的苏台德日耳曼人党召开代表大会决定自治,要把苏台德地区从捷克斯洛伐克割裂出去,他们的目的是制造事端,为德国武装入侵占领捷克斯洛伐克全境寻找借口。在捷克斯洛伐克政府同意就苏台德地区自治问题进行谈判的情况下,法西斯分子又不断提出新的无理要求中断谈判。希特勒在德、捷边境集结兵力,以战争相威胁,酿成"五月危机"。捷克总统贝奈斯召开紧急会议,决定实行部分动员,40万预备役军人应征入伍,迅速进入防御阵地,准备迎击德军。在这种形势下,希特勒的侵略魔爪只好暂时收缩回去。在种种迹象表明法西斯侵略意图昭然若揭之时,张伯伦政府仍然坚持"绥靖政策",一意孤行。他们期望把捷克斯洛伐克作为礼物奉送给希特勒,以推动德国法西斯东进反苏。他们也担心战后本国国内会发生类似苏联的布尔什维克革命。"张伯伦政府是战后英国历届内阁中,第一个把谋求对德妥协作为自己政纲中最重大事项的政府。"1938年8月,德国软硬兼施,继而要求占领苏德台地区。张伯伦表示英国在东欧没有重大利益,"应让希特勒在东欧为所欲为"。法国本来是捷克斯洛伐克的盟国,有义务保护、援助对方,但它也与英国勾结,共同出卖捷克。经过与法国协商,1938年9月13日,张伯伦给希特勒发出急电:我建议立即前来见你。希特勒对这位堂堂大英帝国首相屈尊求见不禁喜出望外。9月14日,张伯伦首赴德国,经过长达7小时的飞行和数小时的山路颠簸,在德国小城伯希特斯加登央求会见希特勒,商量如何出卖捷克斯洛伐克。由于此前德国方面已经摸清英国真实意图,希特勒明目张胆地要求张伯伦发表同意把苏台德地区割让给德国的声明,此后英德之间才能进行其他会谈。张伯伦表示,就他个人来说,同意这一原则,只是他需要回去争取内阁的支持和批准。一周以后,年届七旬的张伯伦再次飞抵德国,在哥德斯堡同希特勒会谈。但希特勒已经不满足于仅仅占领苏台德,他有了更大的胃口。在张伯伦详细阐述如何实施割让苏台德的计划的时候,他就迫不及待地打断对方,表示至少要在9月28日以前完成德国对苏台德地区的军事占领。张伯伦9月24日回到英国,试图说服内阁接受希特勒要求。他遭到了海军大臣古柏、哈利法克斯勋爵的质疑和反对。忧心如焚的张伯伦一方面大力派心腹带上自己的亲笔信去柏林吁求,另一方面对捷克总统贝奈斯施加压力,迫使其同意。9月28日,赶在德国最后通牒规定的时间之前,张伯伦写信给希特勒,表示愿意"亲自到柏林,同您(希特勒)和捷克政府一起讨论移交的问题"。经过张伯伦的一番精心部署和安排,图谋牺牲捷克斯洛伐克的阴谋会议确定下来,苏联被完全排除在外,捷克代表也被禁止参加。9月29日午后12点30分,希特勒会见了英、法、意三国的政府首脑。在毫无争议的情况下就办理了"移交"苏台德地区的正式手续。被勒令不准参加会议的捷克代表只是安排在隔壁等候"随叫随到",直到协议签署完毕,张伯伦才把捷克代表喊过来,把协定交给对方,满脸疲惫地说,"这是一项无权上诉、也不可能改变的判决"。在英、法的压力之下,捷克被迫屈服。张伯伦向希特勒建议,两国合作结束西班牙内战,促进裁军、促进世界经济繁荣,甚至建议解决俄国问题。然后,张伯伦把提前拟就的联合声明递交给希特勒,请求他签字,以此作为此次会议的建设性成果对外发布。捧着这样的一纸空文,张伯伦满以为"从今以后,整整一代人的和平有了保障"。他没有料到,在这个所谓的和平会议上,希特勒和墨索里尼已经商定,在未来合适的时候并肩对英国作战。

英国下院就慕尼黑事件进行了长达3天的辩论。丘吉尔认为英国人"遭到了一场全面十足的失败",但当时毕竟是绥靖主义普遍盛行的时候,最后下院以366票对144票通过了英王陛下政府"在最近的危机中采取的防止战争"的政策。作为国王,乔治六世对复杂多变的国际形势缺乏全面深刻的洞察,未能识破法西斯欲壑难平的侵略本质,他对于张伯伦的"绥靖政策"采取了积极支持和默许的态度,最终给国家带来了巨大损失。他为此十分痛心。

"绥靖政策"未能带来英国人期望中的和平,反而极大地壮大了法西斯的军事力量,使得英法在战争初期陷入极端被动,几乎酿成毁灭性的灾难。《慕尼黑协定》墨迹未干,德国法西斯就签署了武装占领捷克斯洛伐克的密令。接下来的不到一年的时间内,又相继侵占了全部捷克、但泽自由市、波兰、比利时、荷兰等低地国家。无奈之下,张伯伦被迫谴责希特勒侵略的行为,并表示全力支持并保证波兰的独立。但德国对波兰的侵略已经不需要再通知英、法了。1939年9月1日凌晨,按照"白色计划"的预定方案,德国发动对波兰的"闪电战"。9月3日,英国被迫匆忙对德宣战。历时6年之久、人类历史上最为惨烈的第二次世界大战由此全面爆发。

1940年5月10日拂晓,在北欧异常顺利得手后的希特勒旋即挥师南下,侵入荷兰、比利时。英、法盟军节节败退。事实面前,张伯伦4月份宣称的"希特勒错过了时机",英、法"胜利有了保证"完全是无稽之谈。不受信任、按理早应宣布辞职解散政府的张伯伦再也无法支撑下去。

此时新的首相人选问题摆在国王面前。乔治六世起初计划任用外交大臣哈利法克斯勋爵,期望他能够"暂时中止"他的贵族身份,从下议院中出来领导政府,并且认为他能够为英国赢得这场战争。在国王看来,相比于克利法克斯,丘吉尔简直是"一头离群的凶猛野象,在政治态度上有强烈矛盾"。但是哈利法克斯缺乏魄力,更主要是因为他配合张伯伦的"绥靖政策"已经落下"绥靖大公"的恶名,遭到工党和自由党的反对。乔治六世的主意没有得到议会赞同,他们期望他任用丘吉尔为首相。

1940年5月10日下午6时许,国王乔治六世在皇宫紧急召见丘吉尔。国王面带微笑地告诉对方,"我要请你组织政府"。丘吉尔慨然应允,并告诉国王计划立即组织战时内阁。

任命丘吉尔为首相,这是乔治六世个人在最危急的关头顺应人心做出的最正确的决定。丘吉尔意志坚强,处事果断,判断准确,精力充沛,是个具有远见卓识、富于雄辩的政治家。在以后艰难困苦的日子里,国王逐渐认识到丘吉尔的上述优点,他们互相勉励,共同领导英国人民抗击法西斯势力,挽救了盟军,挽救了英国,挽救了民主资本主义及其文明成果。

1940年7月16日,希特勒启动"海狮计划"。德国方面在一个月之内在北海岸边集结了168艘运输舰、1910艘驳船、419艘拖轮和1600艘汽艇,以及13个陆军师。毫无疑问,这场即将到来的战争将决定白金汉宫的未来主人是不列颠人还是日耳曼人。乔治六世和王室家族成员是如何面对这场生死之战的呢?

为了对付随时可能进犯的德国登陆部队,英国人民进行了积极动员。到8月20日,英国有200万人手中掌握了不同类型的步枪和刺刀。当时参与空中监视从各个角落向指挥中心报告敌机活动的英国人有5万之多。据情报部门报道,纳粹伞兵部队可能会大批或以小组的方式降落,暗杀或劫持单个重要目标。国王的两个小女儿很有可能成为人质或侵害目标。当时一般有钱人都会申请政府批准把自己的孩子送到加拿大等英国自治领相对安全的地方。这种做法很具有吸引力,即便是国王这样做,也无可厚非。但是,考虑到王室的特殊地位以及可能带来的影响,乔治六世还是坚定地选择将2位公主留下。伊丽莎白王后对此作出的公开解释是,"孩子们不能没有我离开这里,我不能没有国王离开这里,而国王是绝对不会离开这里的"。而且她强调,国王主张,"国难当头,王室应当与臣民同甘苦,共患难"。英王与王后坚持留在白金汉宫的举动,对于英国赢得这场战争具有十分重要的意义。

1940年夏天,随着敦刻尔克一战,英、法盟军几乎丢掉全部辎重被迫从海上撤退,一时之间,在白庭的废墟中进行肉搏战似乎成为真正可能。为了做好最坏打算,乔治六世常常带着工作人员到温莎大公园内练习手枪射击。鉴于王室成员的特殊地位,丘吉尔计划派遣特别军团护卫王室家族,在必要时将他们迅速秘密地转移到伦敦远郊地区。但是,乔治六世坚决拒绝,他要以实际行动表明,他是一名武装抵抗运动的领袖。

1940年8月，伦敦大空袭开始后，内阁建议英王从伦敦这个危险区搬到桑德林厄姆或其他安全的地方去。乔治六世回绝了内阁的好意，他和王后一如既往出现在首都伦敦、英国东南部等地区，照例参加各种公共福利活动。在空袭最为严重的时候，防空设施比较薄弱的白金汉宫根本不足以保证多数时间都在这里的国王和王室家族的安全。此前，白金汉宫已经数次被击中。王宫被炸以及国王和王后亲去伦敦东区视察严重受毁地段的故事传出后，他们在民众中的威望迅速得到提升。如果说，3年以前，民众对逊位危机之后继承王位的王室家族的效忠曾经有过疑惑，那么，可以断言，在1940年秋，随着国王夫妇到普通人民家园的碎石堆中去鼓励和安抚他们的时候，这种疑惑已经一扫而光。"这是代议君主制在以一种全新的方式领导它的人民进行战斗"。"由乔治六世国王和伊丽莎白王后树立的坚定、谦逊的榜样"，对英国进行的战争起到了巨大的鼓励作用。

一次轰炸后，当一位幸存者看到这对瘦小的国王夫妇找路穿过他邻居家的废墟时，情不自禁地喊出："感谢上帝给我们这样一个好国王！"而国王乔治六世迅即报以精彩的回答："感谢上帝给我这样好的人民！"如此艰难困苦和危险的环境下，再也没有什么比这种彼此心灵相通的对话更能鼓舞人心的了，它是一个高贵的国王和一个勇敢的英国普通人之间发自肺腑的表白，他们在对方的身上发现了巨大的力量和勇气，这些力量和勇气成为抗战胜利的强大保证。

德国人对伦敦的轰炸整整持续了57个昼夜。经历过最初的恐怖之后，渐渐地，伦敦人民发现了"恐怖的效力渐渐减性定律"，伦敦人民抱定牺牲的精神，宁愿让伦敦毁灭也不愿意它像巴黎那样无耻地保留下来。伦敦已不是一个物质的城市，它已经成为不屈不挠的英国人的精神之都。

乔治六世深受英国人民英勇作战的精神的感动。为了表彰英国军民的英勇献身精神，他颁布了一种以他的名字命名的新型功勋章，即"乔治十字勋章"。勋章外形上只是一个普通银质的十字架，在一个圆形的奖章中心是圣乔治和龙，周围刻着"献给勇士"的字样，背面刻着受勋者的名字和日期。英国历史上，维多利亚十字勋章是专门授予面对敌人英勇作战的军官的，而乔治六世将他的勋章的接受者扩大到普通的抗战人群中，凡是抗战表现出色的一切军民，无论是在战场上，还是在后方的救火、救护，甚至维持秩序中表现突出的人们，都有可能获得国王亲自授予的勋章。1943年，为了表彰马耳他人民抵抗轴心国进攻的英勇精神，乔治六世将"乔治十字勋章"授予给这个小岛。同年，他还飞赴北非，为蒙哥马利率领的联军鼓舞士气。

1944年诺曼底登陆前夕，反法西斯战争胜利在望，按捺不住兴奋的丘吉尔邀请视察登陆部队的乔治六世一同渡海参加激动人心的 "D-day"计划。"要是当代英王能够像古代国王那样，亲自率领军队投入战斗那就太好了。"虽然是大规模军事行动，相对比较安全，但无人敢担保万无一失。如果国王、首相同时罹难，在这历史的紧要关头，谁能当此重任？国家如何收拾？国王的秘书阿南以其对国王秉性的了解，委婉地提出了一个问题："陛下，我想知道，您对伊丽莎白公主还有何吩咐？万一陛下同首相同时阵亡，王位将由谁来继承？首相的候选人是谁？"经此提醒，国王才完全意识到他同首相的想法实在太轻率。他在给丘吉尔回信中这样表达："……如果当代英王不能这样做，那么，他的首相去取代其地位，在我看来，似乎也有失妥当。"据说，丘吉尔接到国王来信时，正准备驱车去艾森豪威尔将军的司令部表达参战的决定。看罢来信，丘吉尔对乔治六世风趣的话语会心地一笑，然后欣然回复："我服从陛下的意志，听从陛下的指挥。"患难中结成的友谊才是最真正的友谊，这句谚语同样适合乔治六世和丘吉尔。

王室成员中经受炮火洗礼成长最快的当属伊丽莎白公主。14岁时，她在面向全欧洲儿童的广播讲话中，动员她同龄的伙伴们"全力以赴地去帮助我们勇敢的水兵、陆军士兵和空军，努力承担着我们自己应该承担的战争危险与残酷"。并且显示了对于未来的坚定信心，"我们每一个人都知道：最终，一切都会好起来的"。16岁时，她与同龄孩子一样，根据法律要求，按时在一个劳工介绍所登记。并且，伊丽莎白公主抛开父王为她制定的做工计划，坚持自己的选择，在一家名为"妇女服务机构"里效劳,帮助救护伤员,从事力所能及的后勤工作。1944年,18岁的伊丽莎白公主终于实现了"参军"的愿望,她效力于坎伯利的辅助地方勤务部队。1945年春,她实现了父亲对她的希望:"编号:230873;二级副官:伊丽莎白·亚历山大·玛丽·温莎;年龄18;眼睛:蓝色;头发:棕色;身高:5.3英尺。"每天上午,她驱车去上英国陆军妇女辅助队开设的车辆维修课,上课时,她需要弄清汽车里里外外的结构,并且需要学习怎样看地图、怎样开车护送、怎样拆卸和维修发动机。结业考试时,按照要求,她驾车带着她的连长从奥尔德肖特出发,穿过伦敦下午交通拥挤的街道进入白金汉宫的庭园。结果,娴熟的技术帮助她顺利地通过了该项考试。

乔治六世的家庭与许多英国人的家庭一样,经受了战争带来的牺牲。他的弟弟肯特公爵在1942年8月赴冰岛对英国皇家空军基地进行慰问时,不幸遇难殉国。"我在教堂参加过许多次家族葬礼。"乔治六世在他的日记中这样写道,"但是没有一次像现在这样令我感动。那里的每个人我都很熟悉,但是我连看都不敢看他们一眼,因为我怕会控制不住自己。"

同样,在战时艰难的环境下,玛丽王后以自己的方式为战争出力。1943年,伊丽莎白公主去巴德明顿看望他的祖母玛丽王后,发现她的日常饮食严格按照国家配给的标准执行。她甚至还到农村去寻找骨头或旧铁片等她认为对战事有用的东西,来支援战争。

1945年5月8日,欧战胜利,白金汉宫成了群众狂欢的焦点,乔治六世领导着他的人民向上帝感恩。当乔治六世向国会讲到那些为国捐躯的人们时,他声音颤抖,后来不禁失声。他说:"为了赢得胜利,我们的国家,我们的人民,是付出了多么沉重的代价啊!"首相丘吉尔对王室的贡献给出了最高的评价,在这次战争中,乔治六世及其家族比他们的前辈都更密切地与他们的人民打成了一片。

1945年,工党在下院获得绝对多数席位,工党领袖艾德礼出任首相。艾德礼是战时内阁重要成员之一,与乔治六世有过密切接触,不善言谈,但很务实。虽然乔治六世统治期间没有发生对于君主制的争端,但他始终警惕议会和内阁方面对君主权力的削弱和限制。1951年10月,丘吉尔在竞选中再次胜出，他提名艾登作为副首相和外交大臣，但遭到乔治六世的反对，他认为，丘吉尔的提议会削弱国王选择任命首相的特权，那是他不希望出现的。

四、静悄悄的倾斜

20世纪初，在英国，有一首名为《大汽船》的诗歌，几乎每一个小学生都耳熟能详。诗中这样写道：

> 啊！你们到哪里去？你们大汽船啊。我们去替你带来面包和牛油，带来牛肉、猪肉和羊肉，还有鸡蛋、苹果和奶酪。我们从墨尔本、魁北克、温哥华替你带来，给我们写信吧！寄到哈巴特、香港和孟买。那么，我能为你们做些什么？你们大汽船呀。啊！我能做些什么使你们又舒适、又漂亮，把你的大军舰派出去保护你广大的海洋，不让别人拦阻我们替你带来食粮。

这首诗歌告诉人们，英国海外庞大的殖民帝国为其工业产品开辟了广阔的市场和原料产地，而源源不断运回英国的殖民地的各种农牧产品，为宗主国提供良好的生活保障。英国人可以享用来自世界各地的产品，而每一个英国人都以其英国公民的身份为最大自豪。正如一位富绅所说，只要手持一张黄蓝相间的英国护照，即可自由往来，周游列国，这是世界上任何其他国家的公民都无法享受的特权。

然而，就在英帝国看似如日中天的时候，太阳已经在悄悄倾斜。越来越庞大的殖民地在为英国提供巨大的发展资源的同时，也逐渐成为拴在它身上的巨大包袱。

在1933年到1939年之间，欧洲人目睹了阿道夫·希特勒将德国重建为一个强大的军事国家的过程。对希特勒来说，要建立一个统治欧洲和世界达数代人之久的日耳曼种族帝国，军事力量是根本性的先决条件。假如希特勒成功了，那么，建立在独裁主义、种族主义和残酷的镇压之上的纳粹新秩序将意味着野蛮主义的胜利，意味着自从斯图亚特王朝以来孕育形成的资产阶级自由和平等观念的终结，无论自由和平等在现实中实现得多么不够完善，毕竟，它们都曾充当过西方文明演进的重要动力和重要理想。

纳粹是战败了，但是人类为此付出巨大的牺牲和代价。许多欧洲文明都淹没在废墟中，旧的欧洲一去不复返了。近两个世纪以来曾经习惯于统治世界的英国人，在20世纪中期看起来很无助，在两次世界大战中成长起来的苏联和美国两个超级大国，控制了欧洲的命运。"二战"期间，英国国民财富损失了1/4，大部分黄金和外汇储备化为乌有，海外资产出售了42亿英镑，外债高达34亿英镑，船舶吨位减少了3/4。5000万英国人民不但不能像半个世纪以前那样风光体面地消费了，他们还不得不在对几乎所有生活消费品实行严格配给的情况下艰难度日！

与纳粹一同战败的还有东方的日本法西斯主义，它们是在包括付出巨大牺牲的伟大的中国人民在内的世界各民族共同抗击下覆灭的。在艰难的反法西斯斗争中，世界被压迫民族也努力砸碎殖民主义的镣铐，实现凤凰涅槃，浴火重生。世界范围内的民族解放运动的逐渐高涨，终于压弯了大英帝国的腰身。

1947年新年第一天，一位年轻的海军上将路易斯·蒙巴顿应首相艾德礼邀请，来到伦敦唐宁街10号首相官邸。这位上将是英王乔治六世的表弟、缅甸子爵，"二战"期间曾任东南亚盟军司令，功勋卓著。他时年46岁，年富力强，政治经验丰富。今天，他将直接从首相那里获得一项新的任命，出任英国驻印度的副王(总督)。按理说，1947年初，由属地、殖民地、保护国和共管地组成的大英帝国依然疆域辽阔，名义上归属大英帝国的仍然有5.63亿肤色各异、语言不同的人民，以及包括加拿大、印度和澳大利亚在内面积大小不等的291块领地。英国驻印度总督算得上一个仅次于英国国王的要职。可是，在这位上将的脸上看不出一丝快意，更多的是怅然若失、无限落寞。大约70年前的同一时刻，他的曾祖母维多利亚女王在德里被荣耀地宣布为"印度女皇"。当时，印度各邦王公欢聚一堂，"祝愿维多利亚女皇的君权和统治与天地长久，与日月齐辉"。如今,他履任的职务意味着他将成为英国驻印度的看守副王,不久的将来他要亲手摘下大英帝国王冠上这颗熠熠生辉的明珠。无疑,这于他是一件极为痛苦的事情。但是他无法推诿,不得不做,因为首相艾德礼已反复向他阐明了世界局势,并且全面权衡了此举的利弊得失。

蒙巴顿子爵蓦然明白,站在战后民族解放运动的高山之巅,那个往昔的"日不落帝国"如今正迎来它的沉沉斜阳。为了不让不列颠随同夕阳永久地没入无边的暗夜,大英帝国必须忍痛割爱,赋予其所有殖民地与不列颠完全平等的独立自治地位,除此之外,英帝国别无选择。对于这一切,英国王室做好准备了吗?

第十三章
帝国斜阳

近半个多世纪以来，社会在迅速进步的同时也伴随着政治和经济上的变化：冷战结束、生态危机、恐怖主义、妇女运动等。英国王室经历了太多的情感悲喜剧，一方面是大英帝国江河日下，海外势力收缩引发王室由衷的唏嘘叹息，另一方面，女王的加冕典礼等重要日子连缀出英国王室复兴、衰败、再复兴努力的轨迹。关于英国君主改革的争议越来越多。问题是，通向未来的英国王室之路向何方延伸呢？

一、加冕典礼

　　1952年2月6日午夜，在大英帝国摇摇欲坠之际，被血栓病折磨达4年之久的乔治六世驾崩，他的女儿伊丽莎白从千里之遥的东非匆匆归来，继承了王位，是为"伊丽莎白二世"。

　　如前所述，伊丽莎白公主成长于炮火纷飞的年代，性格、意志经历了艰苦环境的磨炼。正如约克大主教所言，"伊丽莎白公主是一个谦逊、美丽、无比贤惠的姑娘，在她的幸福里面，既有对她献身公职的奖赏，也孕育着对未来更美好生活的憧憬"。1947年7月10日，她与希腊亲王的儿子、英国皇家海军上尉菲利普·蒙巴顿订婚，4个月后，举行了盛大的婚礼。那一天，80高龄的玛丽王后尽享欢乐幸福。欧洲各地的王室都派出代表到场祝贺，丹麦和南斯拉夫的国王和王后、挪威国王、罗马尼亚国王、希腊王后、尼德兰的女摄政王和伯尔尼哈德亲王，以及比利时摄政王、瑞典王储及夫人，甚至包括伊拉克的国王等，来宾中既有在位的国王，也有流亡中的王族。在这场盛况空前的未来女王的婚礼面前，各位来宾的王室的伟大与显赫都只能代表过去，而当下温莎王朝延续的英国王室无疑是最成功的例证。

　　1953年6月2日。在伊丽莎白继承王位一年多时间后，她已经做好担负不列颠君王历史责任的准备，那时她27岁，有2个孩子——查尔斯王子和安妮公主。当她只有10岁时，她经历了因其伯父爱德华退位带来的王位危机。所以，这一天不仅仅是王位的登基仪式，还象征着王室的稳定延续和复兴。

10时30分，伊丽莎白女王在爱丁堡公爵的陪同下乘坐镀金皇家马车从白金汉宫出发。大街两旁早已挤满了等待目睹盛况的人群，有的甚至已经等了一夜。8匹马拉的皇家马车非常引人注目，经过大街时，两旁的人群爆发出了阵阵欢呼声。据估计，有300万人见证了巡游盛况。

尽管天气预报说艳阳高照，天空还是下起了毛毛细雨。但是人们的情绪并没有受此影响。皇家马车到达威斯敏斯特大教堂后，女王下了车。女王头戴王冠，身穿深红色貂皮质地金色丝绒镶边的长袍，肩披金银色相间的白缎纹外衣。长袍上穿着钻石、水晶、蛋白石、紫石英，代表着国家的象征：都铎玫瑰、苏格兰风笛、威尔士韭叶和爱尔兰酢浆草。女王还有一支四叶的首蓿，可以把恩泽和幸运布施给他的臣民和国外的嘉宾。

11时，女王进入威斯敏斯特大教堂后，接受大厅内四周嘉宾的欢呼。公元1066年的圣诞节，就是在这里，"征服者"威廉加冕登基成为近9个世纪来第一任国王。教堂里有8000多名来宾，包括王室成员、首相、总统、英联邦领导人。通过走廊后，女王娇小庄重的身影出现了。坎特伯雷大主教和神学家杰弗里·费舍尔询问女王是否宣誓，女王柔和的声音给

1953年加冕礼上的伊丽莎白二世夫妇

予了坚定的回答："我愿意。"

女王脱掉了长袍，穿着一件亚麻衣服站在那里。大主教把一种源于查理一世配方的混合油涂在了女王的身上；然后把一件镀金的长袍披在女王身上，让女王坐在了爱德华一世曾经坐过的宝座上。女王同时接受了水晶球、权杖、赦免权杖、镶有蓝红宝石的皇家戒指这些象征着权力的物品。最后，大主教把厚实的王冠戴在了她的头上。当坎特伯雷大主教向教堂四周东、西、南、北四面的人们引见这位女王的时候，臣民们高呼"上帝保佑伊丽莎白女王"。那时女王加冕后就成为掌管无数生命的统治者，而不像今天是人们的朋友。伴随着礼炮的鸣放、汽笛响起，"天佑吾王"的欢呼声响彻云霄，所有的人都沉浸在欢乐和喜悦当中。

12时30分，宗教领袖首先表示效忠，然后是菲利浦亲王，其他人依次上前宣誓效忠。接着，女王行了圣餐礼。之后，女王该离开教堂了。在返回的路上，女王手里拿着象征至高无上的王权的水晶球和权杖。坐在敞篷马车里同行的另一位女王，也是此次的观礼嘉宾，同样受到了两旁群众的热烈欢迎。这时，天公不作美，下起了倾盆大雨。下午，还有一次飞行表演。女王在阳台上露面6次，向她的子民挥手致意。

21时，通过无线电广播，女王诏告全国人民，"我将全心全意地用我的一生来赢得你们的信任"。这一天也是电视大放异彩的一天，据估计超过2000万人观看了加冕仪式的现场直播——是收听广播人数的两倍——而且还有成千上万观众在海外收看。参加这一庆典的英国和英联邦居民有6.5亿人，其中有相当一部分在伦敦或在他们本国参加的。

在即位诏书中，伊丽莎白二世立志像她的父亲那样工作。一年以后，她又在温莎乔治教堂的墓地里同给予她影响最深的另一个人、她的祖母玛丽王后永久道别。

即位之初，女王和亲王便不辞辛劳，访问了英联邦的许多自治领，从百慕大群岛和牙买加，到澳大利亚和新西兰，以及锡兰、乌干达、尼日利亚等，不分国家大小、贫富、强弱，女王每到一处，总是给当地人民带来真诚的问候和祝愿。她在澳大利亚和新西兰，更突出自己作为澳大利亚女王和新西兰女王的身份，而不是把自己摆在不列颠女王高高在上的位置上。她在澳大利亚国会演讲中宣称"我不仅是个统治者,而且还是你们的公仆"。她愿意接见的是带有厚厚手茧的劳动者而不是社会名流和上层贵妇人。在尼日利亚,女王甚至去看望了当地一个麻风病患者居住地。这次访问始于1953年冬季,到1954年5月返回英国,历时173天,是女王第一次也是时间最长的一次访问。访问完成了国王乔治六世未了的心愿,被视为"第二次世界大战的一个推延的尾声",又是一次国际性的胜利检阅。不过,这次取得巨大成功的访问在非殖民化运动中注定将成为绝唱。

二、殖民撤退

1500—1800年间,欧洲列强席卷了世界。欧洲人在美洲、东南亚、非洲建立了他们可以传播自己的法律、宗教和文化的殖民地。有些地区,稳固地确立了他们的统治。

在第一次世界大战和第二次世界大战期间,在亚洲和非洲一些地方,殖民地人民发起的民族解放运动已如火如荼地开展了。第二次世界大战结束之后呈愈演愈烈之势。如果殖民帝国坚持镇压开展独立运动的民族,无疑,这种做法与盟国谋求抗击法西斯侵略的主张相互抵牾。更重要的是,世界各地的民族响应民族自决的号召,表达了决心为独立奋斗到底的决心。

作为最大的殖民帝国,英国在"二战"前所辖殖民地总面积是其本土的130多倍。但"二战"后在短短几十年里就土崩瓦解了。面对这个事实,英国的不少学者和政治家们为殖民统治辩护,宣称帝国的终结是英国自愿撤退,给予殖民地独立的结果。真实的情形是,英国政府极不情愿放弃它的殖民地,但是迫于多种原因,最根本的原因是羸弱的国家已经不再有力量也不再有财富来维持其殖民帝国机构的运转,他们最终不得不屈服于显而易见的事实:帝国的时代终结了。1947—1962年间,一场非殖民化的运动迅速席卷全球,差不多所有的殖民地都获得了独立,建立了国家形态,其中也不乏有些殖民国家主动地放弃了殖民统治。总体上看,非殖民化是一个艰难、苦涩、来之不易的过程,那么,在这个过程中,英国王室扮演了什么样的角色呢?

如前所述,1947年元旦,路易斯·蒙巴顿被委以印度副王(总督)的重任,而他在任的最重要使命就是结束英国在这块最大的海外殖民地的统治。客观而论,与其他绝大多数殖民冒险行动相比,英国在征服、统治印度的过程中并没有遭遇太多的抵抗,也没有付出更多的流血,但是这并不意味着在结束对印度统治的过程中不会发生冲突和仇杀。伊斯美勋爵是英国驻印度的最后一任总督蒙巴顿的参谋长,他在谈到印度独立前夕的局势时这样说:1947年3月的印度是一艘舱中满载弹药、而在大洋中着火的船,当时的问题是,要在大火燃烧到弹药之前把火扑灭。事实上,除了像我们所做的那样去做之外,在我们面前并无选择的余地,这就是必须马上撤出印度,英国的殖民统治已无法维持下去了。

当英国考虑不得不终结其在印度的统治时,却感觉到无从下手。因为英国政府担心,一旦撤走英国的殖民机构,一系列暴力事件可能会在当地居民中发生。最重要的是,英国要面对两大教派之间可能出现的大规模的政治和军事冲突:一派是以圣雄甘地和尼赫鲁为首代表3亿印度教徒利益的国大党,另一派是以真纳为首代表1亿伊斯兰教徒利益的穆斯林联盟。由于宗教、传统和历史因素,加之英国在对印度最初殖民控制中采取的政策酿成的恶果,两派在民族独立问题上互不相让,针锋相对。前者坚持“统而治之”,成立一个统一的国家。后者坚持“分而治之”,要求建立一个独立于印度教之外、属于穆斯林民族的国家。

1947年3月22日,蒙巴顿到达德里,他得到的卸任总督的告诫是:“您肩负的使命着实困难,难以完成。”10天后,他在向艾德礼首相呈送的第一份报告中惊呼:“如果我不迅速采取行动,一场内战——大规模的流血冲突即将在我任职期间爆发。”蒙巴顿所采取的行动,是以承认穆斯林联盟建立巴基斯坦国的权利来打破印巴分治的僵局。印巴分治是拯救局势的唯一途径。

事实上,在蒙巴顿履任新职的时候,就已经向当时的英国工党首相提出了条件,其中之一就是要求英国政府必须公开宣布英国保证停止行使主权、同意印度独立的确定日期。否则，无法表明英国的诚心诚意的意图，也不足以吸引他们立即进行注重实际效果的谈判。蒙巴顿依照他在"二战"期间积累的对印度国内情况的充分了解，作出这种判断是非常准确的。基于有了确切的把握，再加上他获得了更多的处理印度民族独立问题的自主权而不必处处考虑伦敦的意见，蒙巴顿迅速地展开工作，在与尼赫鲁进行过数次深入交谈后，终于让对方接受了"分而治之"的建议。不到3个月，他便发表了那个将他的名字永远与印巴分治联系在一起的政治解决方案——"蒙巴顿方案"。事后，连一贯声称"决不让出英帝国遗产的一小片"的丘吉尔也承认这是一个"令人满意"的方案。7月18日，英国议会举行了赋予印度独立法案以法律效力的最后仪式。当王室书记官用古老的诺曼底方言宣布"国王同意批准"时，整个议会大厅寂静无声。从此，不列颠的国王与印度的最高统治者将一分为二了，盎格鲁—撒克逊人叱咤风云的时代结束了。

1947年8月14日，印度次大陆的辽阔大地上，数以千计的高高飘扬的英国国旗被从政府机关、兵营、军事基地以及英国政府印度的第一个据点——加尔各答的威廉斯堡降落下来。晚11时58分，最后一面装饰有印度星徽的英国国旗，从新德里副王王宫的旗杆上徐徐落下。印度历史上一个受屈辱、受奴役、受压迫的时代终于结束了。英国阿伦布鲁克将军回忆起印度独立时，凄惨地说：随着印度的失去，我们失去了帝国的防务拱门的拱顶石，于是我们的帝国防务崩溃了。

印度的独立，是大英帝国殖民体系无可挽回地彻底瓦解的开始。1948年，缅甸和锡兰（斯里兰卡）相继独立。同年，英国也被迫撤出了巴勒斯坦。

总体上看，在对待英国海外势力收缩问题上，伊丽莎白二世持更加开明、更加务实的态度。毋庸置疑的是，她本人为大英帝国的崩溃表示遗憾，但更为遗憾的是，英国国际威信因日益遭到广泛侵蚀而不断下降。但是，她清醒地看到，自治领摆脱宗主国控制的趋势不可逆转。在她看来，她将努力使得这个摆脱过程变得更为庄严些，因为这是她的工作义务。不同的是，曾经一度作为帝国皇后的她的母亲以及她的丈夫菲利普亲王都持有异议,甚至认为应该继续下去。

如果说印度、缅甸等国家的独立多少带有英国"恩赐"的色彩,那么在殖民撤退过程中,最能反映英国殖民主义本质的当属苏伊士运河事件了。

1956年7月末,年轻的英国女王伊丽莎白二世在古德伍德参加赛马会,一份装在里奇蒙公爵文件箱内的关于出动后备军队的公告文本送到了她的私人房间。第二天,在阿伦德尔堡匆忙召集的枢密院会议上,女王在这份文本上签署了自己的名字。距离"二战"结束,时隔11年,英国又要发动战争了!那么,这次兵戎相见的对象是谁呢?是它的另一个前殖民地国家埃及。

埃及地处亚、非、拉三大洲交界地带,历来为战略要地。1869年,在法国的主持下,经过10年开凿的苏伊士运河贯通。苏伊士运河通航后,进一步提升了埃及的战略地位。通航初期,法国拥有运河公司的52%股权,其余半数股权落入埃及总督伊斯梅尔手中。1875年,政治嗅觉敏锐的英国首相迪斯累利意识到,埃及财政危机是夺取运河控制权的天赐良机。他违反法律程序,越过议会以内阁名义向罗斯柴尔德银行借款400万英镑,购买了运河股票的44%,一举超过股权分散的法国政府,成为运河的实际持有者。此举为后来英国最终统治埃及奠定了基础。此后,运河一直为英法垄断资本控制。

1956年7月26日,埃及民族独立运动领袖纳赛尔宣布将苏伊士运河公司所有权收归国有。英、法两国不甘心就此轻易失去对苏伊士运河的控制,决定武装入侵埃及,并策动以色列充当入侵埃及的先锋。10月29日傍晚,以色列不宣而战,全面进攻埃及的西奈半岛,直逼运河区。30日下午,英、法两国以"公正的中间人"身份介入,借口出兵保护运河,向埃及发出最后通牒,遭到埃及的拒绝。10月31日晚,英、法参战,两国出动飞机对埃及进行狂轰滥炸。英、法和以色列的入侵行动不仅受到埃及人民的坚决抵抗,也受到国际舆论的谴责,安理会和联合国大会以压倒性多数通过决议,要求交战双方立即停火。

虽然首相部分告知了伊丽莎白二世苏伊士运河上的英国政府的立

场，但是并没有将出兵打击的细节毫无保留地告诉女王。大量材料证明，苏伊士运河事件是战后最为严重的帝国主义阴谋入侵事件。为此，英、法受到全世界公正舆论的一致普遍谴责，艾登后来被迫辞职，伊丽莎白二世的人格和名誉也受到严重的损害。

英国发动侵略战争，也在国内引起了一场政治危机。1956年11月6日中午，英国首相艾登向法国领导人摩勒吐露：我是进退两难啊，我不能坚持了，我正在被所有人抛弃。坎特伯雷大主教、教会牧师、石油商，每一个人都在反对我，英联邦面临分裂的威胁。当天傍晚，英、法两国被迫停火，12月3日宣布撤军。

如果说印度的独立标志着英帝国殖民体系的瓦解，而围绕苏伊士运河事件展开的对埃及用兵则标志着英国维持殖民体系最后努力的彻底失败。英国《金融时报》以凄凉的口吻写道：50年以前，全世界哪有人敢于向英国挑战，使我们装饰门面的努力现在已经破产了，像一个传统的古老家庭一样，首先是典当土地，其次是家人作鸟兽散，最后是房屋倒塌。现在的英国，正站在第二和第三阶段之间。

苏伊士运河事件进一步加速了英帝国解体的进程。面对国际形势，继艾登之后出任首相的麦克米伦不得不以更加清醒的态度和更加务实的措施对待自治领问题。1960年初，麦克米伦出访非洲，当他到南非时，2月3日在南非议院作了著名的《变革之风》的演说。他在演说中讲：变革之风已经吹遍这个大陆，不管我们喜不喜欢，民族意识的这种增长是个政治事实。我们大家都必须承认这是事实，并且在制订国家政策时把它考虑进去。

1960年，英国殖民地尼日利亚独立，英属索马里也摆脱了英国殖民统治。此后，英国在非洲和其他地区的绝大多数殖民地接二连三相继独立。20世纪60年代末70年代初，英帝国已瓦解。

应当看到，英国在殖民撤退过程中，使用各种策略和手段以维护自身利益。按照中国社会科学院世界历史研究所张顺洪研究员的解释，英国在殖民撤退过程中，首先是采取严厉的措施镇压和抑制激进的民族主义政党，待到无法阻止民族主义运动时，就尽可能地把权利交到比较温和的民族主义者政党手中。在撤退的时候,尽可能地把新生国家纳入到亲西方的阵线中,纳入到英联邦,以更多地保持英国的利益。

1997年,随着中国政府恢复对香港行使主权,大英帝国已成明日黄花。

如今,在英国极为有限的海外殖民地中,百慕大算做人口最多、最为繁荣的殖民地,其独立倾向和愿望也越来越迫切。英国未来的领土空间可想而知。

第十四章
新型平民化：王室变革的新方向

一、平民化风潮

现代化的一个基本预设是，以君主制为主要政体形式的传统社会是停滞的、封闭的和保守的。人类社会现代化的进程必然是一个从落后、保守、专制走向先进、开放、开明的过程，这个过程的本质是人的本身的现代化，人从一种依附性的状态迈向一种独立性。按照马克思的理论，这种独立性仍然是建立在对物（商品、货币或资本）的依赖的基础上，而且，这个阶段在未来的发展中随着人的自身能力的提升而注定要为新的更高阶段所超越。

自16世纪以来，欧洲各国的君主专制政体分崩离析，部分国家完全废除君主制，建立了共和国，部分没有建立资产阶级完全掌权的国家开创了君主立宪制，将君主权力限定在狭小的范围。两次世界大战之后，德国、奥匈帝国、俄国、意大利、希腊等国相继废除君主制，只有英国、荷兰、比利时、西班牙和北欧三国形式上仍然保留君主，但从宪法上看，他们已经不再拥有实权，更多的是政治上的咨询者、精神上的指南针和国家的象征。

20世纪六七十年代，西方国家迎来了"二战"后经济的高度繁荣，福利国家初见模型。随着经济发展、自由平等民主观念深入人心，欧洲王室中也涌现出一股平民化浪潮，一个主要的迹象就是越来越多的王室成员开始厌倦了自己所谓的特殊身份。比如，挪威的玛尔塔公主不在乎失去王室头衔和特权，也要和自己深爱的小说家阿里·贝恩结婚。1968年，当时的挪威王储、如今的国王哈拉尔五世以终身不娶"要挟"父王奥拉夫五世，迫使国王允诺他和出身平民的索尼娅结婚。1972年，另一位来自北欧的瑞典王子也爱上了平民姑娘，他们是刚登基不久的瑞典年轻国王卡尔十六世古斯塔夫和德国巴西混血翻译西尔维娅·索莫莱特。应该说，英国的查尔斯王子和安德鲁王子的婚礼都不同程度地带有这一时期的特征，只是后来的结局显示，平民身份的姑娘嫁入英国王室被认为是一条"通向奴役之路"。

总体上看，欧洲王室平民化的浪潮并没有因为戴妃之殇而有所逆转。相反，近些年来，欧洲王室与平民通婚的风潮似乎愈演愈烈，而且逐渐带上新的特征。1995年，丹麦小王子约阿希姆爱上了远在香港的混血美女文雅丽，这桩婚姻也使得文雅丽成为欧洲王室第一个有华裔血统的王妃。2001年，挪威王储哈康似乎遗传了他父亲爱平民女子的基因，迎娶了梅特—玛丽特。2003年，比利时王子劳伦特迎娶了土地测量师克莱尔。西班牙王储费利佩爱上电视主播莱斯奇亚·奥尔蒂斯，2004年西班牙王室迎来了历史上第一位平民王妃。最新的灰姑娘故事，就是英国的威廉王子和凯特的大婚。

由此看来，平民与王室通婚并不都是以悲剧结束，否则，"故事"将不会如此前赴后继的延续。而决定二者通婚后婚姻质量的关键在于，当事双方是否能够进行足够的调整以适应对方的当下存在以及未来的变化。

二、与时俱进

欧洲王室之所以出现如此的平民化风潮，与20世纪后半期包括妇女运动、人权运动、反战运动等所彰显的自由个性、自我解放的思想观念以及世界的整体社会变迁不无关系。在这个过程中，各国王室逐渐认识到，与其在现代化浪潮的裹挟下跌跌撞撞，倒不如自觉把握世界历史进程，顺应潮流，主动应变，与时俱进。

如前所述，英国女王在戴妃葬礼事件中悟到的道理是，君主统治如同政府执政，终究要依赖人民的支持。况且王室每年的开支绝对不是一个小数目。据《每日电讯报》报道，英国政府2010年支付给王室的费用约为790万英镑，尽管这个费用仅占1990支付给王室费用的1/4。而2010年挪威政府拨给王室家庭的金额达1.42亿挪威克朗，比2009年多出1500万挪威克朗。20世纪90年代，挪威政府拨款5亿挪威克朗用于翻新王宫建筑，结果预算超支，引来激烈批评。由于王室没有实际的政治权力，经济上也由国家纳税人供养，这些都成为王室成员从俯视民众到重视民意的内在原因。

为了避免陷入危机，欧洲王室的成员逐步揭开王室生活的封闭性、神秘性，重塑在公众心目中的形象，努力展现其人性化的一面。例如，曾被英国媒体称为该国最不健全家庭的英国王室将"快乐"一词重新放进自家的字典里。伊丽莎白二世戴上了时髦的帽子，在一些公共场合甚至会热泪盈眶。查尔斯王子曾有几个星期不和他母亲说一句话的记录，但如今，他几乎每天都要打电话问候女王，而且要让全世界都听到他亲切地喊女王"妈妈"。此外，一同装进王室词典中的还有"善良"一词。受前妻戴安娜的影响，查尔斯王子越来越多地参与到慈善事业中。威廉王子也将所有结婚礼金都捐赠给了几十个慈善机构。

也许是出于对自己成长路径的自觉反思和对王室人才培养模式偏颇的自我纠正，在威廉2岁多时，查尔斯王子就让他在伦敦西部诺丁山附近的麦纳斯幼儿园开始接受教育，成为进入公众幼儿园的第一位皇室成员。威廉稍大点儿时，就被母亲带着去游乐场玩耍，饿了和其他孩子一样在路边麦当劳买汉堡充饥。在寄宿学校中，小王子和4个孩子同用一个房间，学校同学更多地把他作为普通同学对待。这种更为轻松自然的环境让他学会了面对父母分开后如何自我调整、寻求安慰。

王室的与时俱进还体现在加速了"现代化"进程。两位王子威廉和哈里被允许穿着牛仔裤举办摇滚音乐会，年过八旬的女王甚至接见了当红的美国流行歌手Lady Gaga。

英国王室越来越注重利用网络等现代科技工具加强与民众沟通。从2007年9月起，英国王室有了自己的You Tube频道。2011年4月29日，王室首次将威廉王子大婚进行网络视频直播。随后伊丽莎白二世在Facebook上开通一系列官方页面，向该网站的5亿用户提供关于她活动的日常更新。在Facebook页面上，84岁的女王将出现在视频、照片和新闻之中，同时出现的还有英国王室其他成员，包括威廉王子和哈里王子，用户将可留言。

另外，为了满足国内民众作为纳税人的知情权的要求，英国王室主动在网络上公布每年开支，账单甚至详细到每一次乘机旅行的费用。此外,王室还力尽所能为国家开源节流,在2009—2010财年,鉴于国内国际经济形势,英国王室进一步降低从政府得到的出访费用以及白金汉宫和温莎堡的日常维护费用。同时,他们还通过开放白金汉宫以及其他活动吸引外国旅游者等方式来创造收入,减轻政府财政压力。

王室的现代化努力逐渐弥补着戴妃之死给民众带来的创伤,让民众感受到更开放、更人性化、更现代的王室形象。近年来的民意调查结果显示,英民众心中王室成员的形象正面多于负面,受访者中81%的人认为王室的存在有利于英国旅游业、79%的人认为有助于慈善事业,71%的人认为有助提升英国的海外声誉。

王室现代化努力的方向并非完全盲目,而是越来越具有专业水平。Way Ahead Group是20世纪90年代中期到2005年间的一个由高级顾问和英国王室成员组成的小组。他们成立之初,每年碰头两次,以促进沟通和梳理家族内部的各种摩擦。戴妃去世后,该小组致力于研究如何重新赢得英国公众的支持,为此,1999年引入市场研究的工具方法来塑造王室形象。调查报告显示,王室的价值在于"英国特色"和公共职责等,代表了公众的共识。王室据此调整和制定自己的策略,其中包括王室的收支透明、女王的日程安排等,同时还进行改革以平息批评者的怒气,其中包括女王的私人收入要缴税等。无疑,专业智囊机构的指导帮助王室摆脱了原初面对变化的世界那种处处被动的局面。

三、王室情结:王室存在是现实需要
——一个命题的再思考

从17世纪英国君主立宪制确立以来,关于英国王室存废的争议一直就未曾中断过。反对王室制度的英国民间组织认为,王室的存在显示了自负与精英主义,是民主进程的累赘,与倡导平等、共和的时代精神背道而驰。而且王室的存在意味着政府一笔沉重的开支,"住在王宫里的这家人代表了英国最糟糕的一面"。可是,现实中仍然有一部分人保持很浓的王室情结,他们认为,不受政治、商业和派系利益影响的女王,将英联邦国家联系在一起，成为国家稳定、团结的重要标志，王室存在本身是英国现实的需要。

客观而言，英国的王室绵延数百年，在当今的民主社会体制下依然能够存在，这说明它的确拥有相当的生命力。这种力量可以说来自以下几个方面：

第一，英国王室的存在构成国家统一和民族团结的标志。对普通人来说，英国国王象征着英国民族引以为自豪的传统文明和历史文化，表明英国政治制度保持着独特性、宽容性、延续性，有利于激发英国人民的民族情感和爱国主义思想。不论政府和政党如何变化，终身任职的国王始终给人带来一种稳定感，因而受到英国社会的共同热爱和尊重。英国王室历史学家拉法尔-海德尔-曼库认为，不像一些共和制国家那样有自己的国庆节日，君主立宪制国家往往将王室变成整个国家庆祝活动的中心。英国王室是整个国家最大的象征，因此王室婚礼这样的事件往往会成为国家节日，把国家团结起来。历史上乔治五世为"一战"后的英国王室找到的新角色就是充当"演员"。王室对于民众情绪和心理提振的重要意义还可以从乔治六世亲自参加"二战"以及金融危机背景下对威廉王子大婚的期待中窥见。

第二，作为统而不治、价值中立的"政治花瓶"，英国王室充当了政治争端的仲裁者和政治力量的平衡器，危机时期充当首相的任命者。自从《权利法案》颁布、君主立宪制确立以来，英国政府事实上的最高行政领导人，即内阁首相，一般由全民选举产生并在下议院中占据多数党的领袖党魁。理论上，国王拥有国家元首权、立法权和行政权，实际上只是执行议会和内阁的命令，没有拒绝的权力，处于"统而不治"的地位。国王只是在每周二下午与首相举行例行见面，听取国事汇报。

随着现当代党派斗争愈来愈激烈，国王作为国家元首要以一种非人格化的角色超然党派纷争，不偏袒，不抵制，信守不干政原则和价值中立立场。在执政和在野两党争执不下、需要调停斡旋的特殊时期，国王才可以利用被咨询权、警告权和鼓励权，间接表达对政治纷争的立场。

不过,在发生政治危机的关头,国王可以行使首相任免的特权。这种情形通常发生在下述情况下:没有任何一个政党在议会大选中获得多数议席。而按照宪法规定,内阁首相必须由议会多数党党魁出任。为了保持政府机构正常运转,需要打破宪政惯例。历史上,1923年乔治五世任命鲍德温首相,1931年任命麦克唐纳首相,1940年纳粹猖獗、英国危急存亡之际乔治六世任命丘吉尔为首相抗击法西斯侵略等,就是此类例子。

第三,作为"日不落帝国"的荣光残痕,英国王室是联结英联邦各成员国不可或缺的纽带。

大英帝国解体后,为了维系各独立国同宗主国之间的联系,建立了英联邦。英王是英联邦的元首,同时分兼英国、澳大利亚、加拿大、印度、新西兰、南非等18个国家的元首,通过指派总督代行成员国国家元首职权,还对英联邦成员国进行国事访问,强化各成员国之间的联系和团结,并且出席两年一次的英联邦成员国政府首脑会议以及一年一度英联邦成员国财政部长会议和其他庆典活动。尽管元首只是名义上的,但是作为"英格兰、威尔士、苏格兰和北爱尔兰"及英联邦国家的共同象征,英国国王仍然能够获得英联邦国家的崇高敬意。毕竟,它们曾经共同拥有一个辉煌一时的大不列颠,这个"日不落帝国"曾经让全球的各个角落都插着大不列颠的国旗,这个影响在心理上是巨大的,就这一点而言,其他国家的君主制无法与之相比。王室婚礼那种简单不变却又极端隆重的形式某种意义上正是对殖民化时代的一种美好回忆。更重要的是,在英国国势日衰、国际地位日益下降的今天,借助国王维持英联邦的团结,在经济、外交和其他方面都可以争取到更多的利益和好处。

第四,作为公益亲善大使与"道德楷模",英国王室是英国普通人心中伦理价值观念的风向标和传递者。作为国家和民族的象征,王室必须确保它的每个举动传递出的象征意义是正面的、积极的,必须符合英国人对它的道德期待。英国王室正是充分利用王室成员的影响促进着公益事业的发展,在现代英国社会中发挥了凝聚力的作用。戴安娜王妃香消玉殒之所以能在普通英国人的精神层面触动那么大,就是基于以下两方面的原因：一是因为她和查尔斯王子的离婚引发的道德争论；二是在于她生前亲善大使的形象已经深入人心。为此，英国首相布莱尔不得不出面进行干预，支持王室进行改革。如前所述，通过10多年的现代化改革，王室在道德操守、日常开销，甚至在兴趣偏好方面，更多传达的是快乐、幸福、稳定、勇气等上流英国人所信奉的价值观，因而，英国王室才得以重新赢得民众的信赖和支持。

正如英国《经济学家》杂志前主编比尔·艾默特所说，英国人对王室的感情就如对崇敬的历史建筑一样，"一旦坍塌，人们必然感到惋惜"。

现任英国女王伊丽莎白二世已经是英国第40任国王，目前已经在位59年。而且，从女王健康的身体看，她甚至有可能挑战维多利亚女王创造的在位达64年的历史记录。

应该说，在将近1000年的历史变迁中，英国王室经历了工业革命、政治革命、战争危机、立宪危机、形象危机等一系列的挑战，而依然能够延续至今，不能不说是一个奇迹。

附录一

英格兰、联合王国王室世系年表

威塞克斯王朝(829—1016年)

　　埃格伯特(802—839年在位)

　　埃塞尔沃夫(839—858年在位)

　　埃塞尔巴德(858—860年在位)

　　埃塞尔伯特(860—866年在位)

　　埃塞尔烈德一世(866—871年在位)

　　阿尔弗烈德(871—899年在位)

　　爱德华一世(900—924年在位)

　　埃塞尔斯坦(924—940年在位)

　　爱德蒙一世(940—946年在位)

　　埃德烈德(946—955年在位)

　　埃德威格(955—959年在位)

　　埃德加(959—975年在位)

　　爱德华二世(975—978年在位)

　　埃塞尔雷德二世(978—1016年在位)

　　埃德蒙二世(1016年在位)

丹麦王朝(1013—1042年)

　　斯汶一世(丹麦王兼)(1013—1014年在位)

　　克努特(丹麦王兼)(1014—1035年在位)

　　哈罗德(1035—1040年在位)

　　哈迪卡努特(丹麦王兼)(1040—1042年在位)

威塞克斯王朝(续,1042—1066年)

　　"忏悔者"爱德华(1042—1066年在位)

哈罗德二世（1066年在位）

诺曼王朝（1066—1135年）

威廉一世（1028—1087年）　（英格兰国王　1066—1087年在位）

威廉二世（1060—1100年）　（英格兰国王　1087—1100年在位）

亨利一世（1068—1135年）　（英格兰国王　1100—1135年在位）

斯蒂芬（1096—1154年）　（英格兰国王　1135—1154年在位）

金雀花王朝（安茹王朝）（1154—1399年）

亨利二世（1133—1189年）　（英格兰国王　1154—1189年在位）

理查一世（1157—1199年）　（英格兰国王　1189—1199年在位）

约翰（1167—1216年）　（英格兰国王　1199—1216年在位）

亨利三世（1207—1272年）　（英格兰国王　1216—1272年在位）

爱德华一世（1239—1307年）　（英格兰国王　1272—1307年在位）

爱德华二世（1284—1329年）　（英格兰国王　1307—1327年在位）

爱德华三世（1312—1377年）　（英格兰国王　1327—1377年在位）

理查二世（1367—1400年）　（英格兰国王　1377—1399年在位）

兰开斯特王朝（1399—1461年）

亨利四世（1367—1412年）　（英格兰国王　1399—1413年在位）

亨利五世（1387—1422年）　（英格兰国王　1413—1422年在位）

亨利六世（1421—1471年）　（英格兰国王　1422—1461年在位，1470—1471年短暂复辟）

约克王朝（1461—1485年）

爱德华四世（1442—1483年）　（英格兰国王　1461—1483年在位）

爱德华五世（1470—1483年）　（英格兰国王　1483年在位）

理查三世（1452—1485年）　（英格兰国王　1483—1485年在位）

都铎王朝(1485—1603年)

亨利七世(1457—1509年)（英格兰国王　1485—1509年在位）

亨利八世(1491—1547年)（英格兰国王　1509—1547年在位）

爱德华六世(1537—1553年)（英格兰国王　1547—1553年在位）

简·格雷(1537—1554年)（英格兰女王　1553年在位）

玛丽一世(1516—1558年)（英格兰女王　1553—1558年在位）

伊丽莎白一世(1533—1603年)（英格兰女王　1558—1603年在位）

斯图亚特王朝(1603—1714年)

詹姆斯一世(1566—1625年)（苏格兰国王　1567—1625年在位，英格兰国王　1603—1625年在位）

查理一世(1600—1649年)（英格兰国王　1625—1649年在位）

共和政体(1649—1653年)

护国公奥利弗·克伦威尔(1599—1658年)（1653—1658年在位）

护国公理查·克伦威尔(1626—1712年)（1658—1659年在位）

斯图亚特王朝(续,1660—1714年)

查理二世(1630—1685年)（苏格兰国王　1651—1685年在位,英格兰国王　1660—1685年在位）

詹姆斯二世(1633—1701年)（英格兰国王、苏格兰国王　1685—1688年在位）

玛丽二世（1662—1694年）（英格兰女王、苏格兰女王　1689—1694年在位）

威廉三世(1650—1702年)（英格兰国王　1689—1702年在位）

安妮(1664—1714年)（英格兰女王、苏格兰女王　1702—1707年在位,联合王国女王　1702—1714年在位）

汉诺威王朝(1714—1901年)

乔治一世(1660—1727年)　(联合王国国王　1714—1727年在位)

乔治二世(1683—1760年)　(联合王国国王　1727—1760年在位)

乔治三世(1738—1820年)　(联合王国国王　1760—1820年在位)

乔治四世(1762—1830年)　(联合王国国王　1820—1830年在位)

威廉四世(1765—1837年)　(联合王国国王　1830—1837年在位)

维多利亚(1819—1901年)　(联合王国国王　1837—1901年在位)

萨克森-科堡-哥达王朝(1901—1917年)

爱德华七世(1841—1910年)　(联合王国国王　1901—1910年在位)

乔治五世(1865—1936年)　(联合王国国王　1910—1936年在位，
1910—1917年在位)

温莎王朝(1917—)

乔治五世 (1865—1936年)　(联合王国国王　1910—1936在位，
1917—1936在位)

爱德华八世(1894—1972年)　(联合王国国王　1936年在位)

乔治六世(1895—1952年)　(联合王国国王　1936—1952年在位)

伊丽莎白二世(1926—)　(联合王国女王　1952年至今在位)

附录二

参考文献

1.〔美〕斯皮瓦克著,董仲瑜、施展、韩炯译:《西方文明简史》,北京大学出版社2010年版。

2.郝承顿著:《白金汉宫300年内幕》,山东人民出版社2001年版。

3.蒋孟引主编:《英国史》,中国社会科学出版社1988年版。

4.解力夫著:《白金汉宫的春秋》,社会科学文献出版社1998年版。

5.金志霖著:《英国十首相传》,东方出版社2001年版。

6.谷延方、黄艳秋著:《英国皇室史纲》,黑龙江人民出版社2004年版。

7.王绳祖著:《国际关系史》第3卷,世界知识出版社1995年版。

8.〔英〕约·阿·兰·马里欧著:《现代英国》,下册。

9.《邓小平文选》(第3卷),人民出版社1993年版。

10.〔英〕罗伯特·莱西著,王丽芝、准华译:《英国女王伊丽莎白二世》,东方出版社1985年版。

11.〔英〕温斯顿·丘吉尔著:《英语国家史略》(上册),中译本,新华出版社1985年版。

12.朱挺光著:《外国历史名人传》(古代部分,下册),中国社会科学出版社1983年版。

13. 高英彤著:《帝国:夕阳日趋衰微的不列颠》,吉林人民出版社1998年版。

14.张长贵著:《英国王室秘闻》,广东旅游出版社1988年版。

15.常俊跃、夏洋、赵永青主编:《英国历史文化》,北京大学出版社2010年版。

16.陈晓律主编:《英国研究》,南京大学出版社2009年版。

17.《图说天下·世界历史系列》编委会编:《英国:日不落帝国的辉

煌》,吉林出版集团有限责任公司2008年版。

18.〔英〕蒙茅斯的杰佛里著,陈默译:《不列颠诸王史》,广西师范大学出版社2009年版。

19.〔英〕屈勒味林著,钱端升译:《英国史》,中国社会科学出版社2008年版。

20.〔英〕P. J. 马歇尔主编,樊新志译:《剑桥插图大英帝国史》,世界知识出版社2004年版。

21. 张晓校著:《难圆旧梦的英国王室》,黑龙江人民出版社1999年版。

22.高继海著:《历史文学中的英国王室》,中国社会科学出版社2004年版。

23.钱乘旦著:《在传统与变革之间——英国文化模式溯源》,浙江人民出版社1995年版。

24.〔英〕斯特雷奇著,薛诗绮译:《"日不落帝国"的缔造者——维多利亚女王传》,团结出版社2006年版。

25.〔英〕安东尼娅·弗雷泽著,杨照明、张振山译:《历代英王生平》,湖北人民出版社1985年版。

26.〔英〕J.E.尼尔著,聂文杞译:《女王伊丽莎白一世传》,商务印书馆出版1992年版。

27.〔奥〕斯蒂芬·茨威格著,黄敬甫、郝雅鹃译:《玛丽·斯图亚特传》,团结出版社2006年版。